LA TRADITION PRIMORDIALE DE L'ÉGYPTE ANCIENNE

selon les Textes des Pyramides

DU MÊME AUTEUR
CHEZ POCKET

L'AFFAIRE TOUTANKHAMON
CHAMPOLLION L'ÉGYPTIEN
MAÎTRE HIRAM ET LE ROI SALOMON
POUR L'AMOUR DE PHILAE
LA REINE SOLEIL
BARRAGE SUR LE NIL
LE VOYAGE INITIATIQUE
LA SAGESSE ÉGYPTIENNE
LE MOINE ET LE VÉNÉRABLE
LES ÉGYPTIENNES
LE PHARAON NOIR

Le juge d'Égypte

1 – LA PYRAMIDE ASSASSINÉE
2 – LA LOI DU DÉSERT
3 – LA JUSTICE DU VIZIR

Ramsès

1 – LE FILS DE LA LUMIÈRE
2 – LE TEMPLE DES MILLIONS D'ANNÉES
3 – LA BATAILLE DE KADESH
4 – LA DAME D'ABOU SIMBEL
5 – SOUS L'ACACIA D'OCCIDENT

CHRISTIAN JACQ

LA TRADITION PRIMORDIALE DE L'ÉGYPTE ANCIENNE

selon les Textes des Pyramides

BERNARD GRASSET

PARIS

ISBN : 2-266-09012-7

Introduction

L'ÉTERNELLE LUMIÈRE DES TEXTES DES PYRAMIDES

Toute grande tradition spirituelle possède son texte fondateur. Celui de l'Égypte pharaonique est un ensemble de formules symboliques et rituelles que les égyptologues ont appelé « Textes des Pyramides », car ces derniers furent inscrits pour la première fois dans la pyramide du roi Ounas (vers 2375-2345 av. J.-C.), puis dans celles des souverains de la sixième dynastie*.

L'origine de ce texte fondateur est beaucoup plus ancienne et remonte sans doute à la naissance même de la civilisation égyptienne. Ce furent les sages de la ville sainte d'Héliopolis**, dont le grand prêtre portait le titre de « grand voyant », qui conçurent et formulèrent cette extraordinaire vision spirituelle encore trop peu connue.

Lire les *Textes des Pyramides*, c'est parcourir les chemins d'un continent en grande partie inexploré où foisonnent de

* Vers 2345-2180. Aux textes des pyramides de Téti, Pépi Ier, Mérenrê, Pépi II, il faut ajouter ceux des pyramides des reines Neit, Oudjebten et Apouit, et ceux de la pyramide du roi Aba (Première Période Intermédiaire). Peut-être des textes sont-ils encore à découvrir dans des pyramides enfouies.

** Héliopolis signifie « cité du soleil ». Là, en effet, étaient vénérés Atoum et Râ, expressions de la lumière. Le nom égyptien de la ville était *Ioun* (On dans la Bible), « le pilier ».

surprenants paysages symboliques. À l'heure où, par bonheur, notre mère spirituelle, l'Égypte pharaonique, devient de plus en plus présente, il nous a paru nécessaire de préciser les thèmes fondamentaux qui présidèrent à l'élaboration de sa pensée.

Ces textes sont écrits en hiéroglyphes qui, pour les anciens Égyptiens, n'étaient pas une langue humaine mais les *medou neter*, « les paroles de Dieu », avec un jeu de sens sur le terme *medou*, « paroles », qui signifie aussi « les bâtons », auxiliaires indispensables à l'homme qui marche sur le chemin de la connaissance. Les rédacteurs avaient conscience que ces hiéroglyphes sont des êtres vivants et que, même après l'extinction de la culture pharaonique, ils continueraient à transmettre leur message au-delà du temps et de l'espace. Mission accomplie, constate-t-on aujourd'hui : en pénétrant dans une pyramide à textes, on entre effectivement au cœur d'un livre dont chaque mot fut conçu comme une puissance créatrice.

Les livres sacrés des religions monothéistes affirment l'existence d'un dieu apparu dans l'Histoire à une date donnée et ils servent de base à des dogmes, prétendant à une vérité absolue et définitive. Rien de semblable dans les *Textes des Pyramides* ; pour eux, la spiritualité est affaire d'intuition, de perception, d'ouverture du cœur et du regard. Aussi ne se présentent-ils pas comme une révélation intangible ou un enseignement figé, mais comme une suite de formules de connaissance dont la compréhension dépend de l'intensité et de la qualité de notre recherche.

La vie y apparaît comme une mutation permanente, un perpétuel processus de transformations visibles et invisibles ; plus on les perçoit, plus on est vivant, mieux on accomplit le voyage de la vie en esprit, d'origine divine et stellaire. L'âme du juste ne vit-elle pas parmi les étoiles impérissables, en compagnie des dieux ? En devenant étoile, le ressuscité entre dans la fraternité des puissances de création, s'immerge dans la matrice stellaire où tout se crée, devient un « esprit lumineux impérissable » et vit de la vie de l'univers, de la vie douce de la contrée de lumière.

Certes, jours, mois et années sont porteurs de mort, car

inscrits dans l'existence que les *Textes des Pyramides* différencient de la vie ; pour que cette dernière ne se limite pas à l'existence inscrite dans le temps, il convient, selon une formule d'une remarquable puissance, de « vivre la vie et de mourir la mort ». C'est en accomplissant simultanément ces deux actes majeurs que Pharaon peut « partir vivant » ; de plus, contrairement à l'opinion communément admise selon laquelle personne ne revient du pays des morts, il est proclamé : « Tu es parti, Pharaon, mais tu reviendras. » Lorsque l'être est devenu lumière, lorsqu'il a retrouvé sa dimension universelle captive dans l'individualité pendant son séjour terrestre, il ne perçoit plus la mort comme une frontière infranchissable. Alors que la vie n'est jamais née et ne peut donc pas mourir, la mort, elle, a pris naissance et mourra.

Grâce aux *Textes des Pyramides*, il est possible de connaître les éléments d'une véritable science de la résurrection précisés par le mythe osirien. Osiris fut assassiné par Seth, l'énergie de l'univers, tantôt bénéfique, tantôt destructrice, et les parties de son corps démembré furent dispersées. Son épouse Isis, incarnation du trône royal qui fait naître tout pharaon, et sa sœur Nephtys, « la souveraine du temple », partirent en quête et parvinrent à rassembler Osiris. Mais il n'était encore qu'un cadavre qu'Isis ramena pourtant à la vie pour lui donner un successeur, Horus, « le Lointain », protecteur de l'institution pharaonique. Cet Osiris ressuscité est bien visible, puisqu'il s'incarne dans la pyramide. Loin d'être un tombeau, qu'il s'agisse de la gigantesque pyramide de Khéops ou d'une pyramide plus modeste, cette forme architecturale est la traduction visible dans la pierre de la vie lumineuse, régénérée et victorieuse de la mort.

Une formule surprenante indique que cette mort, tant redoutée, est néanmoins bonne pour les hommes ! De fait, ce n'est pas notre humanité qui peut prétendre à la résurrection et à une vie en éternité, laquelle ne se présentera pas comme une béatitude immobile mais comme un voyage incessant à travers les multiples puissances de l'univers. Née dans le temps, l'incarnation humaine est condamnée à disparaître, ce qui n'exclut pas une bonne mort, un accostage heureux à la rive de l'au-delà après une traversée de l'existence accomplie en rectitude.

Harmonie et rectitude sont précisément des thèmes majeurs des *Textes des Pyramides* évoqués par la figure symbolique de la déesse Maât, une femme assise et portant sur la tête une plume d'oiseau, la rectrice, qui permet un vol parfait. Il n'est pas excessif d'affirmer que la civilisation pharaonique naquit de la conscience de Maât et reposa sur elle comme sur un socle de statue, lequel est d'ailleurs l'une des manières d'écrire le terme Maât en hiéroglyphes.

Maât, qui est à la fois règle éternelle de l'univers, vérité de la vie lumineuse, harmonie, justice et justesse, demeurera après que l'espèce humaine et la terre auront disparu. Ici-bas et parmi les hommes existe une force nommée *isefet*, tendance naturelle à l'injustice, au mal, au conflit, à la destruction, au mensonge, à la corruption et à leurs conséquences. Entre Maât et *isefet*, aucun compromis possible ; soit l'on se situe d'un côté, soit de l'autre. Les *Textes des Pyramides* nous apprennent que le devoir fondamental de Pharaon consiste à mettre Maât à la place d'*isefet*, l'harmonie à la place du désordre, la justice à la place de l'injustice, la vérité à la place du mensonge, la rectitude à la place de l'iniquité, la lumière à la place des ténèbres, le bien à la place du mal, la paix à la place du conflit. Si cet acte n'est pas accompli en permanence, la société humaine devient invivable. La victoire n'est jamais acquise de manière définitive et, chaque jour, Pharaon doit recommencer la lutte contre les tendances négatives inhérentes à l'espèce humaine. Il sait que son destin se joue dans l'issue du combat entre *isefet* et Maât dont il est le représentant. Aussi l'état pharaonique n'avait-il, en définitive, qu'une seule fonction déclinée sous des formes multiples, du spirituel à l'économique en passant par le social : faire vivre Maât sur terre.

De plus, l'acte juste accompli en fonction de Maât doit être restitué à sa source, la lumière : qui n'agirait que pour lui-même et dans son seul intérêt serait un acteur et non un actant. C'est pourquoi la spiritualité des *Textes des Pyramides* affirme l'indispensable solidarité de Pharaon avec les dieux, l'univers et Maât, d'où découle la solidarité entre les hommes, garante de l'équilibre terrestre et fondée sur une maxime : « agis pour celui qui agit ».

La pratique de Maât se traduit par « la justesse de voix », la juste parole étant indissociable de l'acte juste. Cette formulation en rectitude anime ce qui paraissait inerte et déclenche le processus de l'offrande, lien entre les dieux et les hommes, entre l'invisible et le visible. C'est avec insistance que les *Textes des Pyramides* développent le thème de la toute-puissance du Verbe créateur : la lumière divine parle, il existe une « parole grande et parfaite » qui permet de devenir un être de lumière et de monter vers Dieu. Il est essentiel de « dire ce qui est » et condamnable de « dire ce qui n'est pas », car la parole fausse est l'abomination de Dieu. Le Verbe se nourrit de la parole créée par les dieux, il noue les paroles de lumière et de vérité ; ainsi est obtenue une formulation en rectitude, clé de l'épanouissement spirituel.

Autre thème central : la lumière. De même que les pyramides et les obélisques sont des monuments vivants capables de capter la lumière dans la pierre, de même les hiéroglyphes des *Textes des Pyramides* parviennent-ils à la saisir par le Verbe. C'est dans la lumière que réside le secret de la vie, elle-même mutation permanente de la lumière qui se trouve dans « le champ de vie ». Devenir un être de lumière, qui renaît sans cesse de sa mère le ciel, est un des objectifs majeurs ; pour y parvenir, il faut mettre en œuvre une perception intuitive de la lumière, une capacité de communion avec elle, une pratique du Verbe qui rend lumineux. La contrée de lumière, où apparaît le principe créateur, s'incarne sur terre dans le naos du temple, le Saint des saints, auquel conduit une route céleste, à savoir la personne symbolique de Pharaon dont il est clairement indiqué qu'il est lui-même cette contrée de lumière. Tout ce que touche Pharaon pour accéder au ciel, qu'il s'agisse d'un escalier ou d'une barque, se transforme en lumière ; et il devient lui-même un éclat de lumière fulgurant qui illumine l'univers.

Être lumineux *(akh)*, c'est être utile *(akh)*. En remplissant une fonction constructrice, en faisant offrande, en formulant une harmonie, en se mettant au service de Maât, on rentre dans le domaine de l'être lumineux.

La lumière est indissociable de l'énergie. En connaissant les fluides qui transmettent la vie, de l'énergie primordiale à l'eau en passant par le lait des déesses ou les lymphes d'Osiris, on atteint le plus intime, le plus réel, et l'on découvre que la lumière est sans limite : selon les *Textes des Pyramides*, c'est elle qui nous connaît et nous reconnaît si nous en vivons la perception intuitive. Il n'est rien de plus essentiel que de s'incorporer au processus de mutation permanent de la lumière, née au cœur de l'océan d'énergie dans lequel baigne l'univers entier. Cet « océan » est de toute éternité, ciel et terre naquirent en lui et de lui ; et c'est cette énergie primordiale qu'utilise le pharaon bâtisseur pour mettre en rectitude le monde sur lequel il règne et offrir l'abondance à son peuple. Et c'est cette même énergie qui rend efficace le processus rituel de résurrection.

Et Dieu, dans les *Textes des Pyramides* ? Nous n'y trouvons pas de théologie stérile, de discours sur Dieu, mais une mise en lumière de son mode d'action. Le véritable nom du Dieu grand demeure inconnu et hors de portée des hommes, mais sa lumière et son verbe sont connaissables : aussi Pharaon peut-il agir comme Dieu et les dieux agissent, lui qui est messager, compagnon et fils de Dieu. Le corps symbolique de Pharaon est celui du principe créateur avec lequel il communie et dont il est l'expression manifestée. Mis au monde et assemblé chaque jour par les dieux, édifié par eux comme un monument, Pharaon est un être alchimique dont les membres sont des étoiles et les os du métal céleste à travers lequel Dieu se rend perceptible.

Inutile, à notre sens, de s'attarder sur le faux problème du monothéisme et du polythéisme. Dans notre logique limitée, l'un s'oppose forcément à l'autre. Il s'agit là d'une réduction regrettable du champ de la connaissance qui n'est probablement pas étrangère à la misère spirituelle de cette fin de millénaire. Dans la vision symbolique des anciens Égyptiens, l'unicité divine s'exprime, dans le monde manifesté, par la multiplicité des forces de création qui trouvent dans l'unité leur source et leur terme. Pourquoi faudrait-il admettre, comme une vérité définitive, que le monothéisme doctrinal marque un progrès spirituel ? L'Égypte pharaonique n'a connu aucune guerre de religion, aucune tuerie au nom de Dieu, car elle a vécu Dieu et les dieux, Dieu avec les dieux, la multiplicité des approches de l'unité.

Les anciens Égyptiens ne croyaient pas en Dieu : ils l'expérimentaient et le connaissaient. « Croyance » est un terme inconnu de leur vocabulaire, et leur démarche spirituelle repose sur la connaissance dont le champ englobe, d'après les *Textes des Pyramides*, la perception intuitive, la communion avec la puissance vitale, la sensibilité du cœur-conscience, la pratique du Verbe, la capacité de se nourrir de lumière, la dimension symbolique de toute réalité, le respect des Nombres qui régissent les formes, la magie qui les relie entre elles et permet de modifier les conditionnements, et enfin une approche quasi scientifique des phénomènes. Ce sont les dieux, et non les hommes, qui sont les vecteurs de cette connaissance synthétique grâce à laquelle s'édifie une vision du réel associant l'au-delà à l'ici-bas. On se nourrit de cette connaissance, on l'avale, on revit avec elle « la première fois » qui s'accomplit à chaque instant. En se laissant porter sur l'aile de l'ibis de Thot, le dieu de la connaissance, il est possible de connaître la lumière et d'atteindre la contrée où elle règne.

La purification est le meilleur moyen pour demeurer en contact avec les dieux et entretenir l'énergie qu'ils offrent sans compter ; comme la pureté est impossible à atteindre, il est indispensable, tant à l'échelon de l'État qu'à celui de l'individu, de procéder à de fréquentes purifications qui concernent l'âme comme le corps, car « l'hygiène » spirituelle n'est pas moins importante que la propreté corporelle. Révélées par les quatre éléments, les forces créatrices illustrent la manière dont le divin joue la musique harmonieuse de la vie ; et il est demandé à l'homme de ne pas souiller le feu, l'air, l'eau et la terre sous peine d'être privé des énergies primordiales.

L'offrande est un autre moyen efficace pour entrer en contact avec le monde divin, dans la mesure où elle est un regard conscient ; toute offrande, en effet, est assimilée à l'œil d'Horus qui procure le véritable bonheur, lié à la pratique de Maât et à l'épanouissement du cœur. « Comme c'est heureux de voir l'action divine ! », proclament les *Textes des Pyramides*, puisqu'elle procure l'apaisement et la plénitude résultant de l'acte juste. Le vivre implique une capacité d'amour, de communion et de fraternité avec l'univers divin et la création en esprit ; et cette vie-là se déploie dans la contrée de lumière où elle naît sans cesse d'elle-même.

Ces textes mettent en relief différents types de puissance qui façonnent l'être, le transforment et l'aident à expérimenter une vie spirituelle sans fixation ni sclérose. Pour entretenir la puissance vitale, le désir de création, la force de combattre le mal, il est nécessaire de rassembler ce qui est épars, de réunir des éléments dispersés mais de même nature, bref de revivre le mythe osirien tout en contrôlant le feu séthien. Grâce à lui, les polarités sont inversées, la destruction est transformée en construction.

La véritable puissance consiste en une richesse d'être qui permet de soutenir le ciel et de soulever la terre, et en une maîtrise exercée tant sur soi-même que sur les éléments de création ; elle n'est d'ailleurs pleinement accomplie que dans l'œil divin. Tout être dispose cependant de facultés telles que le *ka*, la puissance vitale qui ne lui appartient pas mais dont il se sert tout au long de son existence, et le *ba*, sa capacité de transcendance. À chacun de savoir nourrir ces qualités qui sont des liens avec l'invisible et le divin.

L'ensemble des divinités collabore à la mise au monde d'une œuvre primordiale que l'Égypte a nommée « Pharaon ». En ce personnage symbolique, centre des *Textes des Pyramides*, se révèle le principe créateur qui est à la fois « être » et « non-être ». Chacun des membres de Pharaon est une divinité, il apparaît comme l'Être universel, l'Homme cosmique riche de la totalité des aspects de la création. Tout passe à travers lui, « le canal de Dieu », tout s'incarne et se formule par lui ; bâti par les dieux, Pharaon bâtit leurs demeures, les temples, pour qu'ils restent présents sur terre. Réceptacle des forces primordiales, Pharaon les met en acte en transmettant la lumière de l'origine.

Pharaon vit, parce qu'il est vêtu de l'œil ; ses couronnes sont des yeux, les nourritures qu'il consomme, les parfums qu'il choisit, les offrandes qu'il présente aux dieux sont l'œil d'Horus. La création est un regard ; voir, c'est créer. Et cette vision créatrice revêt Pharaon de sagesse, lui dont le trône se nomme « celui qui fait vivre Maât ». Ce qu'il contemple, ce sont des paysages d'éternité dont la terre et l'Égypte sont des reflets.

Le monde dans lequel évoluent les êtres humains est en proie à des forces antagonistes que seul un troisième terme, Pharaon, parvient à concilier afin de faire de ce monde un espace de vérité et de justesse. Sans son intervention, la dualité dynamique devient conflit dévastateur, les forces que l'homme croit dominer le terrassent. Conciliateur des contraires, Pharaon devient le feu qui va jusqu'à l'extrémité du ciel. Chaque matin, dans l'île de la flamme, il participe au combat contre les ténèbres.

Sommes-nous vraiment capables, aujourd'hui, de comprendre ce que fut le concept de « Pharaon » ? Conditionnés par nos religions dogmatiques, par notre obsession du temps, des dates, de la psychologie et de l'anecdotique, il nous est presque impossible de concevoir que Pharaon n'était pas un individu préoccupé de son ego et de son pouvoir personnel, mais un être de fonction, chargé de mettre la rectitude à la place de l'iniquité, de prolonger la création et de lutter contre le chaos.

En charge de la terre, Pharaon est destiné au ciel. Ce dernier est une déesse qui contient l'énergie primordiale et la transmet à son fils, en ce monde et dans l'autre. Fécondée par la lumière, la déesse Ciel est un grenier inépuisable où se trouvent toutes les richesses. Le ciel n'est pas vide de Pharaon qui utilise de multiples méthodes pour y monter, de l'échelle d'or jusqu'au rayon de lumière ; il en devient le support et parvient à unir les différentes formes des cieux. « Au ciel, affirment les *Textes des Pyramides*, on vit ; sur terre, on existe. »

Si Pharaon ne meurt pas sur terre parmi les hommes, c'est parce qu'ils ont commis le mal et sont devenus l'abomination de Dieu. Comment doivent-ils se comporter pour échapper à un sort funeste ? Faire silence, écouter « la grande parole », s'apaiser, maîtriser le tumulte, reconnaître la présence de la lumière et s'incorporer à la dimension sacrée de la vie. Au pharaon de les aider en leur proposant le chemin de Maât.

Le corps humain est porteur de signes et de symboles ; toutes ses parties peuvent devenir l'expression de fonctions créatrices, qu'il s'agisse de l'œil, du cœur ou de la main. La sexualité elle-même est intégrée dans le mythe car l'Égypte, loin de repousser les expressions spécifiques de la condition humaine, en déchiffrait la signification spirituelle. Bien qu'incarné, le divin, dans son ultime réalité, reste inaccessible à l'individu ; c'est par l'intermédiaire de Pharaon, lui aussi proche et lointain, que peut être perçue la grandeur de Dieu. Né de l'énergie primordiale, Pharaon la formule et devient lui-même le principe animateur de chaque divinité, nourrissant la création qui le crée. Et il ne faudrait pas oublier que les nourritures proposées par ces textes sont celles des dieux, pour lesquels faim et soif sont abolies.

Soulignons que la dimension féminine de la spiritualité occupe une large place dans l'univers égyptien : c'est une déesse, Maât, qui incarne la norme de l'univers ; c'est une autre déesse, Isis, qui est victorieuse de la mort et offre aux hommes le secret de la vie en éternité ; et c'est la déesse Ciel qui donne sans cesse naissance au pharaon et qui, dans le mystère du sarcophage, « le pourvoyeur de vie », s'étend sur le corps de lumière du défunt pour le ressusciter.

Le monde animal n'est pas oublié : faucon, ibis, taureau, scarabée et tant d'autres expressions du divin participent au Grand Œuvre qui s'accomplit dans les paysages de l'au-delà, parcourus de canaux où circule l'énergie céleste et où voguent des barques de lumière. Des chemins sont tracés dans une terre céleste, peuplée de champs paradisiaques. Dans cet univers-là où se bâtit sans cesse la cité de Dieu, le travail, léger et joyeux, s'accompagne de la célébration des fêtes en compagnie des étoiles.

Les *Textes des Pyramides* nous apparaissent comme une œuvre de voyants dont le regard, tel celui du faucon céleste dont les yeux sont le soleil et la lune, a percé le voile de l'apparence pour découvrir l'univers des causes.

Après la fin de l'âge d'or que fut l'Ancien Empire, les *Textes des Pyramides* ne furent pas oubliés ; certains passages furent repris dans les textes inscrits sur les parois des sarcophages pendant la Première Période Intermédiaire (vers 2180-2060) et le Moyen Empire (vers 2060-1785), et l'on en retrouve l'écho dans le célèbre *Livre des Morts*, dont le véritable titre est « livre de sortir dans la lumière », avant d'assister à une sorte de résurrection à l'époque dite « saïte », lors de la vingt-sixième dynastie (672-525). Et même dans les derniers feux de l'Égypte gréco-romaine, la lumière des textes fondateurs brille encore.

« Les œuvres et le temps ont beau être passés, écrivait Maître Eckhart, l'esprit dans lequel les œuvres ont été opérées continue à vivre*. » La tradition primordiale de l'Égypte pharaonique, en effet, demeure bien vivante, car les concepts et les symboles dont elle est porteuse ne sauraient être altérés par le temps. Au contraire, ils émergent de l'océan de la durée comme une île où sont préservés d'inestimables trésors dont la puissance est intacte.

L'Égypte pharaonique avait fait un choix : faire vivre le ciel sur la terre, pratiquer la règle de Maât, dialoguer avec Dieu, les dieux et l'invisible, tenter de percevoir les mutations incessantes de la lumière et les dimensions du voyage perpétuel de l'être dans les paysages de l'esprit.

De même que la création se pense et se formule à chaque instant, de même les *Textes des Pyramides* sont-ils l'expression d'une spiritualité créatrice, ouverte et vivifiante.

Nous avons le sentiment que ces textes sont les vecteurs d'un message spirituel dont on commence à peine à pressentir l'importance, et nous espérons que cet ouvrage les rendra plus accessibles. Contrairement à ce qu'avaient souhaité les envahisseurs successifs de l'Égypte des pharaons, sa grande voix

---

* *Traités et sermons*, Paris, 1942, p. 207.

ne s'est pas éteinte, et elle nous parle avec de plus en plus de vigueur. Les *Textes des Pyramides*, aux perspectives illimitées, ne sont-ils pas l'un des chemins privilégiés vers la connaissance ?

Éditions et traductions des Textes des Pyramides : les grandes étapes

C'est en 1881, sur le site de Saqqara, que furent découverts les *Textes des Pyramides* dont l'égyptologue français Gaston Maspero donna une première édition et une tentative de traduction. Cette entreprise particulièrement difficile trouva son aboutissement dans l'ouvrage intitulé *Les inscriptions des pyramides de Saqqarah*, paru en 1894, qui réunissait les articles publiés depuis 1882.

Puis ce fut l'étape majeure : la publication de tous les textes accessibles par K. Sethe, *Die altägyptischen Pyramidentexte*, 4 volumes, Leipzig, 1908-1922 (réimprimé à Hildesheim en 1969), qui sera suivi d'un ouvrage posthume, *Ubersetzung und Kommentar zu den altägyptischen Pyramidentexten*, 6 volumes, Hamburg, 1962. Deux jours avant sa mort, en 1934, Sethe travaillait encore à cette traduction commentée.

Il faut attendre 1924 pour voir paraître une nouvelle traduction française intégrale, sous la plume de l'égyptologue belge Louis Speleers, très critiquée par certains de ses collègues. En 1934, paraît une nouvelle édition corrigée : *Traduction, index et vocabulaire des textes des pyramides égyptiennes.*

En 1952, c'est S.A.B. Mercer qui se lance dans l'aventure en publiant *The Pyramid Texts in Translation and Commentary*, 4 volumes, New York, Londres et Toronto.

1968 voit la parution de l'ouvrage d'Alexandre Piankoff, *The Pyramid of Unas* (Bollingen Series, Princeton). La première pyramide à textes est intégralement publiée sous forme de photographies, accompagnées d'une traduction.

En 1969 est publiée la traduction de R.O. Faulkner, *The Ancient*

Egyptian Pyramid Texts, Oxford, accompagnée d'un petit volume de textes qui ne figuraient pas dans l'édition monumentale de Sethe.

Depuis de nombreuses années, le professeur Jean Leclant et ses collaborateurs ont patiemment reconstitué les textes de la pyramide de Pépi Ier dont une traduction est annoncée. Et l'on peut espérer la publication d'une synopse générale donnant l'ensemble des textes connus, paroi par paroi.

Pour avoir une vue globale de la recherche égyptologique portant sur les différents aspects du texte fondateur de l'Égypte ancienne, on se reportera à la bibliographie exhaustive établie par N. Guilhou et B. Mathieu, *Cent dix ans d'étude des Textes des Pyramides* (1882-1996), parue dans *Études sur l'Ancien Empire et la nécropole de Saqqâra*, Montpellier, 1997, p. 223-244.

1

La vie et la mort

La première phrase des *Textes des Pyramides* est une affirmation extraordinaire :

Pharaon, tu n'es certes pas parti mort, tu es parti vivant. 1*

Ainsi sont réunis les concepts majeurs mis en lumière par les rédacteurs de ces textes : la victoire sur la mort, la toute-puissance de la vie *(ânkh)*, le voyage vers la vie en éternité, et la personne symbolique de Pharaon, le ressuscité.

Autre affirmation, tout aussi extraordinaire :

Vis la vie car, vraiment, tu ne meurs pas la mort. 2

Parce que Pharaon vit, parce qu'il est « vivant de la vie », 3, 4
parce qu'il est la jeunesse éternelle de la vie, parce qu'il est 5
« le vivant » par excellence, Pharaon ne peut pas « mourir la 6
mort *(met metet)* », mot qui est formé sur la même racine que Mout, « la Mère », épouse du dieu Amon, « le Caché ». L'Égypte savait que la mort peut être un complément d'objet direct et que l'on pouvait la mourir comme on vit sa vie ; et c'est précisément cet échec, ce désastre, cette perte de connaissance au sens fort du terme que Pharaon évite grâce aux textes symboliques et rituels qui l'accompagnent tout au long de son incessant voyage dans la vie de l'univers.

Lorsqu'il est dit : *Tu as abordé, (mais) tu vis*, le terme 7
utilisé n'est pas *met*, « mourir », mais *meni*, « accoster, abor-

* Les numéros figurant en marge renvoient aux notes placées à la fin du chapitre.

der (après la traversée de l'existence) », donc « être stable,
durable » dans l'éternité après avoir subi les fluctuations du
monde terrestre. C'est pourquoi *Pharaon repose en vie dans*
8 *l'Occident* où il n'est certes pas mort, mais en perpétuel état
de mutation.

Le thème de la vie occupe une place considérable dans les
Textes des Pyramides qui nous révèlent ses éléments constitu-
9 tifs : Pharaon qui naît dans l'énergie primordiale, le ciel, la
terre, « ce qui a été rendu ferme (l'ordre) et le trouble (le
10 désordre) ». Sans ces éléments, la vie manifestée ne pourrait
prendre corps et se transmettre. L'ordre est indispensable
pour assurer une cohérence, le « trouble » pour entretenir une
dynamique.

Vis, vis, sois puissant (ouash) ! est-il dit au pharaon, *la vie*
11 *est soulevée derrière toi, vis !*, car c'est à lui, qui vit avec sa
12 puissance vitale, de réconcilier ces puissances apparemment
opposées et de prolonger chaque jour dans la manifestation
la vie principielle dont il est dépositaire. C'est la raison pour
13 laquelle il doit se mouvoir et voyager dans l'immuable.

La vie de Pharaon est d'origine divine : *il vit sur l'ordre des*
14, 15, 16 *dieux, il vit en tant que dieu, il vit de la vie divine, il vit de*
17, 18 *l'être de chaque dieu, il vit des dieux et avec les dieux.*

Toutes les fonctions divines participent à la vie de Pharaon,
à commencer par Atoum, le principe créateur :

19 *Le principe créateur appelle Pharaon au ciel, pour la vie.*

20 *Pharaon vit grâce à (?) son père, le principe créateur.*

La lumière divine (Râ) prend pour elle Pharaon, pour le ciel
21 (et) Pharaon vit, elle l'installe en tant que « possesseur de vie
22 et de puissance ». C'est à Râ, son père, que Pharaon demande
23 de le faire vivre, et c'est en tant que lumière divine que Pha-
24 raon est mis au monde, vivant, chaque jour.

Khepri, à la fois lumière naissante de l'aube et principe de
toutes les mutations, assure une vie sans cesse régénérée au
25 pharaon : *Khepri vit pour Pharaon, Pharaon vit pour Khepri*,
c'est-à-dire pour connaître un perpétuel processus de transfor-
mation.

L'air lumineux (Chou) fait vivre Pharaon qui vit ce dont vit

l'air lumineux. Ce dernier étend sa « protection de vie autour 26
du pharaon » qui acquiert « le souffle de vie ». 27, 28

La déesse Ciel (Nout) vit, Pharaon vit ; elle met Pharaon 29
en bon état, il vit. Et c'est elle qui « l'assigne *(ip)* à la vie », 30
de sorte qu'il ne soit pas anéanti. La vie est nécessaire au roi 31
pour qu'il puisse soutenir le ciel. 32

Fait essentiel, qui évoque de récentes théories scientifiques,
la vie donnée à Pharaon est d'origine stellaire et lumineuse.
« Étoile vivante », *Pharaon vit plus que ne vivent les étoiles* 33
quand elles vivent et *il vit la vie parmi les esprits lumineux,* 34
les étoiles impérissables. Vivant parce qu'il est le fils de 35
Sothis, *Pharaon vit de ce dont vivent Sothis et l'étoile du* 36
matin. 37

Pharaon vit aussi *de ce dont vit Horus*, le maître du ciel, 38
et la vie est donnée au pharaon par la main d'Horus qui se
pose sur lui. Pharaon vit la vie comme Horus, Horus emmène 39, 40
Pharaon au ciel alors qu'il est vivant et Pharaon devient *le* 41
faucon vivant qui ouvre le ciel liquide. 42

Horus vivant donne au pharaon l'œil avec lequel il verra ; 43
l'œil d'Horus vient vers Pharaon, pour la vie. Pharaon vit, 44
vêtu de l'œil d'Horus, Pharaon vit, il vit, l'œil d'Horus vit, 45
qui est dans Héliopolis. 46

Quant à Thot, le dieu de la connaissance, il donne égale-
ment au pharaon l'œil d'Horus et il l'« assemble » *(iâb)* pour 47
qu'il vive. 48

Les puissances divines terrestres et souterraines favorisent
également la vie du roi. Le dieu Terre, Geb, *fait vivre les dieux*
et Pharaon ; *Pharaon vit, Geb vit, Geb donne sa protection* 49
de vie à Osiris, Pharaon vit, Osiris vit. À Osiris ressuscité, 50, 51
auquel Pharaon est identifié, il est dit : *Sois vivant, sois*
vivant, dresse-toi ! Sorti du « lac de vie », Osiris est « le stable 52, 53
(men) en vie », et le cœur du roi vit grâce à l'énergie qui 54
émane du dieu. 55

Les éléments eux-mêmes procurent la vie au pharaon, sous
la forme de serpents. Ainsi, l'eau fraîche céleste, incarnée
dans le reptile *kebehout*, « rafraîchit le cœur du roi pour la
vie » ; et le feu, incarné dans l'uraeus, le cobra femelle, fait 56
vivre Pharaon. 57

« Inscrit *(sesh)* » par la lumière divine « à la tête des
58 vivants », *le roi se tient sur le trône d'Osiris qui est à la tête*
59 *des vivants* et *il apparaît comme Horus qui est à la tête des*
60 *vivants.* À plusieurs reprises, Pharaon est désigné comme
61 *puissance de manifestation (ba) à la tête des vivants*, et c'est
62 dans cette position prééminente qu'il exerce le pouvoir et qu'il
63 donne des ordres, éternellement.

Pour manifester cette souveraineté, Pharaon peut poser fer-
64 mement « la main sur la vie » ou recevoir du Dieu grand un
65 bâton, afin de vivre éternellement. L'univers stellaire lui
accorde le même don : *les étoiles impérissables donnent à*
Pharaon ce bâton de vie dont elles vivent, et *Pharaon en*
66 *vivra dans l'instant.*

67 *La vie de Pharaon est plus qu'une année*, est-il affirmé pour
nous faire percevoir qu'elle dépasse le cycle naturel ; lui qui
vit parmi les vivants vit sa vie de sa saison à sa saison, en
68 *ces années où il est en plénitude et où son amour est épanoui.*

La vie céleste et divine est présente dans la nature ; c'est
pourquoi *Pharaon vit de ce dont vivent les forces divines qui*
69 *habitent les arbres* ; *il vit de l'arbre des fruits doux et de*
70 *l'encensement qui est sur terre.*

Et il est même précisé, de manière surprenante : *le roseau*
71 *vivant est Pharaon*, allusion au fait que l'humble roseau est
utilisé dans tous les aspects de l'existence égyptienne et que
Pharaon est le matériau utile à son peuple.

Pharaon vit de la nourriture de la contrée de lumière, d'un
72, 73 liquide vital et d'un pain rituel ; pour lui *viennent les eaux de*
74 *vie qui sont dans le ciel et sur la terre.* D'après le cha-
pitre 406, Pharaon demande, pour vivre, le lait d'Isis, le flot
(ageb), ce que répand le lac, la vague de la Grande verte, la
vie, la prospérité *(ouadj)*, la santé *(seneb)*, la douceur du
cœur, le pain-bière, les étoffes, le repas rituel. Aussi vit-il de
75 l'abondance, sans être affecté par la famine.

Quant à son nom, il vit grâce au natron, « ce qui rend
76 divin », et il est divin.

Une phrase magnifique pourrait servir de conclusion à
l'étude du concept de « vie *(ânkh)* » dans les *Textes des Pyra-*
mides :

*Tu vis de cette vie douce dont vit le maître de la contrée de
lumière, du grand flot qui est dans le ciel.* 77

La notion de vie peut également s'exprimer par le concept
de *kheper*, « venir à l'existence », « se manifester », « se trans-
former ». Khepri, le dieu qui symbolise cette notion, *s'en-
gendre (kheper) lui-même et vient à l'existence (kheper) en
son nom de Celui qui vient sans cesse à l'existence (Khepe-
rer)* ; *il est celui qui point à l'aube, il vit pour Pharaon et* 78
Pharaon vit pour lui, de sorte que ce dernier existe davantage 79
qu'existent ceux qui sont sur terre. Vêtu dans « le champ du 80
devenir » *(kheper)*, Pharaon y trouve la lumière divine, le nom 81
de *Kheperer*, « la perpétuelle mutation », étant d'ailleurs celui
de cette lumière (Râ). C'est en tant qu'« être lumineux équi- 82
pé » que Pharaon réclame l'existence, et *il vit de l'existence* 83
(kheper) de chaque dieu. 84

Il existe encore une autre notion d'existence, signifiée par
le verbe *oun* qui s'écrit avec le lièvre, animal d'Osiris. Bien
qu'il s'agisse de la vie dans son aspect le plus manifesté, elle
est reliée au divin : *Que Pharaon existe avec vous, dieux ;
dieux, existez avec Pharaon !* Et pour vivre cette forme 85
d'existence, le roi doit « voir et entendre ». 86

Celui qui repousserait Pharaon, est-il formulé de manière
abrupte, *il ne vivrait pas*. Ne pas reconnaître la vision spiri- 87
tuelle qu'il incarne, en effet, c'est refuser la vie. *Pharaon*, nous
l'avons vu, *n'est pas parti mort mais vivant, et il ne meurt
pas la mort* ; à plusieurs reprises, il lui est dit : tu ne meurs
pas. Et il est précisé : *Pharaon ne meurt pas sur terre parmi* 88
les hommes. 89

Pharaon échappe à son jour porteur de mort comme Seth échappe à son jour porteur de mort,

Pharaon échappe à ses demi-mois porteurs de mort comme Seth échappe à ses demi-mois porteurs de mort,

Pharaon échappe à son mois porteur de mort comme Seth échappe à ses mois porteurs de mort,

*Pharaon échappe à son année porteuse de mort comme
Seth échappe à son année porteuse de mort.* 90

Ainsi, Pharaon échappe au temps mortifère. Pourquoi ne peut-il pas mourir ? Parce qu'il est le représentant de la

91, 92 lumière divine et qu'il est un « esprit lumineux impérissable ».
Vivant grâce à la déesse Ciel, il n'est pas anéanti et ne saurait
93 ni être détruit ni périr, pour l'éternité ; en tant qu'« étoile impé-
rissable », toutes les parties de son corps sont assimilées à
94 des divinités. Et il s'assoit sur un trône de métal céleste *(bia)*
95 duquel la mort est éloignée *(bia)*.

Un superbe paragraphe évoque le passage du pharaon par une mort apparente qui précède la résurrection :

Ô Osiris le roi, tu es parti (mais) tu reviendras,
Tu as dormi (mais) tu t'éveilleras,
96 *Tu abordes (au rivage de l'au-delà mais) tu vis.*

97 La mort est venue à l'existence *(kheper)* : donc, elle n'a pas
toujours existé et finira, elle aussi, par mourir. Si elle ne
touche pas Pharaon, l'être ressuscité, elle n'épargne pas l'hu-
manité ; mais, selon une formule surprenante, *être tenu à*
98 *l'écart (de la mort) est mauvais pour les hommes*. La mort de
l'humanité est programmée et fait partie de l'ordre des choses,
quoique Pharaon soit capable de dépasser les frontières des
99 morts et d'outrepasser leurs bornes : ainsi, il prouve que la
mort n'est ni un obstacle infranchissable ni un terme.

Il faut noter l'existence d'un « temple de la vie » auquel pré-
side Mafdet, une déesse félin, qui repousse les serpents et les
créatures monstrueuses de l'au-delà, d'après le chapitre 295.
Le chapitre 298 précise qu'il y a un couteau dans la main de
« Mafdet qui réside dans le temple de vie », arme dont Râ se
100 sert pour couper la tête du serpent dangereux. Ce lieu sacré
est le prototype de la « Maison de Vie » où se célébrait un
rituel pour que perdure la perception de la vie en éternité.

NOTES DU CHAPITRE 1

AVERTISSEMENT

Nous ferons référence aux *Textes des Pyramides* soit en citant le chapitre, soit — le plus fréquemment — le paragraphe. Par exemple : 1a, 319c, 1822b, etc. Les lettres a, b, c... se rapportent à la phrase qui constitue une entité à l'intérieur du paragraphe selon le découpage de Sethe.

1. 134a. 833a : *Ô Pharaon, tu es parti (alors que) tu vis, tu n'es pas parti en état de mort.* Cette première phrase est inscrite à proximité de la tête du sarcophage, dont le nom égyptien est « le possesseur (ou : le maître) de la vie », placé dans la chambre de résurrection où naît une vie nouvelle et immuable, incarnée dans l'éternité des pierres vivantes de la pyramide.
2. 810a, 350b, 1944a.
3. 1300a, 2112b.
4. 1797c, 1456a.
5. 2180b, 2181a : *Vis, sois jeune, sois jeune (renep), vis la vie.* 1477b : *ce Pharaon vit la vie, éternellement.* Voir aussi chap. 522 (1532) qui consiste en une seule phrase : *Puisses-tu vivre pour ce Pharaon, éternellement.*
6. 1724a : *Vis, sois vivant, (mon) père, en ce nom qui est tien, auprès des dieux.*
7. 1975b.
8. 306a.
9. Selon 319c, les puissances qui s'y trouvent donnent la vie au pharaon.
10. 1040c : *smenti*, le ferme, opposé à *khenen*, le trouble.
11. 1391. 1822b : *la vie est élevée (outches) derrière toi.*
12. 338a, 908b.
13. 621a : *Sois vivant, va et viens chaque jour*; 1610a-b, 1831b : *Pharaon est protégé et vivant, il déambule chaque jour.*
14. 821a.
15. 2118c.
16. 2289b.
17. 397a.
18. *Pharaon vit au ciel avec les dieux* (1948b), *les dieux font vivre Pharaon* (1693a), *Pharaon vit des dieux* (400a) ; *Pharaon vit avec vous, dieux ; puissiez-vous vivre avec Pharaon, dieux* ! (377c). Dans le chap. 219, le ritualiste s'adresse à plusieurs entités divines, en commençant par Atoum, Chou, Tefnout, Geb, Nout, Isis, Seth, Nephtys, Thot, Horus, la Grande Ennéade, la Petite Ennéade, etc. (soit 24 entités), et il dit : *Pharaon est Osiris que tu as reconstitué pour qu'il vive.* Cette formule est employée jusqu'à la Petite Ennéade. À toutes les divinités, il est dit :

Il vit, ce Pharaon vit.

Il ne meurt pas, ce pharaon ne meurt pas.

Il ne périt pas, ce pharaon ne périt pas.

Il ne se lamente pas, ce pharaon ne se lamente pas (167b-167d).

1512a-1514a :

Pharaon est oint avec ce dont s'oignent les dieux,

Pharaon s'habille avec ce dont s'habillent les dieux,
Pharaon vit de ce dont ils vivent,
Pharaon boit ce qu'ils boivent,
Il est sain avec eux, il vit de ce dont ils vivent,
Ils tiennent la main du pharaon pour la vie.

19. 1237d.
20. 1451b.
21. 1469c.
22. 950b.
23. 1480b. 1180a : *Pharaon est destiné au champ de vie qui est la demeure de Râ dans le ciel liquide.* 273b : *Pharaon juge les vivants à l'intérieur du domaine de Râ.* Et c'est Râ, semble-t-il, qui recommande Pharaon à une divinité qui s'appelle « le Vivant », fils de Sothis (1482a).
24. 1835a.
25. 1874c. *Pharaon est vivant comme un scarabée vivant* (1301c, 2107c), forme de Khepri ; Osiris ressuscité *est vivant comme un scarabée vivant* (1633c). *(Quand) la flamme est rouge, le scarabée vit* (561a, 570).
26. 1872a-b, 553c.
27. 2220a.
28. 1158a.
29. 824e.
30. 824d.
31. 823e.
32. 1156b. Porteur de vie, Pharaon porte le ciel sur son côté droit, et il est répété : *tu vis (car) les dieux ont ordonné que tu vives* (1528a-1529d). « Les chefs du ciel et de la terre vivent d'offrandes » (2039), et *Pharaon vit davantage que ceux qui vivent dans le ciel* (2115b).
33. 904c.
34. 2245d.
35. 1944b. 1899a : *Vis, vis, Pharaon, en ce nom qui est tien, auprès des esprits lumineux* ; 1907b : *Pharaon vit des cœurs des porteurs des esprits lumineux.*
36. 458a.
37. 937b.
38. 888c. Horus donne la vie à son père (1980b), il fait vivre Pharaon (614a).
39. 1036a.
40. 810a-b.
41. 1030a. Si Horus désire vivre, il ne doit pas fermer les portes du ciel quand le *ka* de Pharaon monte au ciel (2252a-b) : cf. aussi 815 a-b, où Horus est en charge du « bâton vivant de Maât ».
42. 917a (P 174).
43. 1807a.
44. 1243b.
45. 846a.
46. 2050b. Il y a une « protection de vie » faite pour Osiris par les quatre fils d'Horus (1333c) qui vivent de « justesse de voix » (1483b).
47. 830b. 1798b : *Pharaon a posé sur le Grand l'œil d'Horus, et il vit.*
48. 830a.
49. 1623b-c.
50. 1810a-1812b.
51. 2219c. 899a : *Osiris vit, l'esprit lumineux qui est dans Nedit vit, Pharaon vit.*
52. 1262c. 1913a : *O Osiris, vis la vie, vis la vie au moyen de ce nom qui est tien, qui est avec les dieux.*
53. 1979a.
54. 1006.
55. 2114a. Jouant le rôle d'Horus par rapport à Osiris, il revient au fils spirituel du pharaon défunt, son successeur, de « pourvoir (*hetem*) de vie » son père (1836a). Il le fait vivre en rassemblant ses os et en réunissant ses membres épars (1684b-c).
56. 1181a.
57. 1459c.
58. 1574a.
59. 763c.
60. 2103c.
61. 1724b, 1899c, 1914a, 2096c. 1943f : *Tu es vivant en tant que ton ba.* Pharaon demande à la couronne de Basse-Égypte de lui remettre son sceptre (*âba*) à la tête des vivants (197e). Pharaon tient son sceptre à l'extrémité en forme de bouton de lotus à la tête des vivants (220b).
62. 833b.

63. 1046c, 134b. 1194b : *Les Deux Terres vivent de la naissance à l'aube, immaculée, du Pharaon, fils de la barque du jour.*
64. 967d. 1001c : *Puisses-tu (la lune ?) mettre la main sur Pharaon, qu'il vive.*
65. 1471c-d.
66. 1216d-e.
67. 564a.
68. 1289c-1290b. Ce sont les âmes d'Héliopolis qui ont doté Pharaon de vie et de puissance.
69. 700c.
70. 718c.
71. 567c, 568c, 569d. Le terme utilisé est *hen.*
72. 2288b.
73. 1024b : *Pharaon vit de ce dont il vit, au moyen du grand pain qui est derrière le dieu.* 553b : *Pharaon vit du pain du matin, venu à son temps.*
74. 2063a.
75. 1876c-1877a.
76. 1024a.
77. 1772c, 1773.
78. 1587b-d.
79. 1874a-c.
80. 2115b. Le ciel, la terre, les dieux, les hommes, la mort sont venus à l'existence au terme d'une mutation (1040b, 1466c-d). C'est du crachat de Khepri qu'est issue la terre (199a). 2115b : *Au ciel, on vit (ânkh) ; sur terre, on existe (kheper).*
81. 918b-c.
82. 1695a.
83. 1771a. 1777a : *Il est un grand faucon qui réclame l'existence.* Selon 1757b, *Pharaon monte sur l'aile de Kheper ; il traverse à l'Occident comme Kheper* (888b), *est conduit sur les routes vers Kheper* (305b) et *monte sur une échelle vers Kheper quand il se manifeste à l'orient du ciel* (2079c-d).
84. 397a.
85. 377b.
86. 259a-b. « Voir » de deux manières : *maa* et *peter,* et « entendre », *sedjem.*
87. 1922b.
88. 775c, 779c, 781b, 792c, 875c, 2218c. Voir aussi 1477b, 2201c, 1810c. 1812c : *Pharaon ne meurt pas, son nom ne périra pas.* 657e : *Redresse-toi, Pharaon, tu n'es pas mort.*
89. 604f. 2253c : *Pharaon ne meurt pas à cause d'un pharaon, Pharaon ne meurt pas à cause des hommes.* 1468c-d précise que Pharaon ne meurt ni à cause d'un roi, ni à cause d'un mort quelconque. Et ni l'œil d'Horus ni Osiris ne meurent à cause de Pharaon (1450b-d).
90. 1453a ; voir aussi 1467a.
91. 1464c.
92. Voir chap. 217.
93. 823e, 1080b, 878b, 1299c, 2102b, 256c, 1760c, 764b.
94. 148-9.
95. 1926b.
96. 1975a-b. La fatigue (*ouredj*) n'existe pas au ciel (1638c). Le sommeil et l'inertie sont des formes de mort auxquelles le roi échappe (721d, 260b). Il ne se corrompt ni ne se décompose (2058a-b). Et c'est lui qui a pouvoir de vie ou de mort sur les divinités (153c, 155d, 157d, 159c).
97. 1466d.
98. 1439c.
99. 1236a-b. Devant Pharaon, les morts tombent sur leurs visages (1288c).
100. Voir P. Derchain, *Le papyrus Salt* 825, Bruxelles, 1965 ; A. H. Gardiner, *JEA* XXIV, 1938, p. 83-90 et 157-179 ; C. Jacq, *La sagesse égyptienne* (Pocket), p. 145 sq.

2

La rectitude et l'iniquité

(MAÂT ET ISEFET)

Après l'affirmation de la toute-puissance de la vie en esprit et de l'impossibilité, pour la mort, d'atteindre Pharaon, le principe de base de la civilisation pharaonique est formulé en une seule phrase des *Textes des Pyramides* :

Pharaon a mis la rectitude (Maât) à la place de l'iniquité (isefet). 1

Lorsque Pharaon, doté d'une vie en éternité, a reçu la charge de gouverner le monde, il y a trouvé *isefet.* Ce mot neutre n'est pas une puissance divine, comme Seth ; *isefet* ne possède ni statue, ni temple, ni culte, car il s'agit d'une sorte de vice rédhibitoire du monde manifesté et de l'espèce humaine qui les fait sortir de la rectitude de *Maât.* « *Isefet*, écrit Jan Assmann, représente l'état rudimentaire, le donné et le naturel. La course naturelle des choses, c'est la ruine, la décomposition, la désintégration, la dépravation. Afin qu'il y ait de l'ordre, de l'intégration, de l'harmonie, il faut un effort incessant vers le culturel, le non-donné, l'invraisemblable. C'est l'État (pharaonique) qui se charge de l'effort culturel. Il s'oppose à la "gravitation naturelle" vers le chaos, il chasse *isefet*. *Isefet*, l'injustice, c'est la violence, la non-communication, la loi du plus fort... Tout l'État est là pour sauver le misérable et faire pièce à la loi du plus fort... L'homme est incapable de vivre sans *Maât.* » 2

Lorsque règne *isefet*, bonheur, justice et harmonie sont impossibles. C'est pourquoi le rôle majeur de Pharaon, la mission que lui ont assignée les dieux qui l'ont créé, est de « mettre *Maât* à la place d'*isefet* ». Symbolisée par une femme assise, une plume (la rectrice) fichée dans sa chevelure, Maât est la Règle éternelle qui permet aux éléments vitaux de rester en cohérence, elle est la vérité de la vie, la justesse et la justice, la rectitude, le gouvernail du bateau, le socle des statues divines.

« Le monde, écrit encore Jan Assmann, n'étant pas un système auto-organisant, dépend d'une instance supérieure qui le maintient en marche. Cette instance est la domination, la monarchie divine, qui se réalise au ciel dans la course solaire et sur terre dans l'État pharaonique. Si cette instance s'affaiblit, si la solidarité entre le ciel et la terre cesse, le processus cosmique se dirige inévitablement vers *isefet*. *Isefet*, c'est l'injustice, le mensonge, le désordre, la guerre, la violence, la rébellion, l'inimitié, le vol, la peine, la maladie, le manque, la mort, toutes les manifestations de l'imperfection qui s'est installée dans le monde et dont le monde a besoin d'être sauvé... Le cosmos est incapable de “vivre” sans *Maât*... Le cosmos est incapable de “vivre” (de continuer à prospérer) sans l'État pharaonique... L'État pharaonique ne s'entend donc pas comme une institution de force, de violence et d'assujettissement comme il est peint dans l'Exode, mais comme une institution de libération : libération de l'homme de la main de
3 l'homme. » Et *Maât* englobe la vérité, l'ordre et la justice, sans
différencier ce qui est aujourd'hui éclaté en sagesse, religion,
morale et droit.

Le trône royal porte un nom significatif : *Celui qui fait*
4 *vivre Maât*, et *Maât est ce que dit Pharaon, car il rassemble*
5 *ce qui est de l'ordre de Maât, lui qui est préposé à Maât et*
qui l'amène (qui la fait se manifester et la rend concrète), *car*
6 *elle est véritablement avec lui.*

Tout l'être de Pharaon est formé de rectitude : *la langue du*
roi est le pilote (maâi) de la barque de Maât, les deux barques
7 *de Maât sont les plantes de pied de Pharaon.* Et c'est unique-
8 ment grâce à Maât que Pharaon peut s'asseoir sur son trône
9 et gouverner.

Quand la déesse Ciel donne au pharaon les deux contrées

de lumière, tous les dieux disent : *C'est la rectitude. Pharaon*
est celui que tu aimes sans cesse parmi tes enfants. 10

Comme Osiris a été reconnu « juste » pour pouvoir ressusci-
ter, *Pharaon est sain et juste (maâou) au ciel, sur terre et* 11, 12
sur l'île de la terre. 13

Dans les *Textes des Pyramides*, il existe d'ailleurs une
contrepartie masculine de *Maât*, « la Justesse », qui se nomme
Maâou, « le Juste ». Pharaon doit être son « témoin *(meter)* », 14
celui qui le reconnaît, pour pouvoir suivre « la voie droite »
qui mène à la fois vers la Terre divine (Geb) et vers la lumière
céleste (Râ). Les Suivants d'Horus récitent pour Pharaon « la 15
formule de celui qui est juste » et, en tant qu'Horus, Pharaon 16
est dépositaire du « bâton vivant de justesse ». 17

Fils du Principe créateur (Atoum), Pharaon est le frère de
« Celui qui accomplit parfaitement *Maât* » ; et, après avoir fait 18
vivre la rectitude sur terre, il doit « faire monter *Maât* derrière
la lumière divine », c'est-à-dire la restituer à la source d'où 19
elle émane.

Pour que la présence de *Maât* soit effective et qu'elle soit
le socle de la civilisation et du gouvernement, il faut lutter
sans cesse contre les multiples formes d'*isefet*, à commencer
par le mal *(djout)* : *le mal ne s'empare pas de Pharaon, Pha-*
raon ne s'empare pas du mal, Pharaon n'a commis aucun 20
mal, il est purifié et libéré de tout mal, il se préserve lui- 21, 22, 23
même de tout mal, il n'y a pas de mal pour lui, il n'y a pas 24
de mal concernant son nom qui est sur terre. 25

Ce mal, qui pourrait être devant ou derrière Pharaon, il faut
le chasser, l'écarter, l'expulser, l'éloigner, le jeter à terre. S'il 26, 27, 28
est impossible que vienne à l'existence un mal que les
hommes prononceraient à l'encontre du roi le jour, la nuit ou
lors des fêtes, ce dernier sauve les êtres célestes du mal que 29
les hommes ont commis. Les dieux agissent d'ailleurs en 30
faveur du pharaon : Geb chasse le mal de sa personne, l'en
éloigne et l'anéantit, Nout le protège de tout mal, de même 31, 32, 33
que Râ, Horus écarte le mal de Pharaon, ôte le mal qui est sur 34
lui et réduit à néant ce qui avait été fait contre lui. 35

En l'absence de mal, il n'existe ni colère, ni bruit, ni combat,
ni tumulte, et la maladie est inopérante. Pharaon ne subit ni 36, 37

38, 39, 40, 41, 42 l'oubli, ni l'exclusion, ni le manque, ni la pauvreté, ni la chute,
43 et aucun obstacle n'entrave son chemin. Il évite ce que Dieu
44 déteste, à savoir une parole fausse et excessive ; et ce que
45 Pharaon déteste, c'est traverser des ténèbres.

Grâce à la rectitude, il est possible de remporter le combat
contre l'ennemi visible ou invisible qui ne peut être « juste de
46 voix » ; pour permettre à Pharaon de vaincre, la déesse Ciel
47 le fait apparaître comme un dieu. De même que les dieux
célestes ne souffrent d'aucun dommage qui serait infligé par
48 leurs ennemis, de même le roi est-il indemne. Non content de
49 se protéger contre ses ennemis, Pharaon, grâce à Horus, s'en
50, 51 empare, et ils périssent.

Dans cette notion d'« ennemi » est incluse celle de révolte contre *Maât*, contre la rectitude. L'harmonie de la société humaine n'est pas donnée, elle est le fruit d'un combat quotidien que Pharaon mène, non pour lui-même, mais pour faire vivre *Maât*.

NOTES DU CHAPITRE 2

1. 1775b. 265c précise que cet acte s'est produit dans « l'île de la flamme ». Cf. C. Jacq, *Les paysages de l'autre monde*, §29. C'est là, au terme d'un violent combat, que la lumière triomphe chaque jour des ténèbres. Il existe un dieu *Ider-isefet*, « Celui qui repousse l'iniquité », qui délivre le roi de l'immobilité (2086b).
2. Jan Assmann, *Maât, l'Égypte pharaonique et l'idée de justice sociale*, Paris, 1989, p. 124-5.
3. J. Assmann, *op. cit.*, pp. 128, 127 et 126.
4. 1079c. Selon 317a-c, Maâty (ou : les deux Maât) a entendu Pharaon et ordonné que les trônes de Geb lui reviennent.
5. 2290b.
6. 319b. 2243d : Pharaon va vers Râ et lui dit « la chose vraie ». 1520a-b : *le Maître de Maât est haut au début de l'année.*
7. 1306c, 1315a. 1785b-c : *Pharaon guide la lumière divine dans ses deux barques de Maât, le jour d'amener l'année à son terme.* Selon 1429c, Pharaon s'identifie à Sokaris qui préside à la barque de Maât.
8. Écrit avec le déterminatif du faucon sur le pavois.
9. 1219a-b qui précise que Pharaon se tient debout à cause de son *imakh*, à savoir de sa « capacité de lumière » qui le rend digne de vénération.
10. 4c-d.
11. 1556a.
12. 1658b.
13. 1188c-d. Le sans-barque qui est juste doit être traversé par le passeur vers le champ des roseaux (1188a-b).
14. 2288c.
15. 1142a-b. Geb (2096a), Chou et Tefnout (2099b), Horus (2106b) guident (*maâ*) Pharaon. 1988a : C'est ce qui guide justement Horus qui guide justement Pharaon.
16. 921c.
17. 815a.
18. 2267a.
19. 1582a. Dans le secret du temple, Pharaon offre chaque jour Maât à Maât.
20. 1230c-d.
21. 1238a.
22. 1945b. Quand Pharaon vient au ciel, aucun mal ne tombe sur ses mains (1021c).
23. 1100d. 1427 : *le mal a libéré Pharaon.*
24. 1096c.
25. 1372b.
26. 582a.
27. 908c-g.
28. Chap. 455.
29. 2253d-e.
30. 1603c.
31. 1812a, 840c, 843d, 1622a.
32. 1608a, 638c, 825b-c.
33. 713b.
34. 746b.
35. 1978c-d. Que ni Osiris, ni Horus, ni Seth, ni Khenet-irty, ni Thot, ni Isis, ni Nephtys « ne viennent avec la venue du mal » ; sinon, il ne faudrait pas leur « ouvrir les bras », et de terribles préjudices les toucheraient : Horus deviendrait aveugle, Seth serait châtré, Khenet-irty deviendrait baveux, Thot serait privé de mère, Isis gonflée de pourriture, Nephtys deviendrait une fausse femme sans vagin (1267a sq.)
36. 1463a-d : *djened*, *kherou* (litt. la voix), *shentjet*, *khenenou.*
37. 1685b : *Horus empêche que ce mal (meret) soit infligé à Osiris.* Pharaon ne permet pas qu'Osiris soit

malade (*mer*) et chauve, et Pharaon ne sera ni malade ni chauve (2055b, 2056b). Dieu, Osiris et Pharaon ne seront pas la proie du mal (*bin*) (2105a-c).

38. 2118a.
39. 309c.
40. 827a sq.
41. 1043a-b : *Pharaon n'est pas pauvre, ses ongles ne pousseront pas, ses os ne seront pas brisés.*
42. 1021a.
43. 1441b, et Pharaon ne sera pas repoussé. Selon 2202b, c'est Horus qui a ôté tout obstacle.
44. 1161a.
45. 323a. Pharaon *déteste ce qui est détestable (bout)* (127d), les excréments et l'urine (127c) ; il se tient éloigné de ce que les hommes détestent, *il ne met pas la main sur ce que les dieux détestent* (2082c-d).
46. 1042d.
47. 25b.
48. 1467b-1468a.
49. 2116c.
50. 579b, 2072b, 203b.
51. 2186a. Pharaon vainc ses ennemis grâce à un couteau que lui a donné la couronne de Basse-Égypte (197f).

3

La « justesse de voix »

Le respect de la rectitude et sa mise en œuvre ont une
conséquence directe pour Pharaon : « la justesse de voix », à
savoir une formulation en vérité. *Pharaon est justifié en rai-
son de la parole juste sortie de sa bouche*, *Pharaon désire* 1
être juste de voix en raison de ce qu'il a accompli, *Pharaon* 2
est juste de voix, *la puissance vitale (ka) de Pharaon est* 3
juste de voix auprès de Dieu. Et c'est parce que la « justesse 4
de voix » conduit l'action de Pharaon qu'il porte un nom
remarquable : « Tu agis ». 5

La maxime fondamentale de la morale égyptienne, formulée
dans le *Conte de l'Oasien*, est : *agis pour celui qui agit*. Pha-
raon ne se contente pas de dire Maât, il la fait, il agit en fonc-
tion d'elle ; aussi sa mère divine, Isis, peut-elle l'allaiter pour
lui donner une énergie surnaturelle, alors que les ennemis du 6
roi ne sont pas « justes de voix ». 7

Pour préserver cet état spirituel, Pharaon doit *être le
témoin divin du Juste* et il peut assumer cette fonction parce 8
qu'il n'a commis aucune faute contre Maât : *il n'existe ni mot
ni parole contre Pharaon parmi les hommes et aucune accu-
sation (contre lui) au ciel, parmi les dieux*. *Il n'y a pas de* 9
*vivant qui porte d'accusation contre Pharaon, il n'y a pas de
mort qui porte d'accusation contre Pharaon, il n'y a pas de
volatile qui porte d'accusation contre Pharaon, il n'y a pas
de taureau qui porte d'accusation contre Pharaon.* 10

« Juste de voix », Pharaon peut être couronné et proclamé

apte à remplir sa fonction dans ce monde et dans l'autre.
11 Aussi est-il *imakh*, « vénérable » et « vénéré ». Ce sont les
« puissances *(baou)* d'Héliopolis » qui reconnaissent que cet
état spirituel, lié à un accomplissement de l'être du roi dans
12 la lumière, est bien le sien. Comme il fait partie des êtres qui
13 possèdent cette capacité de rayonnement spirituel, les deux
14 Ennéades emmènent Pharaon au « champ des offrandes »,
15 l'un des paradis célestes, et il descend dans l'Occident, lieu
de paix et de plénitude.

Possesseur de son « être vénérable », le pharaon peut se
16 tenir debout et appartenir à la communauté des *imakhou*,
« les vénérables », qui vivent dans « le champ du trône parfait
du Dieu grand » où « ce qui doit être accompli est accompli » ;
aussi sont-ils recommandés aux puissances vitales et reçoi-
17 vent-ils la nourriture nécessaire.

« La sortie à la voix » est synonyme d'offrande et elle trans-
forme Pharaon en être lumineux qui n'est pas « inerte de
18 cœur » parce que la voix sort pour lui chaque jour.

NOTES DU CHAPITRE 3

1. 1776a-b. À cause d'une mécompréhension de la pensée égyptienne, l'expression « juste de voix » est souvent traduite par « décédé ».
2. 316d.
3. 354a, 356c, 357c.
4. 929a, 935a, 361c. Le *ka* d'un dieu qui prend la main du pharaon pour l'emmener au ciel est juste de voix auprès de Geb (1327c).
5. 1095a : *ir.k.*
6. *Est venue Isis, elle a saisi pour elle ses seins pour son fils, le juste de voix* (2089a). Les quatre fils d'Horus vivent de justesse de voix (1483b).
7. 1041b.
8. 2288c. Au chemin divinisé (*metchen*) et au gardien du porche, le roi demande de témoigner à son propos face à « ces deux dieux grands (*ourou*) et importants (*âaou*), car Pharaon est le fils de la lumière divine (Râ), il supporte le ciel, guide la terre, départage les dieux » (952a-d).
9. 462a-c.
10. 386a-b.
11. L'une des traductions possibles du terme que nous comprenons comme *im(y)-akh*, « celui qui est dans la lumière ».
12. *L'imakh est pour Pharaon, disent les baou d'Héiiopolis* (1289a). 505b : *l'imakh du pharaon est sur Pharaon.*
13. 811e.
14. 1203d-e.
15. 1703b. Cf. aussi 1741b.
16. 1219c.
17. 1192a-b.
18. 23b, 1713b, 2118a.

4

Verbe et parole divine

C'est *la parole de Dieu qui élève Pharaon* auquel il est 1
recommandé : *ne sois pas éloigné des dieux, (car) ils créent
pour toi cette parole qu'ils ont créée pour la lumière divine
(Râ) et le principe créateur (Atoum) qui brillent chaque jour.* 2
Les dieux parlent, Pharaon entend les paroles qu'ils pronon-
cent car le Verbe lui permet de s'assimiler à toutes les entités 3
créatrices. Ainsi, *il entend et il connaît la parole de la lumière* 4
divine, et il reçoit « la parole d'Horus qu'il écoute ». Il va vers 5, 6
Horus et lui demande : *Prononce pour moi cette parole grande
et parfaite que tu as donnée à Osiris. Pharaon est grand
grâce à elle, il est perpétuellement grand grâce à elle, il a le
pouvoir à l'intérieur de cette parole, sa capacité de manifes-
tation est derrière lui, son acuité sur lui.* 7
Et pour entendre la parole d'Horus, qui permet de devenir
un être de lumière, il faut être silencieux. C'est en raison de 8
sa capacité d'écoute et d'entendement, et de la pratique de la
parole divine, que Pharaon peut parler vrai et « dire Maât ». 9
*La langue de Pharaon est le pilote préposé à la barque de
Maât, il prononce* (litt. : *il noue*) *une parole juste.* 10, 11
Le roi doit respecter une règle stricte : *Il est dit : Dis ce
qui est (netet), ne dis pas ce qui n'est pas (ioutet), (car)
l'abomination de Dieu est la fausseté de la parole.* 12
*Tous les dieux se réjouissent de tout ce que formule Pha-
raon, et c'est parfait pour lui éternellement*, car la parole du 13

14 *roi est destinée au ciel*, et Pharaon lui-même *est la grande*
15 *parole.*

Pharaon est le formulateur par excellence, et même Râ est
attentif à ce qu'il dit : *Écoute-la, cette parole, Râ, que Pharaon*
16 *prononce pour toi* ; et à plusieurs divinités, il est indiqué :
Écoute-la, cette parole que le roi te dit, qu'il y ait de l'épa-
nouissement pour ton cœur, à propos du roi. Pharaon est un
17 *grand, fils d'un grand.*

18 Dotée de la formidable puissance de Seth, « la parole parfai-
te » de Pharaon est élevée vers un être divin, « le pourvoyeur
des puissances vitales » qui, à son tour, l'élève vers les deux
19 Ennéades.

20, 21 Maître du Verbe *(Hou)* « qui a incliné sa face vers lui » et
22, 23 qui confère la plénitude, Pharaon est son compagnon. Or ce
Verbe est aussi nourriture et, en le prononçant, le roi donne
la vie.

La parole sacrée peut se concrétiser dans un certain
nombre de formules rituelles enregistrées dans les *Textes des*
Pyramides ; c'est ainsi qu'il existe des formules pour monter,
24 s'élever, voyager ; les Suivants d'Horus récitent pour Pharaon
25 les formules de justesse et de montée au ciel.

Pharaon utilise aussi la parole sous forme d'ordres qu'il
26, 27 donne aux dieux et aux pères des dieux, et il les formule à
28 côté des deux Ennéades. Il donne également des ordres aux
29 hommes et les juge en « séparant les paroles », et agit ainsi
30 « entre les deux grands dieux ».

Il existe une forme de parole négative et dangereuse, mais
les dieux ont ordonné que Pharaon se protège de ceux qui
31 *parleraient contre lui. Il n'existe pas de parole contre le roi*
parmi les hommes, et il est capable de détruire une mauvaise
32 parole pour pouvoir monter au ciel.

Si la parole est toute-puissante, le silence n'est pas une
valeur négligeable. Devant Pharaon, les dieux gardent le
33 silence et l'Ennéade met la main sur sa bouche ; êtres de l'au-
delà et ritualistes les imitent pour entendre les paroles que
34 prononce le roi. Ce dernier est d'ailleurs identifié à Horus qui
35 pose un doigt sur sa bouche pour symboliser le silence, et il
36 sait qu'il faut être silencieux pour entendre la parole divine.

NOTES DU CHAPITRE 4

1. 333c.
2. 1693c-1694c. D'après le chap. 474, Geb parle avec Atoum, et de cet entretien découlera l'acte de donner la totalité des dieux au pharaon. 2006a : *Aucun dieu ne sera éloigné (bia) en raison de ce qui lui a été formulé.*
3. 1231d.
4. Voir chap. 506.
5. 1863a, 856a.
6. 611a, b ; 646c.
7. 1558a-1559b.
8. 2263-2264b. La grande (*our*) et importante (*âa*) parole sortie de la bouche de Thot pour Osiris permet à tous les dieux d'être en paix (*hotep*) (1523a). Geb dit à Osiris retrouvé : *Dresse-toi, esprit lumineux, et parle* ! (2145c). La « bouche des dieux » est l'autel (1156a).
9. 2290b.
10. 1306c.
11. 1776b.
12. 1161a.
13. 1645c. 1646a : Atoum dit à propos du pharaon : « voyez la bouche habile qui est parmi vous ».
14. 2051b.
15. 1100b.
16. 1461a. 2062a : *Pharaon te la donne, cette parole ; il est heureux, Râ, chaque jour.* 1238b-c : *Que longue (aou) soit cette parole jusqu'à ton visage, Râ ; écoute-la, taureau de l'Ennéade.* 1299a-b : *Donne ta bouche à Râ, qu'il frappe pour toi l'obstacle contre lequel tu parles et qu'il favorise ta parole.*
17. 1444b sq.
18. 1715a.
19. 1708c-d. Selon 1014b, *la parole du pharaon monte vers Anubis.* Et Pharaon prononce les paroles qui apaisent la couronne rouge, un redoutable serpent de feu (195b).
20. 300c, 307a : *Pharaon s'est emparé du verbe.*
21. 697d.
22. 1217c.
23. 251b, *remen*, au sens de son soutien, de celui qui l'épaule.
24. 1245d-e.
25. 921c-d.
26. 2040a (*oudj medou*).
27. 254a, c. Pharaon parle quand siège le dieu vivant (1920a-b).
28. 1714a. Les sept Ennéades entendent la parole des dieux aux ordres desquels elles obéissent (511c, W 632). Avec la parole, Pharaon gouverne les buttes d'Horus, de Seth et d'Osiris (218d, e, f).
29. 273a-b.
30. 1750a-b.
31. 1912b.
32. 462a-c.
33. 254b.
34. 868c.
35. 663c.
36. 2263d sq. (la parole d'Horus).

5

L'énergie primordiale

Pour les anciens Égyptiens, l'univers entier, qu'il soit esprit ou matière, baigne dans un océan d'énergie qui porte le nom de *Nou(n)*. Le terme s'écrit avec une ligne brisée, une onde qui symbolise précisément le flux énergétique et trois vases qui contiennent ce « liquide » primordial, caché aux regards des hommes, mais d'où provient toute vie.

Or, Pharaon est défini comme « Celui qui est consubstantiel
à l'énergie primordiale », et sa naissance a précisément lieu 1
dans ce milieu créateur par excellence.

Pharaon a été conçu dans l'énergie primordiale, il a été
mis au monde dans l'énergie primordiale. Pharaon est né 2
dans l'énergie primordiale avant que ne viennent à l'exis-
tence le ciel et la terre. 3

Les puissances créatrices qui résident dans l'énergie pri-
mordiale entourent de vie le pharaon qui s'unit à elles, leur 4, 5
donne des ordres et les guide, alors qu'elles sont rassemblées 6, 7
par le sycomore. 8

Les liens qui pourraient immobiliser le pharaon sont
dénoués par les « deux maîtres de l'énergie primordiale » où 9
se trouve le repas destiné au roi, puisque cette énergie anéan- 10
tit la faim. Animé et nourri, Pharaon se déplace en barque sur 11
cet océan dont il connaît les mouvements parce qu'il a vu 12, 13
— donc connu — le secret de l'énergie originelle. 14

Cette dernière semble être contenue dans une caverne à 15
l'intérieur de laquelle sont déposés les « sièges » des puis-

sances créatrices sur lesquelles Pharaon peut prendre place,
16 c'est-à-dire exercer sa souveraineté. Encore faut-il que, sur sa
demande, les portes de l'énergie primordiale soient ouvertes
17 pour lui.

La porte majeure de l'énergie primordiale parle au pharaon :
pour qu'elle accepte de s'ouvrir, il doit répondre à ses ques-
tions et s'identifier comme un suivant de la lumière divine et
18 non un perturbateur. Elle confie alors le pharaon au principe
19 créateur (Atoum) et lui prend la main pour l'emmener au ciel.

Une tâche précise est confiée au pharaon :

L'énergie primordiale élève la main du pharaon vers le ciel
20 *pour qu'elle supporte la terre.*

Non seulement Pharaon utilise cette énergie pour mettre en
ordre la création et la maintenir dans l'état du « premier ins-
tant » tel qu'il s'est inscrit dans l'harmonie cosmique, mais
21 encore est-il relié au « tribunal de l'énergie primordiale »,
chargé de « juger » les puissances de création, c'est-à-dire de
préserver leur hiérarchie et leur équilibre.

De cet « océan » d'énergie provient une flamme qui doit
« tomber », à savoir être apaisée et perdre sa capacité de des-
22 truction. Il existe donc un « feu » dans l'« eau », une étincelle
de vie qui anime la masse d'énergie potentielle. Dans l'univers
principiel, feu et eau ne sont pas incompatibles, étant deux
formes particularisées de l'énergie première.

NOTES DU CHAPITRE 5

1. 1525- *Nouy*, « celui du Nou(n) ».
2. 132c.
3. 1040a-b. 1701a-b ajoute une précision : *Pharaon a été mis au monde par l'énergie primordiale sur sa main gauche, (alors que) le pharaon était un enfant sans sagesse.*
4. 319c.
5. 318c. 2147a : *Ceux qui sont dans l'énergie primordiale viennent vers toi.*
6. 1678b.
7. 1166b-c. 871 : *Ceux qui sont dans l'énergie primordiale craignent Pharaon.*
8. 1486a.
9. 593b.
10. 310b.
11. 551a-b : *Faim... Va vers l'énergie primordiale, pars dans le flot !*
12. 2206f : *Pharaon s'est envolé et s'est posé sur la tête du scarabée qui est à la proue de la barque qui est dans l'énergie primordiale.* D'après 1057a, Pharaon peut s'y agenouiller.
13. 1078c : *Sont ouverts les mouvements de l'énergie primordiale.*
14. 1062a : *Pharaon voit l'énergie primordiale, Pharaon apparaît sur sa route.*
15. 268d.
16. 207b.
17. 603c, 1583a.
18. 392a-d.
19. 604a-b.
20. 1517a. Selon 606b, l'énergie primordiale protège quatre déesses, Isis, Nephtys, Neit et Serket qui, dans ce contexte, semblent organiser l'espace de création.
21. 1174c.
22. 237a.

6

Formes de l'énergie

L'énergie de résurrection est offerte par Isis au pharaon
identifié à Osiris ; elle en remplit son époux mort pour qu'il
devienne un père capable de transmettre la vie. Lors de sa 1
résurrection, Pharaon reçoit une triple forme d'énergie : l'eau,
l'abondance et le lait d'Isis. Autre ternarité issue d'Osiris : 2
l'eau, l'abondance et les lymphes s'écoulant de la momie osi-
rienne, conçue comme support de résurrection. 3

Le concept d'abondance *(bâh)* est particulièrement mis en
valeur : *C'est son frère l'Ancien qui apporte l'abondance au
pharaon.* 4

*Puisses-tu disposer d'une abondance d'herbes vertes,
comme les enfants de la Terre divine (Geb).* 5

Ton abondance se trouve dans le champ de Dieu. 6

Ton eau et ton eau fraîche sont l'abondance qui sort de toi. 7

Le mouvement est double : Pharaon reçoit l'énergie cos-
mique sous forme de l'abondance qui fait verdir la terre dont
il est responsable, et ce flux fertilisateur, il le restitue pour
garantir cette fertilité.

*Pharaon est le fluide (redjou) qui s'écoule et sort de la
mutation des eaux* : le roi doit conquérir et posséder cette 8
forme d'énergie, flux vital et secret du corps osirien, car, grâce
à elle, son cœur n'est plus inerte et il vit. 9

Il vit également du « grand flot » qui est dans le ciel, auquel 10
deux chapitres (344 et 348) sont consacrés :

Salut à toi, grand flot !

Échanson des dieux, qui guide ceux qui vénèrent la
11 *lumière,*
Apaise hommes et dieux pour Pharaon,
12 *Qu'ils lui donnent un repas.*

Salut à toi, grand flot,
Échanson des dieux qui guide ceux qui vénèrent la lumière ;
Apaise les dieux pour Pharaon,
Qu'ils le rendent florissant,
13 *Qu'ils l'aiment et le rendent en bonne santé.*

NOTES DU CHAPITRE 6

1. 2009c, 1362a. Cette énergie porte le nom de *nini*, à savoir un redoublement et une intensification de l'hiéroglyphe N qui est le signe même de l'énergie. On le voit d'ailleurs sortir des mains des déesses qui « magnétisent ». Ce type d'énergie semble exclusivement produit par les déesses.
2. 734a-b.
3. 1360a-b, 2007a-b, 1291a. 788a-b y ajoute l'eau fraîche (*qebehou*) et l'exsudation (*houaat*) d'Osiris.
4. 774a-b, 788a.
5. 1018a-b.
6. 805d.
7. 868b.
8. 1146a. *Redjou*, « fluide », sert aussi à désigner les lymphes qui s'écoulent du corps d'Osiris.
9. 23a, 2114a.
10. 1173a ; voir aussi 508a. Le grand flot : *ageb our*. 707a : *Nephtys donne le flot au pharaon.* Selon 701a-c, il est demandé aux taureaux d'Atoum de donner au pharaon une énergie plus intense que la couronne rouge, le grand flot et les dattes qu'il tient dans son poing.
11. Chap. 344, 559a-c.
12. Les *henmemet.*
13. Chap. 348, 565a-d. La traduction « florissant » est hypothétique.

7

La lumière

Le thème de la lumière est l'un des plus fréquemment
évoqués dans les *Textes des Pyramides*. Râ est la lumière
divine dont la demeure céleste est « le champ de vie ». Le nom 1
secret de cette lumière créatrice est « Sans limite *(n djer. f)* »,
et Pharaon ne l'ignore pas. 2

Le roi est le fils aimé de la lumière divine qui l'a conçu, 3
engendré et mis au monde. Et Pharaon peut contempler son 4
père, Râ qui lui donne ce qui lui revient : la vie, la puissance et 5
l'éternité. Quand la *lumière divine s'exprime, elle transforme* 6
Pharaon en être lumineux, lequel devient son représentant à 7
la tête de toute Ennéade. Râ parle, et il reconnaît le roi comme 8
son fils. 9

Au-delà de cette filiation existe un processus d'identification :

Pharaon est toi, tu es Pharaon.
Réjouis-toi à propos de Pharaon,
Réjouis-toi à propos de la puissance vitale de Pharaon,
Tu brilles en tant que Pharaon,
Pharaon brille en tant que toi,
Pharaon est en bonne santé,
Tu es en bonne santé,
Rends florissant Pharaon,
Il te rend florissant. 10
Ton corps est florissant, lumière divine,

Ton corps est rendu vivant en tant que Pharaon, lumière
11 *divine ;*

Tu es, certes, la lumière divine qui sort de la déesse Ciel
qui met au monde chaque jour la lumière divine,
12 *Et Pharaon naît chaque jour comme la lumière divine.*

Cette identification est liée à la connaissance : *Pharaon est*
13 *celui qui connaît sans cesse la lumière divine ; que la*
lumière divine voie Pharaon, qu'elle connaisse (sia) Pha-
raon ; Pharaon fait partie de ceux qui te connaissent,
14 *connais-le !*

15, 16 Pharaon demande à Râ de lui donner la main ; il accepte,
17 l'emmène jusqu'à l'endroit où se trouve Dieu et l'installe sur
18 le trône d'Osiris. C'est par ce voyage dans la lumière et avec
elle que le roi connaît le divin et le secret de la résurrection.
19, 20 Il va en paix vers cette lumière, va et vient avec elle, suit une
21 voie droite vers elle.

22 *Pharaon brille à l'orient comme la lumière divine ; quand*
Râ monte de l'orient, il y trouve Pharaon ; quand Râ vient
vers l'occident, il y trouve Pharaon dans la place parfaite où
23 *se rend Râ.* D'après le chapitre 217, le roi, en tant qu'« esprit
lumineux impérissable », va vers son père, le principe créa-
teur lumineux (Râ-Atoum) pour traverser le ciel avec lui.
L'acte est répété quatre fois, et il est dit : *Ô Râ-Atoum, ton*
fils vient vers toi, le pharaon vient vers toi. Élève-le, encercle-
24 *le à l'intérieur de tes bras.*

En totale communion avec la lumière, Pharaon la fait vivre
25, 26 chaque jour et fait partie des « Suivants de Râ », lequel cou-
27 ronne Pharaon, le fait apparaître en gloire, le purifie et le pro-
28 tège de tout mal. La protection de Râ est sur Pharaon et ne le
29, 30 quittera pas. Tout en le soutenant, il le confie à Chou, autre
aspect de la lumière divine.

Dans la lumière *iakhou* (terme formé sur *akh*, « être lumi-
31 neux ») se trouve « celui dont la forme est cachée ». Le maître
de cette lumière est à côté du « champ prospère » dans une
32 région céleste où les nourritures sont abondantes. « Taureau
33, 34 de lumière », embrasé par elle, doté d'un « large pas de
35 lumière », *Pharaon grimpe et escalade la lumière* ; étant lui-

même *la lumière qui est sur la porte du ciel, il pose la* 36
lumière de Râ comme escalier sous ses pieds. 37

Pharaon utilise « la barque de lumière *(henbou)* » pour navi-
guer dans le ciel où il brille *(pesedj)* comme Dieu et comme 38, 39
brille l'Ennéade *(pesedjet)* qui se nomme précisément « la 40
brillante, la lumineuse ».

L'être de Pharaon et la lumière procèdent de la même réa-
lité, au point que *Pharaon est un éclat de lumière* ; et *ceux* 41
qui résident dans les étoiles impérissables lancent un éclat
de lumière pour lui. 42

NOTES DU CHAPITRE 7

1. 1180a.
2. 1434b, 1442b. 200a sq. révèle une série de noms de Râ : le grand taureau sauvage, le grand flotteur, l'aigu de dent, Soped, Nedi, Penden, Denden.
3. 952c, 1316c.
4. 1317c, 1317a, 1318a. 1508a-b : *Pharaon est conçu pour Râ, il naît pour Râ ; Pharaon est la semence de Râ.* Pharaon est le faucon issu de Râ et l'uraeus issu de l'œil de Râ (2206d-e).
5. 915a, 199c, 2120a. Il existe une « fille de Râ » qui se trouve sur les cuisses de Pharaon (2048b-d).
6. 762a.
7. 795b.
8. 1464c, 1694b-c.
9. 886a. Pharaon émet une parole que Râ connaît (855a, 856a).
10. 703b-704d.
11. 1461a.
12. 1688b-c. 1835a : *Sa mère le ciel le met au monde vivant, chaque jour, comme Râ.* 1695a-b, 452b : *Les dieux de l'Ennéade font devenir ce Pharaon comme Râ en ce sien nom de Kheperer (celui qui se transforme sans cesse) ; tu montes vers eux comme Râ en ce sien nom de Râ.*
13. 856c.
14. 495a-b ; 328a.
15. 531a.
16. 990c.
17. 1044c, 1045c.
18. 757c. D'après le chap. 363, Râ joue un rôle de passeur. Pharaon l'appelle pour qu'il traverse et qu'il pose la main sur lui comme il pose la main sur l'Occident et sur l'Orient.
19. 2095a. Voir aussi 2243c pour la rencontre avec Râ que Pharaon trouve dans le champ des roseaux et celui du Devenir (918c).
20. 310d. Pharaon saisit la queue du taureau-lumière qui traverse le ciel (543a-b, 547a-b).
21. 1142b.
22. 888a, 1582a. 37b : Râ point pour Pharaon.
23. 919a-c. Pharaon convoie la lumière divine vers l'Occident dans la barque des deux Ennéades (906c-d), l'escorte en la protégeant et l'aime (517d, 1442c-d).
24. 160a-b. 145b-c précise que Râ-Atoum, régissant l'univers lumineux, ne donnera pas le roi à Osiris, régent du royaume souterrain, qu'il ne le donnera pas non plus à Horus, qu'il ne prendra pas son cœur et ne l'assujettira pas.
25. 449b. Chaque jour, Pharaon apporte à Râ des produits lointains (263a). Il le voit dans ses liens et le vénère lorsqu'il est délivré de ses liens (285c).
26. 856e. Selon 2175d, il est bon de faire partie des Suivants d'Horus et de voyager sur les chemins d'eau de l'orient.
27. 2036a-b.
28. 713b.
29. 1470c.
30. 1471a.
31. 1061c. 304c : *Horus est dans la lumière.* D'après 507c, le jarret et la queue de la Grande (le ciel) se trouvent dans la lumière.
32. 1059c. Pour « le champ de lumière », 1781b.
33. 889d.
34. 324b. Cette lumière *(iakhou)* se trouve dans l'œil de Pharaon (513a).
35. 1680c. *Pour Pharaon sont déliés les mouvements de la lumière* (1078d, 852e).

36. 751a-b.
37. 1108a-b. 1231a : *le ciel a renforcé la lumière pour Pharaon.*
38. 1346a.
39. 1948e.
40. 370a.
41. 889d (*seshed*). *Pharaon projette un éclat de lumière en tant qu'étoile unique* (1048d).
42. 1490b. À noter que l'ombre n'est pas envisagée sous un aspect négatif d'absence de lumière, mais comme protectrice pour les dieux (446b, d).

8

L'être lumineux

(AKH)

L'être lumineux est pour le ciel, voici que Pharaon est sorti 1
au jour sous la forme véritable d'un être lumineux vivant. La 2
destination de cet être lumineux, symbolisée par un splendide
oiseau, l'ibis à aigrette dont la tête semble couronnée d'une
sorte de nimbe, est ainsi clairement affirmée et mise en rap-
port avec la vie céleste. La création de l'être de lumière est
indissociable de celle du verbe : *Tu sors à la voix, elle te rend*
lumineux ; et elle inclut aussi la volonté de transmutation, 3
puisqu'il est dit à Pharaon : *Rends-toi lumineux, viens à* 4
l'existence, sois haut, sois lumineux ; c'est parce que le prin- 5
cipe créateur rend le roi lumineux à l'intérieur de lui qu'il ne
meurt pas. Une pleine capacité de lumière est donnée au pha- 6
raon qui ne la dilapide pas. Aussi vit-il dans cet état lumineux, 7, 8
et son successeur sur terre ne saurait être, lui aussi, qu'un
être de lumière. 9

Ce dernier est grand *(âa)*, puissant *(pehty)*, impérissable 10
(ikhem-sek) et équipé *(âper)* ; « être lumineux équipé », Pha- 11
raon peut réclamer la mutation *(kheper)*, exprimer une parole 12
de lumière et réunir les êtres de lumière. Pharaon se déplace 13, 14
en tant qu'être lumineux, il traverse l'espace en compagnie de 15
ses semblables et se meut derrière son *akh* pour saisir les 16
vents. 17

L'être de lumière a une région de prédilection : la contrée
de lumière *(akhet)*. *Pharaon est un être lumineux dans la* 18
contrée de lumière, il est un être de lumière en son nom de 19

contrée de lumière d'où la lumière divine (Râ) sort chaque
20 *jour* ; et les dieux de cette région céleste font que le pharaon
21 est un être lumineux parmi les êtres lumineux.

L'être lumineux de Pharaon sort aussi de la *douat*, la
22 matrice stellaire, et il lui est dit : *Tu deviens un être de*
lumière qui réside dans la matrice stellaire, tu vis de cette
23 *vie douce dont vit le maître de la contrée de lumière.*

24 Être de lumière à la tête des dieux, Pharaon donne des
ordres en tant qu'*akh* qui est sien, parce que les dieux ont
25 ordonné qu'il en soit ainsi. *Comme accomplie (hotep) est ta*
condition ! est-il proclamé ; *ton être de lumière, Pharaon, est*
26 *parmi tes frères les dieux. Les dieux sont dotés d'un être de*
lumière, Pharaon voit qu'ils sont lumineux, et il est lumi-
27 *neux pareillement.*

Plusieurs divinités participent à la création de l'être de
lumière de Pharaon, à commencer par Râ, la lumière divine :
Râ rend lumineux ce roi qui reçoit son être de lumière à la
tête des dieux, comme Horus fils d'Isis. Il lui donne son être
de lumière qui se trouve parmi les veilleurs de (la ville sainte
28 *de) Pé.*

Pour devenir un être de lumière, il faut entendre la parole
29, 30 d'Horus, lequel rend lumineux le pharaon, *plus lumineux que*
31 *les êtres lumineux, sur l'ordre d'Horus lui-même.* Ce dieu
agit pour que *Pharaon soit un être lumineux à la tête des*
êtres lumineux, un être lumineux que Dieu a mis au monde,
32 *que les deux dieux ont mis au monde.*

C'est Geb, le dieu de la terre, qui *éveille l'être lumineux*
33 *pour Pharaon* et dit à Osiris retrouvé : *Dresse-toi, être lumi-*
34 *neux, et parle !* À la terre, il est demandé d'écouter ce qu'a dit
35 *Geb qui rend lumineux Osiris en tant que dieu. Pharaon*
ressuscite comme être lumineux, à savoir un Osiris, fils de
36 *Geb, son premier-né.*

Pharaon est un être lumineux que le ciel (Nout) a mis au
37 *monde et que la souveraine du temple (Nephtys) allaite.* Cet
être de lumière possède une semence *(metout)* qui, grâce à
l'action de la lumière divine (Râ), rend la déesse Ciel féconde
38 et grosse de la lumière future.

Pharaon sort à la voix d'Anubis qui le rend lumineux en

tant que dieu de la connaissance (Thot) et lui donne ses êtres 39
de lumière, les chacals. Les dieux de l'Occident et de l'Orient 40
possèdent des fonctions lumineuses, de même que les dieux 41
de Haute et de Basse-Égypte ; et *Pharaon est l'être lumineux* 42
des rois de Basse-Égypte. 43

Les *Textes des Pyramides* évoquent fréquemment les
akhou, « les êtres de lumière ». *Vis, vis, Pharaon*, est-il pro-
clamé, *en ce nom qui est tien, auprès des êtres de lumière* ; 44
tu es plus lumineux que tous les êtres de lumière. Leur iden- 45
tité est révélée : il s'agit des « étoiles impérissables », parmi
lesquelles Geb place Pharaon *qui vit la vie parmi eux, les* 46
êtres de lumière, les étoiles impérissables. Sa puissance est 47
parmi eux, sa capacité de manifestation également, et il peut
ainsi agir en rectitude. 48

C'est Osiris qui donne des ordres aux êtres de lumière, à 49
savoir Pharaon assis sur son trône en tant qu'Osiris ressuscité,
et il circule parmi eux. Il guide les êtres de lumière qui le 50, 51
servent. Osiris donne ces êtres à Pharaon *qui se tient à leur* 52, 53
tête, comme Horus à la tête des vivants ; Pharaon se tient à
la tête des êtres de lumière, les étoiles impérissables, comme
Osiris à la tête des êtres de lumière qu'il gouverne avec bâton 54
et sceptre, afin d'exprimer sa puissance tout en les apaisant. 55, 56

La formule : *Pharaon avale les êtres de lumière des dieux* 57
est d'ordre spirituel et symbolique ; l'être de lumière du roi se
dresse, s'assoit et mange *ce que mangent les êtres de lumière,* 58
l'herbage (céleste) en abondance, car toutes les nourritures 59
sont devenues lumière.

Entre l'*akh*, l'être de lumière, et le *ba*, la capacité de manifestation, il existe des liens. Ces deux états spirituels sont symbolisés par des oiseaux, et *c'est lumineux (akh) pour*
Pharaon dans sa forme d'oiseau ba. 60

Il faut enfin signaler qu'*akh*, « être lumineux », signifie aussi « être utile ». La lumière des *Textes des Pyramides* n'est ni théorique ni illusoire, mais source de toute création ; aussi un être lumineux est-il fondamentalement utile, et un être « utile » fondamentalement lumineux. Il en est de même d'une œuvre lumineuse, « utile pour ouvrir l'esprit et l'entendement », selon l'expression des sages d'Égypte.

NOTES DU CHAPITRE 8

1. 474a. Un *akh* aide Pharaon à monter au ciel (980a) ; tout *akh* qui tendrait la main contre Pharaon quand il grimpe à l'échelle qui lui permet d'atteindre le ciel se verrait châtié : la terre ne serait pas fendue pour lui, et il ne recevrait ni offrande ni repas (978a-e). C'est au moyen de son *akh* que Pharaon « aiguise le métal céleste » (1945d) et, en tant que magicien, « il rend Osiris lumineux » (925a).
2. 318c.
3. 1713b.
4. 2233e.
5. 212a.
6. 781b.
7. C'est ainsi que nous comprenons 1166c : *Tu places l'akh en tant que son akh.*
8. 1929b, 2233d : *l'akh est pour toi, il n'y a pas de dilapidation pour toi.*
9. 859c.
10. 1911b.
11. Tout au long du chap. 218, dans lequel Pharaon affirme sa puissance et sa capacité à régner dans l'audelà, il est qualifié d'*akh* impérissable (voir aussi chap. 217). Cette qualité lui permet d'aller vers Râ-Atoum, de traverser le ciel, de se lever dans la contrée de lumière, de recevoir l'accolade d'Atoum.
12. 1771a. *L'être de lumière de Pharaon, grand de puissance, (est) équipé (djeba) comme un grand taureau sauvage* (625b).
13. La bouche des êtres de lumière est équipée (930a, c, e ; 931b, 937f, 938b, d) et *Pharaon est un être de lumière dont la bouche est équipée* (930f).
14. 398a.
15. 1167a : *Va dans ton état d'être de lumière* ; 62a : *Élève ton visage, ô Pharaon, dont l'être de lumière se déplace.* C'est en tant qu'*akh* que Pharaon voyage jusqu'à Abydos, lieu de célébration des mystères d'Osiris (1716b) ; il possède également des messagers (806a).
16. 748a.
17. 1557c. Pour l'*akh* derrière Pharaon, 1364c, 1731a.
18. 1046b.
19. 350c.
20. 621b. 585a : *C'est lumineux pour Horus auprès de toi, en ton nom de contrée lumineuse d'où sort Râ.* Selon 1172b-e, le grand flotteur qui monte de la contrée de lumière (*akhet*) est rempli de lumière (*akh*).
21. 880c.
22. 1986b.
23. 1172b-e.
24. 1912d.
25. 1714b.
26. 221a. 413a : *Les êtres de lumière des dieux sont en possession de Pharaon.*
27. 1566a-1567a.
28. 795b-d.
29. 2264b.
30. 2106a.
31. 1804b.
32. 903b, d. Osiris ressuscité est *akh* grâce à Horus-Soped en son nom d'*akh* qui est dans la barque-*djenderou* ; *c'est lumineux pour toi grâce à Horus-Soped en son nom d'être lumineux* (633a). *Horus t'a trouvé, et c'est lumineux pour lui grâce à toi* (612b, 648c). *Pharaon a été mis au monde comme Horus, comme celui de la contrée de lumière* (928b, 934b). Les quatre êtres de lumière qui sont avec Pharaon, deux d'un côté, deux de l'autre, sont les quatre fils d'Horus (1092b-d). Les quatre êtres de lumière qui sont dans Héliopolis ont écrit l'ordre d'Osiris, à

savoir que Pharaon apparaisse comme « le frère, l'équivalent (*senenou*) » d'Horus ; un document (*â*) en fait foi (467b-c).

33. 1353a.
34. 2145c.
35. 1013a.
36. 793b (Geb gouverne les êtres de lumière).
37. 623a. 779a : *Déesse Ciel, c'est lumineux pour toi.* 1354a : *Pharaon est un esprit lumineux que Nephtys allaite avec le sein gauche.*
38. 990a. Il existe « deux esprits lumineux féminins, maîtres de cette terre » qui trouvent Pharaon.
39. 796c.
40. 1294a, 2011d.
41. 157a, 159a.
42. 204c, 206c, 153a, 155a.
43. 1095a.
44. 1899a.
45. 624a, 813d.
46. 656c.
47. 1944b. Pharaon est un juge parmi elles (1220a), et ces étoiles impérissables le craignent (1288b). Pharaon est « celui que craignent tous les êtres de lumière » (2025a).
48. 752b-763a : *Tu es un être de lumière, cet être de lumière qui est dans la cité de Nedit vient. Les êtres de lumière viennent vers toi courbés, ils embrassent la terre à tes pieds. La puissance de Pharaon est parmi les êtres de lumière, Pharaon accomplit ce qu'il doit accomplir parmi les êtres de lumière, les étoiles impérissables. La capacité de manifestation (ba) de Pharaon est parmi les êtres de lumière.*
49. 251c ; voir aussi 871d, 1907a, 2104 : *Puisses-tu gouverner les êtres de lumière.* 1155b : *Les habitants de la contrée de lumière viennent vers Pharaon sur leurs visages.* 938d : *Pharaon donne des ordres à l'être de lumière dont la bouche est équipée.*
50. 573b-c ; voir aussi 748a. 1930c indique que Pharaon doit éviter (ou franchir) le grand lac pour aller vers les êtres de lumière.
51. 1721b.
52. 2033b. 1144b-1145a : *Les êtres de lumière servent Pharaon à cause de sa capacité de manifestation (ba). Ils ont brisé leurs bâtons, détruit leurs armes parce que Pharaon est bien un Grand, fils d'un Grand, né de la déesse Ciel.*
53. 1354b.
54. 1232a-d. Voir aussi 2103d, 1508c, 800c, 833b, 869a, 899c, 858b, 481d (éternellement), 1724c-1725b, 579a.
55. *Horus donne au pharaon un bâton à la tête des êtres de lumière* (1994b) ; Pharaon le tient (220b). Pharaon demande à la couronne de Basse-Égypte de mettre son sceptre « Puissance » à la tête des êtres de lumière (197e), *Pharaon est Puissance (sekhem) à la tête des êtres de lumière* (1899d, 1914a). *Pharaon est le dieu Puissance à la tête des êtres de lumière* (2096d).
56. 2212c.
57. 403c.
58. 1357a.
59. 1722b. Il y a des *akhou* dans l'eau du Nil, et il leur est demandé de vénérer Pharaon (155c) ; ce type de contexte a entraîné la traduction d'*akhou* par « génies ».
60. 1782d. Peut-être peut-on comprendre 1676c : *Viens, oiseau-ba (ou : ibis ?), comme son akh.* Pour d'autres mentions de l'*akh* dans les textes égyptiens, voir G. Englund, *Akh, une notion religieuse dans l'Égypte pharaonique*, Uppsala, 1978 ; pour « les êtres de lumière excellents » comme ancêtres, cf. R.J. Demaree, *The akh iqer n Râ-Stelae. On Ancestor Worship in Ancient Egypt*, Leiden, 1983.

9

La contrée de lumière

L'une des principales régions célestes est « la contrée de
lumière ». Selon le chapitre 317 des *Textes des Pyramides*, 1
elle comprend des champs, des rives herbeuses, et le pharaon
y occupe son trône. Y résident des divinités, à la limite du ciel
supérieur ; si elles désirent que vive le principe créateur, si
elles souhaitent être nourries, vêtues et ointes, elles doivent
donner la main au pharaon, l'installer dans le champ des
offrandes, faire en sorte qu'il soit un esprit lumineux parmi
les esprits lumineux et exercer son pouvoir sur les dieux. 2
Dans cette contrée résident également « les êtres nobles
(sâhou) », à la tête desquels est placé Pharaon. 3

Les *Textes des Pyramides* révèlent que la contrée de
lumière est le naos, dont on ouvre les portes pour voir la divi-
nité, à savoir un serpent de feu identifié à la couronne rouge. 4
Par conséquent, chaque matin, le pharaon pénètre dans cet
espace lumineux, à la source de toute création, et transmet
son rayonnement à son pays et à son peuple.

Il existe une route qui mène à la contrée de lumière, et c'est
la déesse Ciel (Nout) qui l'indique au pharaon, lequel atteint 5
la frontière de cette région et franchit ses portes, à condition 6, 7
d'être purifié. 8

Comme la lumière et Horus « préposé à la contrée de
lumière », Pharaon se dirige vers elle en utilisant les flotteurs
en roseau du ciel. Il vogue ainsi vers le lieu de naissance des 9
dieux pour naître avec eux dans la contrée de lumière. 10

C'est à la lumière divine que Pharaon demande la possibilité
11 de s'emparer de la contrée de lumière dont il prend posses-
12, 13 sion. Couronné comme « souverain de la contrée de lumière »,
il point dans cette région à la manière du soleil levant car, en
14 ces lieux, « c'est lumineux pour lui ». Chaque jour, il en sort,
15 et les dieux sont purifiés en le voyant.

Quand la lumière divine monte de l'orient, elle trouve Pha-
16 raon dans la contrée de lumière. Et deux phrases extraordi-
naires assimilent l'être de Pharaon à cette région céleste :

17 *Le nom de Pharaon est dans la contrée de lumière.*

Le nom de Pharaon est la contrée de lumière de laquelle
18 *monte la lumière divine* (Râ).

Cette contrée de lumière est un lieu de passage entre les mondes, un pays de connaissance et de conscience que recherche le voyageur de l'au-delà et où il réside. Là est le vécu de la lumière.

NOTES DU CHAPITRE 9

1. C. Kuentz, BIFAO XVII, 121 sq., fut le premier à démontrer qu'il ne fallait pas traduire *akhet* par « horizon ». Pour l'étude de ce terme, « pays de lumière », « contrée de lumière », voir C. Jacq, *Recherches sur les paysages de l'autre monde*, §28.
2. Chap. 465.
3. 407d.
4. 194b.
5. 576b. 2088b : *Nout guide Pharaon sur les chemins de la contrée de lumière.*
6. 416a.
7. 2095b : *Pharaon monte vers la porte de la contrée de lumière.* Cette porte est ouverte pour lui (799a, 1720a, 255a). Pharaon peut tourner autour de la contrée de lumière (711c-d).
8. 208c.
9. Chap. 473. Selon 2045b-2046b, Pharaon navigue dans la barque de Râ vers la contrée de lumière où il juge les dieux. 374c : *Ceux qui sont dans la contrée de lumière emmènent Pharaon à la rame.*
10. 1704c-e.
11. 202a.
12. 307c. 4b : Nout donne au pharaon les deux contrées de lumière sur lesquelles il exerce sa souveraineté en tant qu'Horus de la contrée de lumière.
13. 409a.
14. 152, 154d, 156d, 158d.
15. 266b. 2019c : Il monte de la contrée de lumière, son visage est protégé par Horus dans la contrée de lumière.
16. 919a, P 174. 1802b : Râ monte de la contrée de lumière, les dieux de la contrée de lumière en sont charmés.
17. 1766c.
18. 1887b.

10

La déesse Ciel

Le ciel s'incarne sous la forme d'une femme immense, Nout,
qui peut même se révéler comme un triple ciel, par exemple
dans l'une des chapelles osiriennes de Dendérah. Ce sont les
bras de la lumière (Chou) qui supportent la déesse Ciel dont 1
les *Textes des Pyramides* soulignent avec insistance les liens
étroits avec Pharaon.

C'est elle qui le met au monde, lui qui est le fils de son 2
cœur, lui à qui elle donne le cœur qui lui est nécessaire pour 3
vivre et penser. C'est à un être lumineux que la déesse Ciel 4
donne naissance, elle qui a été fécondée par la lumière. 5, 6

Les chapitres 427-435 et 443-446 sont consacrés à la déesse
Ciel, ce qui souligne son importance. Ils nous apprennent
qu'elle s'étend sur Pharaon pour s'unir à lui et le protéger de
la puissance dangereuse de Seth et de tout mal, et le sauver
ainsi de la mort, qu'elle a la maîtrise du cœur, qu'elle est appa- 7
rue comme une abeille, qu'elle transforme Pharaon en être de
lumière pour lui éviter le trépas. Venue à l'existence dans le 8
ciel, Nout dispose de la puissance et emplit tout lieu de sa
perfection. Elle établit Pharaon comme étoile impérissable, et
il ne s'éloigne pas d'elle en son nom de « ciel lointain ». Gre-
nier qui préserve toutes les richesses, elle contient la terre
jusqu'à sa limite et la rend céleste dans son embrassement. La
déesse Ciel a pouvoir sur les dieux, leur puissance créatrice,
leur héritage, leurs nourritures et leurs biens, et elle fait vivre 9

le pharaon en parfait état, ce qui se résume en une magnifique
formule :

10 *Ô déesse Ciel, tu vis, Pharaon vit !*

Et le chapitre 546 consiste en deux phrases :

Je suis la déesse Ciel qui fait monter vers moi cet Osiris,
Qu'il me soit donné, je l'embrasse !

11 Joyeuse de rencontrer Pharaon, elle découvre ses épaules
12, 13 pour lui, pose ses mains sur lui, l'allaite et l'emmène au ciel.
« Grande protectrice », la déesse Ciel reconstitue le pharaon
14 en réunissant ses os et ses membres, car *la mère céleste n'est*
15 *pas vide de Pharaon chaque jour*, et ce dernier *étend ses*
membres impérissables qui sont dans le corps de sa mère, la
16 *déesse Ciel.* En le purifiant, elle lui évite le vide, le manque,
17, 18 l'absence et, à la suite de cette purification, lui donne sa main
19, 20 pour lui créer un chemin céleste sur lequel il cheminera.

Monte vers ta mère Nout ; elle prend ta main et te donne
la route qui mène à la contrée de lumière, à l'endroit où se
21 *trouve la lumière divine.*

Non seulement la déesse Ciel guide Pharaon sur les che-
22 mins de la contrée de lumière, mais encore elle *donne au*
pharaon les deux contrées de lumière pour qu'il exerce sur
23 *eux sa souveraineté. Nout met ses mains sur Pharaon, porte*
Pharaon au ciel, ne le renvoie pas vers la terre, le met au
24 *monde comme Orion, l'installe à la tête des deux Ennéades.*

Tous les dieux demandent à Nout : *protège Pharaon éternel-*
25 *lement.* Et cette protection s'incarne sous la forme du « maître
de la vie », à savoir le sarcophage à l'intérieur duquel Nout est
représentée :

Tu as été donné à ta mère Nout en son nom de sarcophage,
elle t'a embrassé en son nom de cercueil, de sorte que tu
26 *t'élèves vers elle en son nom de tombe.*

Par la communion avec la déesse Ciel, Pharaon n'est pas
soumis à la mort et vit d'une vie céleste.

NOTES DU CHAPITRE 10

1. 299a.
2. 1a-b : *Nout met au monde Pharaon qui est son fils aîné et qui ouvre son ventre* ; 1703a : *Ta mère Nout t'a mis au monde dans l'Occident* ; 1428e : *Nout a mis au monde Pharaon avec Osiris* ; 2052b, 208b : *Mère du pharaon, Nout l'enlace.*
3. 5a.
4. 2178b.
5. 623a.
6. 990a : *La lumière divine rend Nout enceinte avec la semence d'un être de lumière.*
7. Voir aussi 1300a : *Nout se saisit du pharaon et s'unit à lui.* 1629a-b : *Nout tombe sur Osiris Pharaon son fils, le protège, s'unit à lui, l'embrasse et le soulève* ; chap. 588, 1607-8, 638a-d, 580c : *Ta mère Nout s'est étendue sur toi en son nom d'étendue céleste, elle t'a rendu Dieu contre ton ennemi en ton nom de Dieu, elle t'a protégé de tout mal en son nom de Grande protectrice, car tu es l'aîné de ses enfants.* Selon 580b, *Nout installe Pharaon comme Dieu face à Seth en son nom de Dieu.*
8. Selon 779a-b, Nout est fille du feu-Tefnout et elle possède à la fois la puissance (*sekhem*) et la lumière (*akh*).
9. Le chap. 443 précise que les yeux sont sortis de la tête de la déesse Ciel, qu'elle s'est emparée d'Horus, de Seth et de leur « grande de magie » (la couronne), qu'elle identifie leurs enfants en tant que « noble dame de la chaise à porteurs d'Héliopolis » et qu'*elle assigne le pharaon à la vie pour qu'il ne périsse pas.*
10. Chap. 445.
11. 1426a.
12. 459c.
13. 1344a-b, 1345a.
14. 827c.
15. 1835c.
16. 530b.
17. 838b-c, 842d.
18. 2034a, 1422b, 2107a.
19. 1578a.
20. 541e.
21. 756a-b. Selon 540b, Pharaon agrippe la sandale de Nout pour monter au ciel.
22. 2028b.
23. 4b.
24. 2171a-2172b.
25. 4d.
26. 616d-f. *La déesse Ciel s'unit au pharaon* (par ex. 779c, répété plusieurs fois).

11

Formes du ciel

À côté de la déesse Nout, il existe d'autres noms et d'autres
conceptions symboliques du ciel. Il est « la grande lumineu-
se », « la grande dont jaillit l'abondance » et s'appelle aussi 1, 2
« sa puissance de manifestation est un millier (d'étoiles) ». 3

Sous son nom de *pet*, à savoir une sorte de rectangle repo-
sant sur quatre piliers dont deux seulement sont visibles, *le
ciel conçoit Pharaon avec Orion, il donne naissance au pha-* 4, 5
raon en tant qu'Osiris. 6

Le ciel est aussi « celui qui est supérieur », « le lointain
(heret) ». Des invocations lui sont adressées : *Ne permets pas,
Nout, que Pharaon soit loin (her) de toi, en ton nom de ciel
supérieur (heret). Ne t'éloigne pas d'Horus en ton nom de* 7
ciel lointain. 8

La barque de la lumière divine navigue dans ce ciel lointain,
et Pharaon peut y prendre place ; il lui est d'ailleurs souhaité : 9
*Traverse le ciel lointain à grandes enjambées, étant uni à
l'obscurité.* 10

Il existe un « ciel liquide frais », le *kebehou*, dont Pharaon
ouvre les portes comme il le fait d'ailleurs lorsqu'il rencontre 11
les portes d'autres formes du ciel dont les verrous sont tirés
pour lui. Les fenêtres du ciel s'ouvrent également pour le roi. 12, 13
Ce dernier s'y purifie et y descend avec les deux Ennéades. 14, 15
La lumière divine permet qu'il en prenne possession ; aussi 16
ceux qui l'habitent y transportent-ils Pharaon en barque, lui 17

18 qui, assimilé à l'être même du ciel, traverse ce ciel liquide frais
19 et y apparaît en gloire comme le grand dieu.

Dans ce ciel se trouve « le champ de vie » où résident Pha-
20 raon et la lumière divine (Râ) ; Pharaon y trouve « le serpent
céleste *(kebehout)* » qui rafraîchit *(seqebeh)* le cœur du Dieu
grand le jour de l'éveil et celui du pharaon pour qu'il vive.

Il existe aussi un « ciel inférieur » ou « contre-ciel » que l'on appréhende ainsi parce que sa représentation symbolique se compose d'un cercle divisé en quatre parties (le signe qui sert habituellement à désigner une localité) et du rectangle céleste et de ses piliers posés à l'envers, comme une table renversée, pieds en l'air.

21 Pharaon s'y trouve, alors que sa mère est enceinte de lui. Il
22, 23 règne sur ce ciel, il est son étoile, il y descend avec sa puis-
24, 25 sance vitale. *Pharaon rame vers le champ du ciel inférieur,*
26 *ceux qui s'y trouvent appartiennent au pharaon.* Les dieux
27 du ciel inférieur sont les étoiles impérissables.

D'après les *Textes des Pyramides*, ce ciel étrange ne présente aucune différence notable avec les autres formes du ciel ; son nom, cependant, suggère deux idées : d'une part la forme circulaire de l'espace céleste, d'autre part son lien avec l'énergie primordiale (le *nou(n)*) dont il est le contenant *(nounet)*.

28 Pharaon peut se tenir sur le vide *(chou)* du ciel qui est
29, 30 formé d'un matériau particulier, le *bia*. Il doit le fendre et
31 l'aiguiser au moyen de son être de lumière. Pour Pharaon,
32 dont les os et les membres sont en métal céleste, les portes
33 de métal céleste qui sont dans le ciel étoilé s'ouvrent. Et c'est
sur un trône de métal céleste, un sceptre de métal céleste en
34 main, que Pharaon prend place.

NOTES DU CHAPITRE 11

1. 1a : *akhet ouret.*
2. 265c. Cette Grande *(ouret)* a un jarret et une queue (507c), est dans la lumière (507c), a un œil auquel Pharaon apporte la verdeur brillante.
3. 785c : *kha-ba-s*. En 1303c, ce ciel aux étoiles innombrables correspond aux côtés de la tête du pharaon.
4. 1527a-b.
5. 820c-d.
6. 2116b.
7. 785d.
8. 645d. Jeu de sens entre Horus, « le lointain », et *heret*, « le ciel lointain ».
9. 1171a. Selon 326b-c, un chemin d'ascension vers ce ciel est offert au pharaon.
10. 152c, 154c, 156c, 158c.
11. 255a ; voir aussi 2035a.
12. 502a, 572a : *Les portes du ciel sont ouvertes pour Pharaon.* 572d : *Sont ouvertes les portes du ciel, sont tirés pour toi les grands verrous.* Selon les chapitres 325, 479 et 563, les portes de différents cieux *(pet, kebehou, isen)* sont ouvertes pour Pharaon et diverses formes d'Horus. Selon 1151a, ceux qui sont préposés aux membres du ciel ouvrent ses portes pour le roi.
13. 852e.
14. 137b.
15. 1196a.
16. 202a.
17. 374a.
18. 1990b : *Tu effectues une traversée comme un être céleste.*
19. 465a-b.
20. 1180a.
21. 1466a.
22. 2041- ; voir aussi 207b.
23. 332c.
24. 149b, 1275b.
25. 1346b.
26. 166c.
27. M 766.
28. 1992a.
29. Le mot est synonyme de *bia*, quartzite rouge. *Bia* peut également être considéré comme une région céleste que traverse Pharaon (1121a). Voir C. Jacq, *Recherches sur les paradis de l'autre monde*, §39, Le firmament de cuivre.
30. 305a.
31. 1945d.
32. 1454b, 2051c, 749. À noter que le *bia* sert à fabriquer l'herminette qui ouvre la bouche du pharaon et des dieux (13c), et qu'il provient de Seth (14a).
33. 907b.
34. 770c, 800d, 1562b-c, 1721a.

12

La montée au ciel

L'un des thèmes majeurs des *Textes des Pyramides* est l'as-
cension de Pharaon. C'est lui qui demande qu'elle soit accom- 1
plie : *Pharaon monte et s'élève vers le ciel.* La formule est
répétée quarante-deux fois (chapitre 539), toutes les parties
du corps de Pharaon étant assimilées à des divinités lors de
l'ascension. *Il s'élève vers le ciel en compagnie des étoiles du*
ciel et regagne le ciel où il est né et où il vivra éternellement 2
après sa résurrection : *Pharaon est destiné au ciel parmi les*
dieux qui montent, il est destiné au ciel, il va et vient avec 3
la lumière divine (Râ). Et cette ascension revêt un caractère 4
permanent, car Pharaon monte sans cesse. 5

Loin de la terre, il atteint la hauteur et la largeur du ciel, 6, 7
car *Pharaon n'est pas destiné à la terre, mais au ciel, il est* 8
le Un du ciel, et le ciel ne sera pas vide du pharaon, éternel- 9
lement. 10

Ce dernier utilise de multiples moyens pour monter au ciel :
le vent, la fumée de l'encens, un tourbillon de poussière, un 11, 12, 13
escalier, la forme d'un faucon ou d'autres oiseaux, etc. En 14, 15, 16
fait, toutes les formes de la création sont, pour lui, autant de
supports qui lui permettent de réussir l'ascension. Elle peut
prendre un caractère dramatique : *Quand Pharaon monte au*
ciel, sa puissance de manifestation est sur lui, la terreur
qu'il inspire à son côté, la magie à ses pieds. Pharaon prend 17
possession du ciel, de ses piliers et de ses étoiles, il fend son 18
métal céleste. Lorsqu'il s'assied sur le trône du « Maître de la 19

totalité », un événement cosmique s'accomplit, et il se produit
20 un tumulte dans le ciel. Mais Pharaon demeure stable à la tête
21, 22, 23 du ciel dont il est le support. Il apparaît en gloire dans le ciel,
24 brille à l'Orient et se repose en paix dans l'Occident.

25 Le « grand ciel » donne sa main au pharaon, la déesse Ciel
26 élève le ciel manifesté et elle suspend pour lui les étoiles,
alors que Pharaon soulève ce ciel pour faire circuler la
27 lumière et le souffle vital entre ciel et terre.

Guidé par Sothis sur « les routes parfaites » qui sont dans
28, 29 le ciel, *Pharaon a fait le tour de la totalité des deux cieux* et,
30 fait capital, *il unit les cieux.*

31 Son ascension s'accomplit en compagnie des dieux, tout
32 obstacle est écarté ; ainsi Pharaon acquiert-il la capacité de
manifestation *(ba)*, la maîtrise *(sekhem)* et se place-t-il à la
33 tête des Occidentaux.

NOTES DU CHAPITRE 12

1. 149a.
2. 1925a.
3. 1114b.
4. 309b, 310d.
5. 1276b. Pharaon monte à l'endroit où se trouvent son père et Geb qui lui donne l'uraeus, lequel se trouve au front d'Horus (139c).
6. 369 : *Tu montes au ciel, tu es loin de la terre.*
7. 335a.
8. 890b.
9. 2041.
10. 733 ; 363c ajoute : *la terre ne sera pas vide du pharaon, éternellement.*
11. 309b.
12. 365b.
13. 308a.
14. 365a.
15. 546a-b. 800a, chap. 330 et 331 : *Tu montes sans cesse au ciel en tant qu'Horus sur le shedshed du ciel* (la protubérance qui se trouve devant le pavois d'Oupouaout, l'Ouvreur des chemins, et qui fait songer à la matrice (*out*) où s'accomplit la transmutation). Ce sont les Suivants d'Horus qui récitent pour Pharaon la formule de montée au ciel (921d-922a). 891c : *Pharaon embrasse le ciel en prenant la forme d'un faucon.*
16. Pour l'inventaire complet des assimilations et des moyens utilisés par le pharaon pour réussir son ascension, cf. C. Jacq, *Le voyage dans l'autre monde.*
17. 476a-477b.
18. 1143b.
19. 305a.
20. 304a-305a. Geb et Nout sont joyeux (1149a), mais le ciel gronde, la terre tremble, et Pharaon rugit comme Seth (chap. 509, 1150a-c).
21. 1948f.
22. 952d, 1454a.
23. 409a.
24. 306a-b. Selon 515d, Pharaon est le maître des cieux nocturnes, et son visage est jaune.
25. 2034a.
26. 1516b.
27. 1454a : *C'est l'air lumineux (Chou) qui élève le ciel, comme les bras de Pharaon.* Sur le rite du soulèvement du ciel par le roi, cf. D. Kurth, *Den Himmel Stützen*, Bruxelles, 1975.
28. 822b.
29. 406c.
30. 514b.
31. 1943f-2051a : *Pharaon monte quand tu montes, Osiris.*
32. Voir 1321a-1326d. Tout dieu qui ne dresserait pas un escalier pour Pharaon ne recevrait ni aliment, ni offrande ; mais tout dieu qui dresse un escalier et donne un siège au roi dans sa barque, reçoit nourritures et offrandes, et bénéficie du rite de « fendre la terre », lié à la résurrection.
33. 139c-d.

13

Ciel et terre

Nous examinerons plus loin la fonction divine de la terre à travers la symbolique de Geb ; dans le contexte purement céleste, il convient cependant d'évoquer dès à présent le couple ciel-terre sur lequel insistent les *Textes des Pyramides*.

Ciel et terre n'ont pas toujours existé, et leur venue à l'exis-
tence est le résultat d'une mutation, d'une transformation
(*kheper*, terme qui s'écrit avec un scarabée). La vie véritable 1
est d'ailleurs d'ordre céleste, comme l'indique une formule sai-
sissante :

Au ciel, on vit (ânkh) ; sur terre, on existe (kheper). 2

Le ciel a été séparé de la terre lors de la montée des dieux
au ciel, et Pharaon ne tombe pas du ciel sur la terre. Néan- 3, 4
moins, il ne néglige ni l'un ni l'autre :

Pharaon supporte le ciel sur son côté droit,
Il porte la terre sur son côté gauche. 5
Pharaon supporte le ciel avec la vie,
Il porte la terre avec joie.
Cette main droite qui est sienne, elle soutient le ciel avec puissance.
Cette main gauche qui est sienne, elle porte la terre avec joie. 6
Le ciel n'est pas vide de Pharaon,
Cette terre n'est pas vide de Pharaon. 7
La demeure de Pharaon au ciel ne sera pas détruite,
Le siège de Pharaon sur terre ne sera pas anéanti. 8

Ciel et terre sont donnés au pharaon sur l'ordre du principe
9 créateur, les deux ciels et les deux terres se dirigent vers le
10 roi en signe de soumission, les eaux de vie qui sont dans le
11 ciel et la terre se déclenchent pour lui. Face à Pharaon, ciel
12 et terre peuvent trembler d'une crainte respectueuse.

13 Le pas de Pharaon n'est entravé ni au ciel ni sur terre ; éter-
14 nellement, il monte au ciel et descend sur terre, lui qui est
une flamme sur le vent jusqu'à l'extrémité du ciel, jusqu'à
15, 16 *l'extrémité de la terre* et n'est arrêté par aucun obstacle.

Ces deux entités ont leur nombre : Trois pour le ciel, Deux
17 pour la terre. Et l'on peut songer que les « triades » sculptées,
comme celles de Mykérinos représentant le roi entre une divinité et une province divinisée, ancrent le gouvernement de Pharaon dans la sphère céleste.

NOTES DU CHAPITRE 13

1. 1040b, 1466c.
2. 2115b.
3. 1208c, 1778b. 2013a : *Tu as soutenu le ciel, tu as séparé la terre.*
4. 2058d. 1523c : *Osiris n'est pas destiné aux dieux de la terre, mais à ceux du ciel.*
5. 1528a, 1529a.
6. 1156b-d. 1775a-b : *Le ciel est en paix, la terre est en joie, car ils ont entendu que Pharaon met Maât à la place d'isefet.* 2067a : *Tu portes le ciel grâce à ta main, tu imprimes ton pied sur terre.*
7. 1455c.
8. 458d.
9. 1985a, 479b. 1010b-c : *Ciel, terre et champ des roseaux sont donnés au pharaon avec ces deux grands dieux qui sortent d'Héliopolis.*
10. 541c.
11. 2063a. Selon 2038b-d, les chefs du ciel et de la terre viennent courbés vers Pharaon, à savoir les deux serpents guides, les chacals, les êtres lumineux de Seth, ceux qui sont audessus et ceux qui sont au-dessous.
12. 2156c, 1365c.
13. 622d.
14. 1249c-d.
15. 324c.
16. 518a-b : *Ciel et terre sont ouverts, leurs portes sont ouvertes pour Horus et Seth.* Selon 1078a-b, ciel, terre et fenêtres célestes sont ouverts pour « ce qui dure chaque jour ».
17. 2156c.

14

La douat, espace stellaire de genèse

La *douat* est une région céleste. Le mot, formé sur la racine *doua*, « vénérer, adorer », s'écrit avec une étoile à cinq branches placée à l'intérieur d'un cercle. Au-delà de l'espace et du temps, elle n'est pas localisable de manière rationnelle et peut être envisagée comme un milieu stellaire créateur, à la périphérie du monde connu. *Doua*, c'est également le matin, synonyme de naissance pour l'espèce humaine ; et la *douat*
met au monde le pharaon, elle prend sa main pour l'emmener 1
vers l'endroit où se trouve Orion et lui donner naissance en
compagnie d'Orion. 2

Horus et Seth prennent la main de Pharaon et le condui-
sent vers la douat, laquelle est aussi la descendance du roi, 3
résultant de son union avec Sothis. De même qu'Orion et Sothis sont environnés, encerclés par la *douat* et vivent dans la contrée de lumière, de même *Pharaon est environné par*
la douat, pur et vivant dans la contrée de lumière. C'est dans 4
ce milieu créateur, stellaire, lumineux que Pharaon devient un
esprit lumineux, lequel réside dans la *douat* et en jaillit. 5.6

La déesse Ciel offre la *douat* au pharaon afin qu'il y soit
prééminent ; Pharaon est large de cœur en tant que celui qui 7
préside à la *douat*. Néanmoins, y subsiste une force mysté- 8
rieuse avec laquelle le roi doit dialoguer pour conclure un pacte :

Pharaon demande à Celui qui est dans la douat de ne pas

l'ignorer. Si celui qui est dans la douat le (re)connaît, Pha-
9 *raon le reconnaît.*

10 Le roi navigue dans cet espace stellaire avec Osiris, il le
11, 12, 13 traverse, se purifie dans le lac de la *douat* où il est encensé
14 et délivré de toute entrave.

15 C'est dans cet espace stellaire que se trouve l'œil d'Horus,
et Pharaon *monte comme Horus de la douat, qui est à la tête*
16 *des étoiles impérissables.*

Quand Pharaon s'assoit parmi les puissances divines de cet
espace de genèse, ces dernières le supportent, l'élèvent et l'ai-
17 ment. Il leur est dit :

Levez vos visages, vous, dieux qui êtes dans la douat.
Pharaon est venu (pour que) vous le voyiez,
18 *Lui qui est devenu le Dieu grand.*
Ceux qui sont dans la douat ont identifié leur corps,
Ils ont débouché leurs oreilles à la voix de Pharaon,
Il descend parmi eux,
Le Lourd-de-puissance leur a dit :
« Pharaon est l'un de vous ! »
Pharaon est gravé parmi vous comme le Grand qui est
19 *gravé.*

Ainsi gravé, inscrit, enregistré dans la *douat*, Pharaon fait à
20 jamais partie de l'espace stellaire de genèse.

NOTES DU CHAPITRE 14

1. 820c, 1527a, c. D'où l'idée défendue par N. Beaux, « La douat dans les Textes des Pyramides, Espace et temps de gestation », *BIFAO* 94, p. 1-6.
2. 802c. 1717a indique qu'un escalier vers la *douat* est installé pour Pharaon, vers le lieu où se trouve Osiris.
3. 390b.
4. 151a-e. Pharaon reçoit alors l'accolade du principe créateur (Atoum).
5. 1172b.
6. 1986b.
7. 5b.
8. 715b.
9. 331a.
10. 882c.
11. 1677a.
12. 372c, 1987b.
13. 1164c.
14. 2170a.
15. 1959a.
16. 1301a.
17. 953a. Selon 257b-c, Pharaon peut manifester son autorité de manière menaçante : quand il monte de la *douat*, il a en main une épée, et les grands tremblent.
18. 272a-b.
19. 2084a-2085c.
20. 1207a-1209 évoque une entité aux quatre visages « apaisés », formée de « l'étoile du matin » (*neter doua*), d'Horus de la *douat*, du « faucon divin » et de « l'oiseau vert ». Cet être symbolique disperse les nuages pour rétablir le calme dans le cosmos, possède une capacité de manifestation *(ba)*, un immense bateau (770 coudées) construit par les dieux, dans lequel Pharaon navigue.

15

Les étoiles et Pharaon

Pharaon fait partie des étoiles qui entourent la lumière
divine (Râ), 1
il s'assoit parmi les étoiles qui sont dans le ciel, 2
il est une étoile au ciel parmi les dieux, 3
il se tient comme cette étoile qui est sous le corps du ciel, 4
il apparaît en gloire comme une étoile. 5
Pharaon est une étoile aiguë dans sa partie antérieure, à
l'ample démarche, qui apporte quotidiennement à la lumière
divine des produits lointains, 6
il est l'étoile qui illumine le ciel, 7
l'étoile devant laquelle les dieux se courbent et les deux
Ennéades tremblent. 8
En tant qu'étoile, Pharaon traverse les espaces célestes et 9
la grande verte qui est sous la partie inférieure du ciel. 10

Ces textes, d'une fulgurante beauté, montrent la complète transformation de Pharaon en un être stellaire qui lui assure un perpétuel déplacement dans les immensités célestes. Sur la nature de cette étoile, des précisions sont fournies :

Pharaon est une étoile vivante qui est à la tête de ses frères 11
et il brille en tant qu'étoile unique qui est au cœur de la
déesse Ciel. 12

Cette dernière dit au pharaon :

Ouvre ta place au ciel en compagnie des étoiles du ciel,
tu es bien l'étoile unique, le compagnon du Verbe. 13

Étoile unique qui monte de l'orient du ciel, Pharaon n'a pas 14

15 de compagnons égaux à lui parmi les dieux, et il « mange »
16 toute force hostile.

Pharaon est aussi « la grande étoile, le compagnon
17 d'Orion », *il monte et s'élève au ciel en tant que grande étoile*
18, 19 *qui est au cœur de l'orient*, et il est une « étoile d'or ».

20 L'étoile du matin guide Pharaon, mais il est lui-même cette
21 étoile qui monte et descend dans le ciel et se trouve au cœur
22 des champs paradisiaques.

23 Identifié à « l'étoile du ciel inférieur *(nekekh)* », Pharaon
voit l'action des étoiles qui occupent cette partie de l'univers,
leur beauté, et il s'accomplit parfaitement avec elles et pour
24 elles.

De très nombreuses mentions évoquent « les étoiles impé-
25 rissables » *(ikhemou-sek)* qui sont des « Suivants d'Osiris »,
des esprits lumineux au nord du ciel, régissant les offrandes,
protégeant le grain et assurant l'incarnation des forces cos-
26 miques pour que la puissance vitale demeure. Ces circumpo-
laires, qui composent une cour stellaire autour de l'axe
immuable de l'univers, prennent la forme d'hirondelles lors-
qu'elles se posent sur la grande île qui est dans le champ de
27 l'offrande.

Pour atteindre les étoiles impérissables, Pharaon peut
28, 29 emprunter un escalier ou monter directement au ciel, vers ces
30 divinités qui sont au nord ; il traverse les espaces célestes afin
d'atteindre le côté oriental du ciel où elles résident et d'exister
31 parmi elles. Les étoiles impérissables peuvent élever le pha-
32, 33 raon et lui donner la main pour l'emmener au ciel.

Au voyageur du cosmos, il est dit : *Sois très haut parmi les*
34 *étoiles impérissables, et tu ne périras pas.* De fait, Pharaon
se tient dos à dos avec les dieux au nord du ciel, les impéris-
sables, et il ne périt pas ; avec « les étoiles inépuisables »
35 *(bedesh)*, il ne s'épuise pas.

C'est le principe créateur (Atoum) qui a *assigné Pharaon*
36 *aux étoiles impérissables, dieux excellents et sages.* Le roi ne
37, 38 demeure pas inactif, puisqu'il gouverne ces étoiles, les guide
39 et se tient à leur tête avec son sceptre. Il est un « juge parmi
40, 41 elles » et navigue à la rame avec elles, alors que les étoiles
impérissables font avancer le bac pour Pharaon avec leurs

bâtons. Elles lui donnent d'ailleurs bâton et sceptre de 42
commandement, et le vêtent. 43, 44

Tu vis la vie parmi eux, est-il dit au pharaon, *les êtres de*
lumière, les étoiles impérissables. 45

« Étoile impérissable » est le nom de Pharaon. D'après les 46
chapitres 217 et 218, le roi régnant dans l'au-delà est « esprit
lumineux impérissable, et c'est la déesse Ciel qui l'a placé
comme étoile impérissable ». 47

Les membres du pharaon sont les étoiles impérissables ; il 48
est qualifié d'« Impérissable » lorsque toutes les parties de son 49
corps sont assimilées à des divinités.

Une constellation, Orion, occupe un rang remarquable. Le
ciel met Pharaon au monde en tant qu'Orion, et il lui est dit : 50
Tu atteindras (sah) le ciel comme Orion (Sah). 51

D'après le chapitre 466, Pharaon est le compagnon d'Orion,
il traverse le ciel avec lui. Le roi utilise un escalier vers le lieu
où se trouve Orion, il monte à l'échelle, un pied sur Orion. 52

« Père des dieux », Orion donne au pharaon un document
en sa qualité de « Grand pouvoir ». Et Pharaon est capable de
transformer Orion en lumière. 53

Le chapitre 442 résume les liens indissociables unissant Pharaon à Orion :

Le roi Osiris ressuscité vient comme Orion, maître du vin lors de la fête-ouag,
Il est reconnu comme l'Accompli par sa mère,
et l'héritier par son père,
Le ciel conçoit Pharaon en compagnie d'Orion,
la douat conçoit Pharaon en compagnie d'Orion,
Pharaon monte régulièrement avec Orion dans l'orient du ciel,
Pharaon descend régulièrement avec Orion dans l'occident
du ciel. 54

Autre étoile mise en valeur par les *Textes des Pyramides* :
Sothis, mère et sœur du pharaon, le fait « s'envoler vers le 55, 56
ciel en compagnie de ses frères les dieux », et c'est elle, « la 57
troisième de Pharaon aux trônes purs » qui le guide sur les 58
routes parfaites qui sont dans le ciel. Le nom de cette étoile 59
est formé sur la racine *seped*, « être aigu, pointu, précis, effi-

cient », et ce sont autant de qualités que Sothis confère au pharaon :

Ta capacité de manifestation (ba) sera efficiente (soped)
60 *comme Sothis (Sopedet).*

Le rôle des planètes, « les infatigables », se résume à
61 convoyer Pharaon à la rame dans les espaces célestes. Quant
62 à la lune (*iâh*, mot masculin en égyptien), elle est le père et
63 le frère du pharaon. Il est dit de lui : *Tu nais relativement à*
64 *tes mois comme la lune*. Le roi doit être pur lors de la fête du
65 mois et apparaître lors de la nouvelle lune, laquelle est en
66 rapport avec la résurrection d'Osiris.

NOTES DU CHAPITRE 15

1. 732a.
2. 1253e.
3. 1583b.
4. 347a.
5. 264.
6. 263a.
7. 362b, 1455a.
8. 537b.
9. 802a-b.
10. 1720c.
11. 904c.
12. 1048b.
13. 251a-b.
14. 877c.
15. 1945f-g.
16. 1899e.
17. 882b.
18. 1038.
19. 889d.
20. 1123b.
21. 871b, 2014b, 1295a.
22. 805a : *Pharaon est placé comme étoile du matin qui est au cœur du champ des roseaux* ; 1719f : *Pharaon est étoile du matin au cœur du champ des offrandes.*
23. 332c.
24. 909a-b.
25. 749c-e.
26. 1220a-d.
27. 1261a-e.
28. 1941d.
29. 940a, 1123a.
30. 818c.
31. 1000d-e : *Pharaon traverse pour se tenir sur le côté oriental du ciel dans son côté nord, parmi les étoiles impérissables qui se tiennent sur leurs bâtons.* 1222c-d : *Pharaon est traversé vers le côté du ciel où elles se trouvent pour exister parmi elles.*
32. 139a.
33. *Ta main est prise par les étoiles impérissables* (2183b), *Pharaon saisit la main des étoiles impérissables* (724d, 866d, 1726c, 1915c).
34. 878a ; voir aussi 1469a.
35. 1080a-1081b. Pharaon est haut avec l'étoile Montchou et il se déplace en courant avec elle.
36. 380a-b. Le verbe *sip*, « assigner », signifie que Pharaon compte désormais au nombre des étoiles impérissables. 1760a-b indique que le roi est placé parmi les étoiles impérissables et qu'il y « tombe (*kher*) ».
37. 2104.
38. 374a, 2264c ; *seshem*, « guider, conduire, faire des plans ».
39. 656c : *Geb te place à la tête des étoiles impérissables.* 1926a : Pharaon est à leur tête. 1301a : *Monte en tant qu'Horus de la douat qui est à la tête des étoiles impérissables.* 1994b : *Horus donne au pharaon un sceptre à la tête des étoiles impérissables.* Ces dernières ont peur du pharaon (1288b), Pharaon les apaise (1721b).
40. Voir 1220a sq. Autres mentions du rôle symbolique de Pharaon parmi les impérissables : 2269a : *Pharaon est votre cinquième, étoiles impérissables* ; 141b-c : *Tu as vu les formes des enfants de leurs pères qui connaissent leur parole, les étoiles impérissables.*
41. 1171c-d.
42. 1432a.
43. 1456a-d ; 1216a-e.
44. 1182b.
45. 1944b. Voir aussi 1456a sq.
46. 2102a.
47. 782e.
48. 1454b, 2051c-d.
49. 148-9.
50. 2172a, 2116b, 883c.
51. 723a. 186a : *En ton nom de celui qui est dans Orion, (il y a) ta*

période pour le ciel et ta période pour la terre.

52. 1763b-c.

53. 925a. *Sakh*, « rendre *akh*, transformer en lumière ».

54. 819c-821c.

55. 458a : *Pharaon est vivant, fils de Sothis*. Sothis est Isis fécondée par Osiris, mère d'Horus-Soped, en son nom d'« Horus qui est dans Sothis » (632c, 1636a-b).

56. 341c, 929b, 935c, 1123b, 1707a.

57. 459b.

58. 1082d, 822a. D'après 1428b, Sothis lave les mains de Pharaon.

59. 822b.

60. 723a.

61. 2173a.

62. 1104a.

63. 1001b.

64. 732b.

65. 1012c.

66. 1260a.

16

Pharaon, fils de l'univers

Pharaon a été conçu dans l'énergie primordiale, il a été
mis au monde dans l'énergie primordiale ; il a été mis au 1
monde par le principe créateur, avant que naissent le ciel, la
terre, les hommes, les dieux et la mort. 2

Lève-toi, lui est-il dit, *tu deviens le principe créateur*
(pour) chaque dieu. 3

Ces textes surprenants démontrent que Pharaon, tel que le concevait l'Égypte ancienne, est l'axe de la pensée créatrice, le fils d'un univers créateur à travers lequel ce dernier devient perceptible aux hommes.

Pharaon est également le fils de la déesse Ciel qui le fait 4
exister en tant que Dieu. Il est même celui de ses enfants 5
qu'elle aime le plus et, lorsqu'il ouvre le ventre de la déesse 6
Ciel, elle s'en réjouit : *Pharaon est mon fils aîné qui a ouvert*
mon ventre, il est mon aimé, celui grâce auquel je suis en
paix. 7

Pharaon est aussi le fils du dieu Terre, Geb, et la déesse 8
Ciel le reconnaît comme son premier-né sur le trône de la
terre. N'est-il pas celui qui donne la plénitude *(hotep)* au ciel 9
comme à la terre ? C'est pourquoi Geb lui accorde son héri- 10
tage et c'est pourquoi les dieux disent : *Pharaon est dans* 11
l'état d'accomplissement (neferou). Il est d'ailleurs le fils de 12
toutes les puissances divines qui lui permettent d'être le père 13
nourricier de toute la création. 14

NOTES DU CHAPITRE 16

1. 132c.
2. Chap. 571, 1466b-c.
3. 147b.
4. 2057-
5. 25b.
6. 1a, 3c.
7. 1a-b.
8. 1c.
9. 2a.
10. 1b, 2b.
11. 2c.
12. 3a.
13. D'après le chap. 217, Pharaon est le fils d'Amon-Râ, de Chou, de Tefnout, de Geb, de Nout ; il est le frère d'Isis, de Seth, de Nephtys, de Thot.
14. La fille de Pharaon est *ikhet*, « le repas » (128b, 189b, 191b).

17

Le Dieu grand

Les *Textes des Pyramides* affirment de façon claire la réa-
lité d'une puissance divine unique, inaccessible à l'esprit
humain :

Dieu grand, dont le nom est inconnu. 1

Pour les Égyptiens, le nom d'un être est sa réalité fonda-
mentale. Connaître le nom d'un être ou d'une chose, c'est 2
exercer sur eux une maîtrise. Dieu est pourvu d'une qualité,
la grandeur, mais son nom demeure hors du champ de la
connaissance humaine. L'individu, par conséquent, ne peut
exercer sur Dieu ni pouvoir, ni contrôle.

Une indication symbolique, cependant, sur cette identité
divine hors de portée de l'intellect : *Le plus grand des dieux
est le taureau des taureaux*, c'est-à-dire la lumière divine (Râ) 3
qui est la puissance créatrice par excellence, incarnée dans le
taureau sauvage. 4

Ce « Dieu grand » possède un trône céleste duquel deux
qualités sont indissociables : la vitalité qui donne la pleine
santé, le bien-être, et la plénitude qui conforte cette santé. 5

Les *Textes des Pyramides* ne disent rien de plus sur la 6
nature de ce « Dieu grand ». Il est lumière inconnaissable,
puissance qui crée vie et « santé » au sens large, c'est-à-dire
la cohérence de la création. Tout discours théologique à son
sujet serait inutile. Discourir sur ce mystère, tenter de le quali-
fier, serait considéré comme un bavardage stérile qui nuirait

à l'écoute et à l'entendement du divin, tels que les recommande un sage comme Ptah-hotep.

Si ce « Dieu grand » est inconnaissable, il est néanmoins perceptible grâce à la personne symbolique de Pharaon. Ce n'est pas un hasard si toutes les autres mentions du « Dieu grand » et de « Dieu » sont liées à Pharaon, car lui seul, en tant que symbole reliant l'invisible au visible et le ciel à la terre, peut servir de canal à l'expression du divin.

Les *Textes des Pyramides* excluent la possibilité d'un contact direct de l'individu avec Dieu, d'une prière individuelle visant à obtenir des avantages quelconques. C'est Pharaon et lui seul, en tant que symbole de la connaissance, qui peut servir de lien entre son peuple et la sphère du divin. C'est d'ailleurs la puissance divine elle-même qui fait monter
7 Pharaon vers le Dieu grand, cette ascension étant la démarche
indispensable pour que Pharaon connaisse véritablement le
8 divin. Il traverse les places du Dieu grand et s'assimile à lui
9 pour en vivre la nature secrète.

Cette communion n'est pas un anéantissement mystique dans le divin ; au contraire, le devoir de Pharaon consiste à formuler cette expérience spirituelle et à la transmettre. Il est défini comme « le messager du Dieu grand » vers lequel il
10, 11 vient en paix et duquel il reçoit le symbole de sa puissance et
12 les nourritures nécessaires pour mener son œuvre à bien.

Quand il est précisé que la puissance créatrice *(ka)* de Pha-
13 raon protège le Dieu grand, cette notation signifie que Pharaon, dont la puissance créatrice a été formée par le Dieu grand, « protège », c'est-à-dire préserve la réalité spirituelle dont il est dépositaire.

La grandeur de Dieu, indissociable de son caractère inconnaissable, peut néanmoins s'exprimer par l'intermédiaire d'un être symbolique que les Égyptiens nommèrent « Pharaon », seul capable de communier avec le Principe grâce à une transcendance traduite dans une formulation : telle est la base de la conception du divin que révèlent les *Textes des Pyramides*.

NOTES DU CHAPITRE 17

1. 276c. Le terme égyptien pour désigner Dieu est *neter.* Il a donné lieu à de nombreuses discussions résumées par E. Hornung, *Le Un et le Multiple.* En fin de compte, les traductions « Dieu », « principe », « principe divin », dans la mesure où l'étymologie des termes français inclut les idées de lumière et de création originelle, ne trahissent pas trop la pensée égyptienne.
2. Voir C. Jacq, « Le nom comme support de connaissance d'après la philosophie de l'Égypte ancienne », *Nouvelle Revue de Paris* 5, 1986, p. 177-186.
3. 548a.
4. Au pagne de Pharaon est accrochée une queue de taureau qui indique sa qualité de représentant de la puissance lumineuse sur terre.
5. *Oudja,* « être sain, intact, en bonne santé », « plénitude, bien-être ». La racine sert à former le nom de l'œil *oudjat,* i.e. l'œil divin reconstitué qui exprime la totalité de la création.
6. À tout Pharaon, il est souhaité : vie (*ânkh*), santé (*ouas*), plénitude vitale (*seneb*).
7. 816d : *Horus parlera de Pharaon au Dieu grand, Pharaon monte vers le Dieu grand* ; pour cette ascension, voir aussi 2253a-b, 1016d, 1455b.
8. 1984c.
9. *Pharaon devient le Dieu grand... Ce pharaon est le Dieu grand* (272b, 274c).
10. 2095a, 2000b.
11. 1471c-d : *Ô Dieu grand, donne au pharaon ton bâton pour qu'il vive éternellement.*
12. 1182a : *Pharaon reçoit son repas qui provient du grenier du Dieu grand.*
13. 2253a.

18

Dieu et Pharaon

Pharaon est Dieu, Pharaon est Dieu puissant et unique, 1, 2
Pharaon est Dieu dans le temple de Dieu, Pharaon est Dieu, 3
plus ancien que le plus ancien. Tu es Dieu puissant, est-il dit 4
à Pharaon, *et il n'est pas de dieu qui soit ton égal ; tu es* 5
Dieu qui as pouvoir sur les dieux : les *Textes des Pyramides* 6
indiquent avec force l'assimilation de Pharaon au principe
divin. L'institution pharaonique n'est pas d'origine humaine ;
venant du divin, elle y trouve son accomplissement.

C'est l'être même du Pharaon-symbole qui est entièrement
façonné par le divin : *Il n'y a pas, en Pharaon, de membre*
vide de Dieu ; *le corps de Pharaon est celui de Dieu et des* 7
dieux ; *Pharaon reçoit la forme de Dieu* ; *Dieu est en Pha-* 8, 9
raon, en son nom de canal de Dieu. Cette dernière notion 10
est importante, car le terme « canal », *mer*, est synonyme de
« pyramide », gigantesque canal de pierre par lequel passe
l'énergie divine.

Dans un type de pensée mythique comme la pensée égyp-
tienne, où la logique formelle des philosophies rationalistes
n'a aucune place, l'identification n'exclut pas la filiation : *Pha-*
raon est Dieu, fils de Dieu, Pharaon est le compagnon et le 11
fils de Dieu, Pharaon est l'existence de Dieu, le fils de Dieu, 12
le messager de Dieu. 13

Pharaon étant la puissance de manifestation *(ba)* de Dieu, il dispose d'une force d'origine divine et exerce sur son être

14 une maîtrise à la manière de Dieu. Aussi brille-t-il et se meut-
15, 16 il comme Dieu, lui qui est protégé et équipé comme Dieu.

C'est la lumière divine qui emmène Pharaon vers le lieu où
17 se trouve Dieu, et *le visage de Dieu est ouvert pour Pharaon*
18 *qui s'assoit sur le grand trône qui est à côté de Dieu.*
Semence de Dieu qui est dans le ciel, Pharaon se vêt du vête-
19 ment divin, se purifie et est encensé pour préserver la force
20 divine qui est en lui.

21, 22 Tout en vénérant Dieu, Pharaon doit bâtir « la cité de Dieu »
23 dont il favorise la manifestation. Et le rapport entre la puis-
sance divine et son représentant symbolique est synthétisé
dans une formule saisissante :

Il est demandé à Dieu de ne pas ignorer Pharaon. Si Dieu
24 *le connaît, Pharaon connaît Dieu.*

Qu'il s'agisse d'identification, de communion, de filiation ou
d'incarnation, les concepts de Dieu et de Pharaon sont indis-
sociables l'un de l'autre. C'est la raison pour laquelle l'institu-
tion pharaonique, loin d'être un simple régime politique,
apparaissait vitale aux yeux des anciens Égyptiens. Comme
l'écrit Assmann, « le cosmos est incapable de "vivre" (de
continuer à prospérer) sans l'État pharaonique... Le monde,
n'étant pas un système auto-organisant, dépend d'une instance
supérieure qui le met en marche. Cette instance est la domina-
tion, la monarchie divine, qui se réalise au ciel dans la course
solaire et sur terre dans l'État pharaonique. Tous les textes
égyptiens s'accordent sur le fait que l'ordre pharaonique est la
condition nécessaire de la réussite, non seulement de l'action
25 humaine, mais aussi de l'action divine, c'est-à-dire cosmique. »

NOTES DU CHAPITRE 18

1. 2013a. 147b : *Lève-toi, en ton nom de Dieu.*
2. 1824h.
3. 1908d.
4. 408a.
5. 619a.
6. 1819b.
7. 1037d. Le début de la phrase est en lacune, mais les parallèles postérieurs rendent la traduction certaine. Selon 2128b, *l'épine dorsale de Pharaon est le verrou de Dieu.*
8. 1406c. 2244b : *Ce corps, qui est tien, appartient à Dieu.*
9. 762b.
10. 1634c.
11. 543c.
12. 1316a. Nous traduisons *iry* par « compagnon ».
13. 920a (*oun*, « existence »). 2118c : *Tu vis en tant que Dieu.*
14. 2096a-b. 603d : *Pharaon est le ba divin* ; 1815b : *Pharaon exerce la puissance sur toute divinité.*
15. 1948e et 1990b. 1250d : *Pharaon vogue dans la barque de Dieu.*
16. 759a, 2094b, 2097a.
17. 1044c, 1045c.
18. 391b. Pour la « place heureuse » de Dieu et du Pharaon, voir 1115c. C'est un sycomore qui enclôt Dieu, selon 1485a.
19. 532b, 533b. 2108a : *Ô Pharaon, tu es vêtu en tant que Dieu.*
20. 1293c (voir aussi 1365a-b, 2066b) : *Sois purifié avec tes quatre vases-nemset et tes quatre vases-âabet qui proviennent pour toi du temple de Dieu pour que tu sois divin.* 765b : *Pharaon est divin (neter) grâce au natron* (*seneter*, litt. : ce qui rend divin).
21. 951c. L'expression *doua neter*, « vénérer Dieu », lorsqu'elle est déterminée par une étoile, est traduite par « étoile du matin », litt. « celle qui vénère Dieu » (par ex. 2014b), l'étoile étant l'une des formes de Pharaon pour monter au ciel.
22. 514d.
23. 1443b : *Dieu naît du ciel... sur les bras de Pharaon.* Pour Pharaon favorisant les plans de Dieu, 513a.
24. 327a.
25. J. Assmann, *Maât, L'Égypte pharaonique et l'idée de justice sociale*, Paris, 1989, p. 127 et 128.

19

Le Principe créateur (Atoum) et sa communion avec Pharaon

Le père des dieux et de Pharaon est Atoum : *Pharaon a été* 1, 2
mis au monde par son père Atoum, Atoum fait vivre Pha- 3
raon, Pharaon est créé par Atoum comme il l'a toujours fait. 4, 5

Or Atoum, dont le nom signifie « Celui qui est et celui qui
n'est pas » est le principe créateur qui s'est éveillé dans 6
l'océan d'énergie primordiale, telle une première étincelle de vie pour donner naissance à ce qui n'existait pas encore. C'est par la parole d'Atoum que ciel et terre sont donnés au pha-
raon, lequel reçoit l'héritage du principe créateur. 7, 8

Atoum a rassemblé les provinces pour Pharaon, il lui a donné les cités du dieu Terre (Geb) et les buttes, les buttes
d'Horus, les buttes de Seth et le champ des roseaux. 9

C'est pourquoi il peut être affirmé qu'Atoum a mis au monde Pharaon et que Pharaon est plus riche (en création)
que lui, car le fils du principe est dépositaire de toutes ses 10
formes de création.

Fils du Principe, le pharaon lui est également identifié :

Ta chair entière est celle du principe créateur (Atoum), 11
Tes mains sont le principe créateur,
Tes épaules sont le principe créateur,
Ton ventre est le principe créateur,
Ton dos est le principe créateur,
Ta partie postérieure est le principe créateur,

12 *Tes jambes sont le principe créateur.*

Identifié à Atoum, Pharaon passe entre les portes ouvertes
13 du ciel et de la terre et devient lui-même un Atoum, un prin-
14 cipe créateur pour chaque dieu.

C'est l'énergie primordiale qui confie Pharaon au principe
15, 16 créateur, et ce dernier l'appelle « vers le ciel pour la vie ».
Aussi Pharaon monte-t-il au ciel comme le principe créateur,
17, 18 son père qui prend sa main et le place « à la tête des dieux
19 excellents, sages et impérissables ». Pharaon se trouve à côté
20 d'Atoum, entre les deux puissances de l'univers, il est monté
21 jusqu'à la « salle large du principe créateur ».

Des formules saisissantes résument l'action d'Atoum :

Le principe créateur a fait ce qu'il a dit qu'il ferait pour
22 *Pharaon.*

Ô Atoum, élève Pharaon vers toi,
23 *Embrasse-le à l'intérieur de tes bras.*

Atoum, élève Pharaon, encercle-le dans ton embrassement,
24 *C'est le fils de ton corps pour l'éternité.*

Redresser le pharaon Osiris (le ressusciter), c'est redresser
25 Atoum, lequel soulève la tête de Pharaon. La fête d'Atoum
26 correspond d'ailleurs à la résurrection d'Osiris.

Atoum est venu à l'existence en tant que *kheperer*, c'est-
à-dire « Manifestation, Devenir, Mutation incessante », il est
« devenu haut en tant que hauteur », et il est apparu en tant
27 que pierre primordiale dans le temple du phénix à Héliopolis.

Atoum prolonge sa propre création en prenant son phallus
dans son poing et en se masturbant pour faire jaillir le couple
28 primordial, Chou (la lumière) et Tefnout (le feu créateur) qui
deviennent les yeux et les oreilles de Pharaon, ainsi que ses
29 membres. Cette symbolique peut paraître crue, mais elle
insiste avec force sur le fait que tout naît de la substance
intime du principe et que c'est bien l'Un qui devient Deux. La
main d'Atoum est son épouse, il est l'Un qui se féconde lui-
même pour féconder, dans un acte créateur qui s'accomplit
au cœur du mystère de la divinité.

La terre est issue du principe créateur qui, sous sa forme
30 d'Existence et de Devenir, la crache pour la manifester. Là
encore, c'est d'une substance intime, porteuse de l'unité de

son être, qu'Atoum forme le monde manifesté. Et cette organisation de l'espace vital devient la charge du pharaon :

Pharaon prend ce qui appartient à Atoum, à lui qui sépare le ciel de la terre et de l'énergie primordiale. 31

Pour que le concept de « principe créateur » vive sur terre, il faut que Pharaon fasse une grande offrande aux dieux de la contrée de lumière ; et il est demandé aux taureaux d'Atoum 32
de rendre le roi florissant et plus fort que la couronne rouge et le « grand flot », donc de lui donner une énergie inépuisable, 33
laquelle s'incarne dans la pyramide et le temple qu'Atoum et Geb donnent au pharaon. 34

C'est en tant que fils d'Atoum que Pharaon reçoit les bacs nécessaires pour voguer d'un monde à l'autre et dans les étendues aquatiques de l'univers, c'est pour Atoum qu'il se libère 35
de son impureté afin de descendre avec lui dans « le ciel inférieur », c'est avec Atoum qu'il vient réellement à l'existence, 36
qu'il peut être haut et poindre à l'horizon comme un nouveau soleil. 37

Pharaon apparaît en gloire comme Nefer-Toum, « l'accomplissement parfait du principe créateur », et prend alors la forme symbolique d'un lotus dont Râ, la lumière divine, goûte la sublime senteur. 38

NOTES DU CHAPITRE 19

1. 1521a.
2. 2057-
3. 1466b.
4. 1451b. 124e : *Un repas pour moi, Atoum ! Un repas pour moi, Atoum ! Un repas pour moi, toi qui es dans l'œil de la barque de Dieu.*
5. 1573a.
6. Sur Atoum, voir K. Mysliwiec, *Studien zum Gott Atum*, 2 vol., Hildesheim, 1978-79. Pour la traduction du nom d'Atoum, nous suivons P. Derchain.
7. 479b.
8. 301b.
9. 1475a-d. Voir aussi 961c, 993a-b.
10. 395b. Nous traduisons *ouser* par « riche (en création) ».
11. 1298b, 2098a.
12. 135a-b. Dernière phrase : *Ton visage est Anubis.*
13. 518c.
14. 147b.
15. 604a.
16. 1237d.
17. 992b.
18. 997a. Pour la montée vers Atoum, 2081b.
19. 997c, 380-381a.
20. 1241c.
21. 1984a.
22. 2082a-b (Atoum a noué l'échelle de corde et affermi l'échelle de bois pour permettre au pharaon de monter au ciel).
23. 140b.
24. 213a-214. 151d-e précise : *C'est lumineux pour Pharaon et pour eux (Orion et Sothis), c'est agréable pour lui et pour eux à l'intérieur des bras de mon père, à l'intérieur des bras d'Atoum.*
25. 261b, 1347.
26. 2009d. Selon 1982b, *Horus donne Atoum à Osiris.* Selon le chap. 362, Atoum, le père du pharaon, se trouve dans les ténèbres que Pharaon doit illuminer en allumant une lampe, ce qui évoque à la fois la flamme surgissant dans l'océan d'énergie et la veillée funèbre osirienne.
27. 1652a-b. Le terme traduit par « apparaître » est *ouben*, dont la signification première est « poindre » (pour le soleil levant). La pierre fondamentale est le *benben*, incarné dans l'obélisque unique qui se trouvait dans le temple du phénix (ou du Grand) à Héliopolis, hélas totalement détruit.
28. 1248a-d.
29. 148c, 149c.
30. 199a. 1870a-1871a : *Pharaon est le fils d'Atoum, en tant que lumière (Chou) qu'Atoum a crachée.*
31. 1778b.
32. 879b.
33. 701a-c.
34. 1277a sq.
35. 1742e-d : *Les bacs sont apprêtés pour le fils d'Atoum, le fils d'Atoum n'est pas sans barque.*
36. 207a.
37. 207c-d. Selon 492a-d, une série de malheurs pourrait s'abattre sur le pharaon (une malédiction, l'empêchement d'avancer sur son chemin...). Mais si tel était le cas, tous ces malheurs frapperaient également Atoum, ce qui est impossible.
38. 266a. Selon 483b, Nefer-Toum est « le chef des connaissants *(rekhyt)* ».

20

Pharaon créateur et l'assemblage de l'être cosmique

La création n'est ni datée ni fixée une fois pour toutes dans le temps puisque, selon une extraordinaire formule :

Pharaon est conçu et mis au monde chaque jour. 1

« Semence de Dieu qui est dans la déesse Ciel », Pharaon 2
ne demeure pas passif ; la création dont il est dépositaire, il
la met en acte.

Pharaon est le créateur qui crée cette terre, il formule ce 3
qui est et fait naître ce qui n'est pas, il façonne, met au 4
monde et met sans cesse au monde. 5

Qui est ce pharaon, doté de la plus haute capacité de création, comparable à celle du Principe lui-même ? Ni un individu, ni un homme : sur ce point capital, les *Textes des Pyramides* sont aussi clairs que surprenants. Toutes les parties du corps de Pharaon, en effet, correspondent à des puissances divines. On assiste à un véritable assemblage d'un être cosmique, d'un Homme-univers :

Les os de Pharaon sont en métal céleste,
Les membres de Pharaon sont les étoiles impérissables. 6

Les os de Pharaon sont en métal céleste, ses membres en
or. 7

Son visage est celui d'un chacal,
Sa queue celle d'un lion. 8
Son visage est celui d'un chacal,

9 *Sa partie arrière celle d'un serpent céleste.*
Son visage est celui d'un chacal,
Son milieu est le serpent céleste,
10 *Son arrière est une salle large.*
Sa partie antérieure est un chacal,
Sa partie postérieure le serpent céleste,
11 *Son épine dorsale le verrou de Dieu.*
Sa patte avant est dans la Terre primordiale,
12 *Sa patte arrière dans la terre de l'arc.*
Sa tête est celle d'Horus de l'espace de gestation (la Douat),
Impérissable !
Ta face est celle de Celui dont la face est pourvue de deux yeux (le soleil et la lune),
Impérissable !
Tes oreilles sont les deux jumeaux du Principe créateur,
Impérissable !
Tes yeux sont les deux jumeaux du principe créateur,
Impérissable !
Ton nez est le chacal,
Impérissable !
Tes dents sont l'Aiguisé (Soped),
Impérissable !
13 *Tes mains sont Hâpy et Douamoutef,*
Tu demandes à monter au ciel et tu y montes sans cesse,
14 *Tes pieds sont Imset et Kebeh-senouf,*
Tu demandes de descendre vers le ciel inférieur et tu y descends sans cesse,
Tes membres sont les deux jumeaux du principe créateur,
Impérissable !
Tu ne périras pas,
Ta puissance vitale (ka) ne périra pas,
15 *Tu es la puissance vitale.*

Un autre passage révèle que les yeux du pharaon sont équivalents à la souveraine de la lumière, ses lèvres au « taureau des symboles », son cou à « la maîtresse de la flamme », ses serres au « taureau du soir » et ses ailes à la divinité préposée
16 aux cuisseaux d'offrande.

Lors de la montée au ciel du pharaon, toutes les parties de

son corps sont identifiées à des entités symboliques ou célestes : sa tête est le vautour (la fonction matricielle), les côtés de sa tête le ciel étoilé, son front l'énergie principielle, son visage l'Ouvreur des chemins, ses yeux « la Grande qui est à la tête des puissances de manifestation *(baou)* d'Héliopolis », son nez Thot, le dieu de la connaissance, sa bouche le Traverseur du ciel, sa langue « le pilote qui est préposé à la barque de la rectitude (Maât) », ses dents la puissance de manifestation, son menton le dieu Kherty (puissance du monde souterrain), son épine dorsale le taureau sauvage, ses épaules Seth (la force du cosmos), son cœur Bastet (la paix et l'amour), son ventre la déesse Ciel, son postérieur Heket (la déesse grenouille qui favorise les naissances), ses fesses la barque du jour et la barque de la nuit, son phallus le taureau Apis, ses cuisses les déesses Neit (créatrice du monde par le verbe et le tissage) et Serket (le scorpion), ses mollets « les deux puissances qui président au champ-de-la-limite », ses plantes de pied « les deux barques de la rectitude », ses orteils « les puissances de manifestation d'Héliopolis ». 17

Lorsque toutes les parties de l'être de Pharaon sont ainsi mises en relation directe avec ces entités non humaines, leur sont adressées ces paroles :

Ton corps est le corps de Pharaon,
Ta chair est la chair de Pharaon,
Tes os sont les os de Pharaon,
Tu te meus, Pharaon se meut ;
Pharaon se meut, tu te meus. 18

Les *Textes des Pyramides* nous offrent ainsi l'une des clés essentielles pour percevoir l'ampleur de la pensée égyptienne : Pharaon n'est pas un homme, mais une synthèse des puissances divines et cosmiques. Construit par elles, il en révèle toutes les dimensions.

Ce Pharaon symbole, cet être universel est au cœur de la démarche spirituelle égyptienne qui transcende le temps et l'espace, et devient le chef-d'œuvre, recréé à chaque instant, que façonne la création.

NOTES DU CHAPITRE 20

1. 698d, 705c.
2. 1416c-1417a.
3. 1095b. Le terme utilisé est *imen* qui implique une création stable qui demeure secrète.
4. 1146c.
5. 486d.
6. 1454b, 2051c-d.
7. 2244a.
8. 573a.
9. 1995a.
10. 1749a.
11. 2128b.
12. 1867a.
13. Deux des quatre « fils d'Horus », correspondant aux quatre angles du monde et aux quatre vases dits « canopes » qui contiennent les viscères. Hâpy a un visage de babouin et protège les poumons. Douamoutef, « celui qui vénère sa mère », a une tête de chacal et protège l'estomac.
14. Les deux autres « fils d'Horus ». Imset a un visage d'homme et protège le foie. Kebeh-senouf a un visage de faucon et protège l'intestin ; son nom signifie « celui qui rafraîchit son frère ».
15. 148a-149d.
16. 1778c-1780a.
17. 1303a-1315c. Quelques lacunes nous privent de certaines informations. On ne connaît pas l'équivalence des mains et du dos (peut-être Geb) ; ce sont sans doute les doigts qui sont identifiés au dieu Baby (une forme de Seth) et les vertèbres aux deux Ennéades.
18. 193a-c.

21

Les dieux et Pharaon

Les dieux sont venus à l'existence et ils naquirent sur le 1
côté oriental du ciel vers lequel Pharaon est guidé par le pas- 2
seur céleste. Il est permis à Pharaon de voir la naissance des 3
dieux dont le père est Orion, et il est emmené *vers l'endroit* 4, 5
où les dieux le mettent au monde, où il est mis au monde,
nouveau et rajeuni ; il vogue vers la contrée de lumière, vers 6
le lieu de naissance des dieux, et il naît là avec eux. 7

Naissance des dieux et naissance de Pharaon sont donc
indissociables ; ce dernier est d'ailleurs si proche des dieux
qu'il les « entoure dans son embrassement », de sorte qu'au- 8
cun d'eux ne peut être éloigné de lui. 9

Les dieux parlent, la terre écoute ce qu'ils disent, à savoir 10, 11
une formule de bienvenue pour le pharaon et la parole qu'ils 12
ont créée pour la lumière divine et le principe créateur. 13

Les dieux sont soumis à l'acte premier de la liturgie pharao-
nique, la purification, lorsqu'ils voient, chaque jour, le pharaon
monter de la contrée de lumière. Et la rencontre avec lui pro- 14
voque le bonheur des dieux qui sont ses frères et le dotent de 15, 16
la capacité de se manifester et de se rendre au ciel. *Pharaon* 17
a été installé parmi les dieux, étant divin. Leur eau est l'eau
de Pharaon, leur pain le pain de Pharaon, leur pureté la
pureté de Pharaon. 18

Pharaon souhaite vivre avec les dieux, car *c'est sur l'ordre* 19
des dieux que l'on vit, et Pharaon vit. Il se nourrit de ce dont 20
se nourrissent les dieux, vit de leurs cœurs et de leur magie. 21, 22

Thème essentiel : l'union de Pharaon avec les dieux. Ceux
qui sont au ciel, comme ceux qui sont sur la terre, sont ras-
semblés et vont vers le roi pour poser leurs mains sur lui en
23, 24 signe de protection. Aucun ne manque à l'appel, et c'est à
Héliopolis que s'accomplit cette union du monarque avec les
25 puissances divines. Un passage superbe résume ce moment
capital :

*Les dieux ont noué pour Pharaon son visage, (car) ils l'ai-
ment ; ils servent Pharaon, ils montent vers lui et éclairent
son visage ; les dieux sont réunis pour Pharaon et ils ne s'en
iront pas de l'endroit où le roi est venu et s'est immergé. Tous
les dieux servent Pharaon, il a pouvoir sur eux. Les dieux
26 s'unissent fraternellement au pharaon.*

Au pharaon, il est souhaité :

27 *Puisses-tu aller sur le chemin sur lequel vont les dieux,
28 que la limite de ton pas soit la limite du pas des dieux. Monte
29 en compagnie des dieux !*

Cette ascension vers les dieux s'accomplit sous de multiples
formes (voir infra), mais Pharaon possède en lui la capacité
30 de monter directement vers ses frères les dieux. Si nécessaire,
31 il s'envole comme un oiseau ou bien il est soulevé par les
32 dieux eux-mêmes qui l'accueillent comme un être de lumière
et annoncent son arrivée à toutes les puissances divines du
33 cosmos.

S'il est en rapport de communion et de fraternité avec les
dieux, Pharaon n'en est pas moins celui qui les gouverne, car
*le principe créateur (Atoum) a placé Pharaon à la tête des
34 dieux, excellents et sages, et qui ne peuvent périr.* Ainsi le roi
exerce-t-il sa souveraineté sur les dieux célestes et primor-
35, 36 diaux, et leur donne-t-il des ordres qui prennent force de loi.
Gouverne les dieux comme Dieu, lui est-il demandé, *Pouvoir
37 à la tête des pouvoirs* ; aussi Pharaon parle-t-il avec l'autorité
38 d'un chef quand siège le dieu vivant et apparaît-il en gloire
comme roi de Haute et Basse-Égypte, puisqu'il exerce sa maî-
39 trise sur les dieux et leurs puissances créatrices.

40 Les dieux vénèrent Pharaon lorsqu'ils le rencontrent et
41, 42 viennent courbés vers celui qui a la capacité de les juger.
Selon le chapitre 246, le Un étant venu dans l'être de Pharaon,

il donne des ordres aux pères des dieux ; aussi ces derniers gardent-ils le silence devant Pharaon et l'Ennéade met-elle la main sur sa bouche *devant ce Un qui est en lui.* 43

Tous les dieux, leur héritage, leurs provisions, tous leurs biens sont donnés à Pharaon, lui qui est « l'aîné des dieux », 44, 45
« le Un parmi les dieux » et la puissance vitale *(ka)* de tous 46
les dieux. 47

Le pouvoir du roi sur les dieux n'est pas fondé sur la force, mais sur la fraternité de la corporation divine qui le reconnaît comme souverain et sur l'amour qui les unit, un amour présenté comme l'origine de la construction par excellence, la demeure de résurrection :

Les dieux t'ont rendu en bonne santé, (car) ils t'aiment, 48
les dieux font que toutes bonnes choses adviennent pour Pharaon, et ils bâtissent sa pyramide. 49

Deux passages des *Textes des Pyramides* marquent, de manière surprenante, la faculté de transcendance de Pharaon par rapport au monde divin :

Tu es, certes, celui qui voit au-dessus des dieux ; il n'y a aucun dieu qui voit au-dessus de toi. 50

Pharaon va au-delà du dieu. 51

Pour les anciens Égyptiens, voir est l'équivalent de créer ; quant au fait d'« aller », il marque la perpétuelle régénération de l'esprit dans l'incessant voyage de l'éternité. C'est dire que le comportement de Pharaon, parmi ses frères les dieux, est particulièrement actif. Voyant par excellence, puisqu'il assiste à la naissance des forces de création, il lui est demandé de les mettre en ordre, de les régir pour les rendre bienfaisantes et de transmettre leur parole à travers la sienne. Vivre avec les dieux, s'unir à eux, telle est la destinée de Pharaon qui désire cheminer sur le chemin des dieux. Mais jamais n'est perdue la perception du Un dans le multiple, le Un ne pouvant s'exprimer que par le multiple, et le multiple ne préservant sa cohérence qu'en étant habité par le Un.

NOTES DU CHAPITRE 21

1. 1466d. Le terme utilisé est *kheper*, « naître, venir à l'existence, se transformer ». Autre formulation en 373a : *Les Deux Terres brillent, Horus ouvre le visage des dieux.*
2. 928a.
3. 1382e, 1383a. Pharaon lui-même est né sur ce côté oriental du ciel.
4. 1961b.
5. 408c.
6. 344b.
7. 1704c-d. Selon 179c, *les membres de Pharaon ont été comptés parmi les dieux.*
8. 847a-b : *Tu entoures (sekhen) tout dieu dans ton embrassement, leurs terres et leurs possessions.*
9. 2006a, conformément à ce qui a été formulé.
10. 795a.
11. 1712a.
12. 1169b.
13. 1693c, 1694c : *Ne sois pas éloigné des dieux, (car) ils font pour toi cette parole qu'ils ont faite pour Râ-Atoum qui brille chaque jour.* Selon 13c, les dieux peuvent être muets, et leur bouche est ouverte avec une herminette de métal céleste.
14. 266b. Selon 457b, les dieux sont purifiés dans le lac du chacal. Pour la purification commune des dieux et de Pharaon, voir les chap. 35 et 36.
15. 923a.
16. 977a-b : *Les dieux sont les frères de Pharaon et se réjouissent de le rencontrer.* Selon 1197a, Pharaon trouve les dieux habillés et chaussés de sandales blanches. Ils ôtent vêtements et sandales, car ils n'étaient pas heureux jusqu'à ce que Pharaon descende ; il leur parle et les rend stables.
17. 799b-c.
18. 969b, 970a.
19. 377b-378a : *Que Pharaon existe avec vous, dieux ; puissiez-vous, dieux, exister avec Pharaon ; que Pharaon vive avec vous, dieux ; dieux, puissiez-vous vivre avec Pharaon ; Pharaon vous aime, dieux ; que les dieux aiment Pharaon.*
20. 821a.
21. 803b, 1717c. En 559c, Pharaon demande au « grand flot » d'*apaiser les hommes et les dieux*. Selon 565c, il n'apaise que les dieux, alors que les dieux aiment Pharaon (565d).
22. 400a-410c.
23. 1473b-1474 (c'est Atoum qui rassemble les dieux) ; 941b-d (Geb). 1647a-b précise : Atoum ordonne aux dieux de venir et de se rassembler pour Pharaon comme ils l'ont fait pour Atoum dans Héliopolis.
24. 590c : *Horus* (maître des dieux selon 895d) *a amené pour toi tous les dieux, sur-le-champ, et il ne t'en manquera aucun.*
25. 1744c.
26. Chap. 364, 610b, 611b, 613a, 615a et d, 620a, 645a. Le rôle d'Horus est mis en valeur : selon 577b-c, c'est lui qui réunit les dieux pour qu'ils fraternisent avec Pharaon ; selon 1659a-b, il fait monter les dieux vers Pharaon pour qu'ils éclairent son visage. Selon 634b, il lui apporte les cœurs des dieux.
27. 817b.
28. 1715b.
29. 1943f.
30. 546c, 550c.
31. 2247b : *Geb fait s'envoler Pharaon parmi ses frères les dieux.*
32. 1824k, 1830a : *Geb t'a donné tous les dieux de Haute et de Basse-Égypte (pour qu') ils te soulèvent.*

1658b : *Thot a placé, pour toi, les dieux sous toi.*

33. Les dieux annoncent aux dieux la venue de Pharaon, « esprit lumineux impérissable » : Seth et Nephtys la proclament aux dieux de Haute et de Basse-Égypte (153a), Osiris et Isis aux dieux de Basse-Égypte et à leurs esprits lumineux (155a), Thot aux dieux de l'Occident et à leurs esprits lumineux (157a), Doun-Anouy aux dieux de l'Orient et à leurs esprits lumineux (159a).
34. 997c, 1834a : *Pharaon est à la tête des dieux qui sont dans le ciel.* 2076c : *Pharaon est à la tête des dieux, il est équipé comme Dieu.* 256d : *Pharaon se tient à la tête des dieux dans le ciel, son nom vient à l'existence parmi les dieux.*
35. 514b-c.
36. 866c, 1166b, 1688a.
37. 2110d.
38. 1920a-b.
39. Chap. 426, 776-
40. 2077a.
41. 1143a, 1144a : *Pharaon gouverne pour lui (Geb) les dieux, il commande pour lui la barque de Dieu ; les dieux viennent courbés vers Pharaon.*
42. 731c, 1406a, 2005a, 2045b, 2046b.
43. 254a-c.
44. Chap. 425, 775a-c. Pour les dieux « possesseurs de biens (*kheret*) », 836e.
45. 309e.
46. 725c, 1141c. Autre traduction possible : « l'un des dieux ».
47. 1831d.
48. 1854a.
49. 1649b-1650a.
50. 1479b.
51. 1674a. Ajoutons que Pharaon est l'héritier des dieux (316a), celui de Geb (483c, 1689a) et d'Osiris (1450a, 820b). *L'héritage lui a été donné par l'Ennéade* (1815a) ; *Pharaon hérite de l'acte de guider (seshem) du maître des dieux* (1911a) ; *Quand Pharaon hérite, la tristesse cède et le rire naît* (1989a), parce que l'ordre de Maât est assuré, de même que la juste succession des êtres et des choses.

22

Féminité divine

Le monde des divinités égyptiennes n'est pas exclusivement masculin ; la féminité divine est fortement présente et joue un rôle de premier plan, à commencer par la déesse Ciel Nout, qui donne la vie, et Isis, qui provoque et mène à bien le processus de résurrection. Nous verrons plus loin le rôle capital de ces deux déesses.

La déesse Ciel n'est pas la seule qui donne naissance au
pharaon ; il est révélé que « Sekhmet le conçoit et Shesemtet
le met au monde ». Or Sekhmet, dont le nom signifie « Puis- 1
sance », « Maîtrise » et qui s'incarne dans une femme à tête
de lion, réunit en son être toutes les formes de puissances que 2
le pharaon a pour tâche de réguler, sans les confondre. Au-
delà des notions de bien et de mal, Sekhmet offre à Pharaon
la quintessence des formes contrastées, voire contradictoires,
de la puissance qu'il doit concilier dans l'unité de sa fonction.
Quant à Shesemtet, elle est la ceinture et le tablier divin que 3
revêt Pharaon. Son costume rituel est donc d'origine divine et
lui permet de voir l'invisible.

L'allaitement du pharaon ressuscité est assuré par une étrange nourrice, la déesse scorpion Serket. Elle a la capacité de donner la mort, certes, mais également celle de guérir en raison des substances que les médecins, prêtres de Serket, extraient de son poison. Serket, « celle qui fait respirer », est également l'incarnation du passage étroit entre la mort et la vie ; en absorbant son influx, Pharaon participe des deux mondes et n'a plus rien à redouter du pouvoir scorpionnesque.

La protection du roi est assurée par la déesse vautour Nekh-
5 bet « qui réside dans le temple du Noble à Héliopolis ». Elle
exerce un rôle de mère vigilante sur la croissance royale. Son
nom signifie « la titulature » : autrement dit, elle donne au
pharaon ses noms de règne, à savoir son « programme » sym-
bolique de gouvernement et son identité éternelle face aux
dieux.

Nephtys a assemblé pour toi tous tes membres en ce sien
nom de Séchat, maîtresse des bâtisseurs. Elle rend le pha-
6 *raon en bonne santé.*

7 Nephtys, dont le nom signifie « la maîtresse du temple » est
8 le milieu sacré où s'épanouit le pharaon ; Séchat, patronne de
l'écriture et des tracés géométriques (y compris le maquil-
lage), participe à la création du temple. Elle est également la
souveraine de la Maison de Vie où le pharaon est initié au
mystère suprême, celui de la vie en éternité.

Le pagne rituel que porte le roi, dans l'exercice de la fonc-
9 tion suprême, est assimilé à la déesse Hathor. Cette dernière,
dont le nom signifie « la demeure du Lointain », est la souve-
raine des étoiles, de l'amour comme lien des éléments du cos-
mos et de la navigation heureuse dans l'univers comme sur
terre. Vêtu d'Hathor, Pharaon gouverne en fonction des lois
du cosmos, place l'amour divin au centre de sa puissance et
mène son peuple à bon port en ce monde et dans l'autre.

10 La déesse Satis purifie le pharaon avec quatre jarres de la
ville d'Éléphantine ; c'est le chapitre 439 qui développe le thème
des liens de Pharaon avec cette déesse. Il devient Satis, prend
possession des Deux Terres et des deux rives, monte au ciel où
il trouve la lumière divine, Râ, et s'assoit à ses côtés. Identifié
à Satis, Pharaon est un esprit lumineux plus lumineux que les
esprits lumineux, un être plus excellent que les dieux excel-
lents, plus durable que les dieux durables. Il se tient au nord du
ciel et de la terre, et s'affirme comme roi des dieux.

De même que les dieux, et avec une efficacité identique, les déesses participent à l'édification de l'être céleste de Pharaon pour lui conférer la plénitude.

NOTES DU CHAPITRE 22

1. 262b.
2. Sur Sekhmet, voir S.E. Hoenes, *Untersuchungen zu Wesen und Kult der Göttin Sachmet*, Bonn, 1976 ; *LdÄ* V, 323-333.
3. Sur Shesemtet, *LdÄ* V, 587-590.
4. 1427c-d. Sur Serket, déesse nèpe à l'origine, voir F. von Känel, *Les prêtres-ouâb de Sekhmet et les conjurateurs de Serket*, Paris, 1984 ; *LdÄ* V, 830-3.
5. 1451a-b. Sur Nekhbet, *LdÄ* IV, 366-7.
6. 616a-c.
7. Sur Nephtys, *LdÄ* IV, 457-460.
8. Sur Séchat, *LdÄ* V, 884-888.
9. 546b. Sur Hathor, *LdÄ* II, 1024-33.
10. 1116a-b.

23

Pharaon, le lointain

(HORUS)

Monte vers Horus, est-il dit au pharaon, *rends-toi auprès*
de lui, ne sois pas loin de lui ; ne t'éloigne pas d'Horus en
ton nom de ciel lointain. Le mot « ciel lointain » *(heret)* est 1
formé sur la même racine que *Her*, Horus, « le lointain », « ce-
lui aux larges enjambées ». Pharaon est identifié à ce dieu, à 2
jamais éloigné de l'humanité.

Néanmoins, *Pharaon est apparu comme Horus qui est à la*
tête des vivants, il a été mis au monde comme Horus, celui 3
de la contrée de lumière, car il n'est pas d'autre moyen de 4
faire régner l'harmonie sur terre qu'en préservant la dimen-
sion céleste et lointaine de la royauté.

Horus occupe une place considérable et fondamentale dans
les *Textes des Pyramides*. Plusieurs chapitres lui sont
consacrés et forment un véritable traité de symbolique « ho-
rienne » qui nous permet de comprendre pourquoi Horus est 5
le protecteur et l'inspirateur de la monarchie pharaonique, et
pourquoi Pharaon est l'incarnation terrestre d'Horus, à la fois
lointain par son origine céleste, et protecteur de son peuple
sur lequel il étend les ailes immenses du faucon cosmique,
oiseau d'Horus.

Une phrase synthétise ces conceptions : *Horus n'est pas*
loin de toi, tu es sa puissance vitale (ka). 6

Sans Horus, Pharaon ne pourrait pas vivre ; et cette vie lui
est donnée par l'amour : *Horus t'aime, il ne se sépare pas de*
toi, il te fait vivre ; Pharaon vit de ce dont vit Horus, maître 7

8 *du ciel, conformément à ce qu'ordonne Horus, maître du ciel.*
Le roi est protégé par l'embrassement d'Horus qui prend soin
9 de lui, ne le laisse pas périr et lui permet de vivre.

Horus vient pour reconnaître le pharaon et l'identifier
10 comme tel ; dès que le dieu a trouvé le roi, ce dernier devient
11 un être lumineux et utile.

Le mouvement vital de Pharaon est celui d'Horus : *Tu vas,*
12 *Horus va.* C'est ce dernier qui donne le libre mouvement au
pharaon qui s'assimile au dieu, au point de devenir un faucon
13 traversant le ciel. *Dresse-toi pour Horus,* est-il ordonné au
pharaon, *il te transforme en être de lumière, il te guide*
14 *(maâ) quand tu montes au ciel.* Puisque le roi est assimilé à
Horus, une route est tracée pour lui, et les portes du ciel lui
15 sont ouvertes.

C'est Horus, l'unificateur, qui rassemble toutes les divinités
16, 17 pour Pharaon afin qu'elles deviennent ses serviteurs. Horus
agit pour que les divinités montent vers Pharaon et illuminent
son visage ; placé à leur tête, il peut prendre possession de
18 sa couronne. « Équipé » comme Horus, Pharaon acquiert la
jeunesse, et il possède davantage de puissance et de pouvoir
19 de manifestation que les dieux du sud et leurs esprits.

Ce qu'Horus a fait pour son père Osiris, il le fait pour Pha-
20 raon. Il lui permet d'« encercler tous les dieux dans son
21 embrassement », car il l'aime et lui évite tout trouble.

Le voyage *(shemet)* du pharaon est comparable à celui
d'Horus vers son père Osiris dont il acquiert toutes les qualités
22, 23 spirituelles, et ce voyage est identique à celui d'Horus parti à
la recherche d'Osiris.

Selon le chapitre 369, Horus voit son père dans la personne
24, 25 symbolique de Pharaon. Il l'équipe de son œil, de son œil fort,
26 le remplit complètement de son œil, ouvre l'œil du roi pour
27, 28 qu'il voie, ouvre sa bouche, le purifie avec de l'eau fraîche
29, 30 céleste, rassemble ses membres, le réunit pour qu'il n'y ait
31, 32 aucun trouble en lui, le met debout et l'habille.

Horus prononce la grande et parfaite parole qu'il a donnée
33 à Osiris, et il la prononce pour Pharaon qui peut réciter les
34 formules magiques d'Horus de la contrée de lumière.

Le chapitre 260 précise que Pharaon est Horus qui désire

être reconnu « juste de voix » en raison de ses actes. Selon le
jugement de Maât, Harmonie universelle et règle de l'univers,
les trônes du dieu Terre, Geb, lui reviennent « de manière à
ce qu'il s'élève lui-même vers ce qu'il a désiré ».

Ainsi, ses membres qui étaient dans le secret sont réunis ;
il s'unit à ceux qui se trouvent dans l'énergie primordiale, sort
au jour en tant qu'esprit lumineux vivant, capable de mettre
fin au combat et au trouble. Les dieux des points cardinaux
lui rendent hommage, et il sort au jour pour apporter Maât. 35

Il existe des « Suivants d'Horus », ancêtres mythiques et
fondateurs de la civilisation pharaonique, en compagnie des-
quels Pharaon est purifié. Eux-mêmes purifient et sèchent 36
Pharaon, récitent pour lui les formules de la justesse, de la
montée au ciel, de celui qui s'élève et voyage. 37

Horus a quatre fils qui sont ses puissances de manifestation
(baou), vivent de « justesse de voix » et lui donnent son nom 38
d'« étoile impérissable ». Ils agissent de diverses manières en 39
faveur de Pharaon ; « connus du roi », ils nouent l'échelle de
corde et consolident l'échelle de bois afin que le roi monte
vers Khepri quand il vient à l'existence à l'orient du ciel ; 40
jouant aussi le rôle de passeurs, ils offrent au pharaon le bac
qu'a fabriqué Khnoum. Ils lavent le visage du roi, chassent la 41, 42
faim qui est dans son ventre et la soif qui est sur ses lèvres. 43
Horus amène ses fils au roi pour qu'ils le portent, le soulèvent 44
et l'élèvent et le guident. *Ces quatre fils d'Horus sont des* 45, 46
esprits lumineux qui demeurent avec Pharaon, deux d'un
côté, deux de l'autre ; et Pharaon s'identifie aux quatre fils 47
d'Horus pour pouvoir se déplacer dans les cieux. 48

NOTES DU CHAPITRE 23

1. 568a-b, 645d.
2. 2138f. Il y a de multiples formes d'Horus : « des dieux » (1408a), de l'Orient (1410a), « de la contrée de lumière » (1411a), etc. À Horus-Soped, « l'aiguisé », Pharaon demande de ne pas l'ignorer : *si Horus l'aiguisé le connaît, Pharaon le connaît* (330a). Voir T.G. Allen, *Horus in the Pyramid Texts*, Chicago, 1916 ; C. Jacq, *Le voyage dans l'autre monde*, 88 sq.
3. 2103c.
4. 928b, 934b.
5. Chapitres 260, 357, 364, 369, 370, 371.
6. 610d.
7. 646a-b. Voir aussi 614a, 609b.
8. 888c.
9. Chapitre 368. Voir aussi 591a, 618b.
10. 587a-b, 609b.
11. 612b.
12. 798b.
13. Cf. chap. 488. 1715a : *Puisses-tu aller avec le mouvement d'Horus.*
14. 2106a-b.
15. 502a-503b. Selon 1036a-1038, Horus donne sa main au pharaon pour le faire monter au ciel, il pose sa main sur lui « en vie et en puissance ». Selon le chap. 303, les quatre flotteurs en roseau purs du ciel, qui ont été installés pour Osiris, le sont aussi pour Pharaon qui apparaît comme « le frère d'Horus ». Selon 620b-c, Horus élève Pharaon en son nom de barque *henou* et le soulève en son nom de Sokaris.
16. Cf. 577c, 615a-b, 1381a, 590c.
17. 611b, 620a.
18. 613a-b.
19. 206a-c.
20. 970c.
21. 1632c-1633b.
22. 1730a.
23. 1860a-c.
24. 609c.
25. 614b : *roudjet.*
26. 614d.
27. 610a.
28. 589b.
29. 841b.
30. 617a, 635a. D'après le chapitre 357, Horus « rassemble » Pharaon et fait en sorte qu'Isis et Nephtys le protègent.
31. 617b.
32. Horus fait un vêtement pour son père Osiris (740), et Pharaon possède la ceinture d'Horus (1373b).
33. 1558a. Selon 611a, Pharaon reçoit « la parole d'Horus ».
34. 856b.
35. 316a-323c.
36. 26f.
37. 921a-d, 1245c-e.
38. 1483b.
39. 2101a-2102a.
40. 2078a-2079d.
41. 1228a-b.
42. 601b-c.
43. 552b-d. Selon le chap. 541 (1333a-1336b), ils font « la protection de vie » sur leur père Osiris, frappent Seth et prennent soin d'Osiris à l'aube.
44. 1338a-c ; chap. 644.
45. 619b, 1983a-b ; chap. 645A, 648.
46. 1339b-1340a.
47. 1092b-d.
48. 1097b-c. 149a-b : *Tes mains sont Hapy et Douamoutef, tu demandes de monter au ciel et tu y montes sans cesse. Tes pieds sont Imset et Qebeh-senouef, tu demandes de descendre vers le ciel inférieur, et tu y descends sans cesse.*

24

Pharaon, troisième terme et conciliateur des deux puissances cosmiques

(HORUS ET SETH)

Rien n'est perdu pour toi, rien ne cesse pour toi, est-il dit
au pharaon qui est à la fois Horus et Seth. Dans sa personne 1
symbolique, en effet, sont unis et pacifiés les deux frères
ennemis qui se partagent à la fois l'univers et l'Égypte ; c'est
pourquoi la reine porte le titre rituel de « Celle qui voit Horus
et Seth », à savoir Pharaon médiateur et conciliateur.

Pharaon est né pour Horus, il est conçu pour Seth : autre- 2
ment dit, il doit accomplir sur terre les fonctions créatrices
que remplissent ces deux puissances divines dans l'univers.
Horus et Seth prennent la main du roi pour l'emmener vers
la *douat*, l'espace stellaire de création ; *ouvre, Horus*, est-il 3
ordonné ; *protège, Seth*, afin que Pharaon brille à l'orient du 4
ciel dont les portes sont d'ailleurs ouvertes pour Horus et Seth 5
qui possèdent une « grande de magie ». Horus et Seth dressent 6
leur échelle pour permettre au roi de monter au ciel. 7

Horus tisse la tente qui recouvre son père, Seth étend la
toile de cette tente protectrice qui cache les mystères de la
résurrection. Selon le chapitre 455, Pharaon est purifié grâce 8
à la salive d'Horus et au crachat de Seth, tout en étant délivré
des actes mauvais qu'ils auraient pu accomplir ; Horus frotte 9
sa chair, Seth ses pieds. 10

Mais les deux dieux vivent aussi un rapport plus conflictuel, car Horus a le devoir de frapper celui qui a frappé Osiris, de

11 le ligoter et d'ôter le mal, donc de châtier Seth, tout en agis-
12 sant pour que ce dernier n'échappe pas à Pharaon. Et il existe
une solution rituelle pour rendre Seth utile : le contraindre à
se placer sous le corps du pharaon pour le soulever et lui
13 servir ainsi de moyen de support et de déplacement : *Seth ne*
14 *sera pas dispensé de soulever Osiris, éternellement.* Et il est
précisé : *Horus a frappé Seth pour toi, Seth est ligoté, et tu*
es sa puissance vitale (ka) ; Horus l'a écarté de toi, tu es plus
grand que lui. Il nage en te portant, il t'élève, toi qui es plus
grand que lui. Ses suivants t'ont vu, ta force est plus grande
15 *que la sienne. Ils ne peuvent te contrecarrer.*

Un mythe illustre le conflit qui oppose Horus à Seth : l'œil
d'Horus a été arraché, les testicules de Seth ont été arrachés.
C'est au pharaon qu'il revient de guérir ces blessures et de
16 réparer ces mutilations qui perturbent l'harmonie du cosmos.
Si mutilations et blessures sont effacées, Pharaon ne sera ni
17 mutilé ni blessé ; et les porteurs d'Horus apportent au roi son
18 œil, ceux de Seth ses testicules.

Si la puissance de Seth s'apparente au feu sexuel, celle
d'Horus réside dans le regard créateur, indispensable pour
prolonger et entretenir la vie. Aussi Pharaon émet-il un juge-
ment défavorable à l'égard de Seth parce qu'il a caché l'œil
19 d'Horus sur lequel il ne peut revendiquer aucun droit de pro-
20 priété. Comme Seth n'a « mangé » qu'une petite quantité de
cet œil qui contient toutes les mesures de l'univers, Pharaon
21, 22 parvient à le récupérer et à le prendre de la tête de Seth qui
23 s'est réjoui à propos de l'œil d'Horus.

Pharaon saisit l'œil blanc d'Horus qui illumine le bout du
24 doigt de Seth, et il saisit le doigt de Seth qui permet à l'œil
25 blanc d'Horus de voir ; et c'est dans « l'aile de son frère Seth »
26 que l'œil d'Horus est placé : ainsi est affirmée la complémenta-
rité des deux dieux dont Pharaon salue la réconciliation, clé
27 majeure de l'harmonie dynamique de l'univers.

NOTES DU CHAPITRE 24

1. 204b, 206b.
2. 211b. *Horus est né pour Osiris, et il a davantage de capacité de manifestation (ba) que lui et plus de puissance (sekhem) que lui* (144b). *Seth est né pour Geb, et il a plus de capacité de manifestation et de puissance que lui* (144c). Le rôle d'Horus consiste à rapporter à Osiris ce que Seth lui a pris (2127b), Horus s'est préoccupé de ce que Seth a fait contre Osiris (592c).
3. 390b.
4. 1465c-e.
5. 518a-b.
6. 823b-c.
7. 473b ; chap. 478.
8. 2100a-b.
9. 1944d-1945a : *Horus est purifié avec ce que son frère Seth a fait pour lui ; Seth est purifié avec ce que son frère Horus a fait pour lui.*
10. 519b.
11. 1977b-1978c.
12. 582c-d : *Horus a fait en sorte que tu le (Seth) comptes en son for intérieur de manière qu'il ne sorte pas de toi, il a fait en sorte que tu t'empares de lui avec ta main de manière qu'il ne t'échappe pas. Et le roi est ainsi en plénitude en son nom de Puissance vitale en paix.*
13. *Horus porte Pharaon, Seth le soulève*, et Pharaon apaise les deux dieux (1148a-c) et les juge (289c-290b). 642a-b : *Horus a placé Seth sous Pharaon pour que Seth puisse l'élever.* 1628b-c : *Seth est placé sous Osiris et il est offert sous Osiris ; la mauvaise influence qu'a crachée Seth, Pharaon en est protégé*. D'après le chap. 372, Thot amène l'ennemi (Seth) à Horus, Pharaon s'installe sur son dos et s'assoit sur lui, car Pharaon est plus sacré que lui. 648d-650a : *Sors contre ton ennemi, tu es plus grand que lui en ton nom de « grande chapelle » ; Horus a fait que Seth te soulève en ton nom de « Grand soulevé ». Horus a étendu pour toi ton ennemi sous toi, tu es plus ancien que lui.* 580a-c : *Horus s'est emparé de Seth pour toi et l'a placé sous toi (pour qu') il te soulève. Il tremble sous toi quand la terre tremble, tu es plus sacré que lui en ton nom de « terre sacrée ».*
14. 1258c ; voir aussi 1993d, 1699c.
15. 587b-588c. Selon 1632a-b, Horus amène Seth au pharaon-Osiris, et la force d'Osiris est plus grande que celle de Seth.
16. Cf. 142a-b, 594a et chap. 215. Selon 143a, le pharaon naît alors en tant qu'Horus, et la terre tremble ; il naît en tant que Seth, et le ciel tremble. Voir aussi J.G. Griffiths, *The Conflict of Horus and Seth*, Liverpool, 1960.
17. 143b.
18. 535a-b. 535c ajoute que les porteurs de Thot apportent son bras au pharaon.
19. 595c, 596c, 2282.
20. 2071c. Selon 1594b, la souffrance qu'a infligée Seth à l'œil d'Horus en a été écartée.
21. 61a. C'est à cause de la fureur qui peut animer Seth qu'il ne faut pas lui confier l'œil d'Horus (1407b ; peut-être 2213d). 578a-b implique l'existence d'un œil de Seth qu'Horus lui arrache pour le donner au pharaon.
22. 1242c ;
23. 40 + 17, Nt, ch. 57 Q.
24. 48 = Nt 317.
25. 48 = Nt 316.
26. 1742a.

27. Pharaon salue Horus qui est dans les buttes d'Horus, Seth dans les buttes de Seth, et dit : *Salut à vous, qui êtes réconciliés* (478a-488a). Pharaon s'assoit sur les buttes d'Horus et de Seth, et les juge (770b, d) ; dans ces buttes, les maîtres des énergies vitales adorent la lumière divine (598a-b).

25

Pharaon et le contrôle des feux séthien et divins

La tradition tardive a fait de Seth une puissance dangereuse, finalement assimilée au mal. Mais qu'en est-il dans les *Textes des Pyramides* ? D'abord, Seth y est bien considéré comme une divinité, et il est souvent cité ; le chapitre 356, par exemple, est essentiel pour comprendre son rôle ambivalent qui est tantôt celui d'un ennemi, tantôt celui d'un allié. Car il existe
bien un Seth dangereux que Pharaon doit éloigner et dont 1
Osiris repousse le pouvoir terrifiant. Le roi obstrue « les 2
routes de Seth » et sait qu'il faut l'apaiser et le dompter, car il 3
mange les cœurs. 4

Mais Seth lui-même anéantit le résultat de ses actes néga-
tifs, et c'est en sa présence que Chou, l'air lumineux, donne 5
au pharaon la capacité de régner, de saisir et d'élever. Fauteur 6
de troubles, Seth a pourtant vu les deux dieux réconciliés et 7
il échappe à la mort. C'est lui qui protège Pharaon et sa tombe 8
de la destruction. 9

Mieux encore, Seth permet au roi de franchir la zone dange-
reuse du « canal sinueux » et il le fait venir au ciel. Grâce à 10, 11
la déesse Ciel, Nout, le pharaon dispose de suffisamment de
puissance divine pour se tenir debout face à Seth. *Pharaon* 12
est plus grand que Seth, il sort au-devant de lui, son caractère
est plus fort que celui du dieu de la force céleste. 13

Si le corps de Seth est en bonne santé, celui de Pharaon le

sera également, car il a réussi à prendre sa puissance sans se
14, 15 détruire : *Puisse Seth fraterniser avec toi* ; *Seth est fraternel*
16 *de cœur avec toi, comme le grand d'Héliopolis.*

Au-delà de cette fraternisation, il y a même identification,
17 puisque les épaules du roi sont celles de Seth et son visage
18 celui de l'animal de Seth. De plus, *Pharaon apparaît en tant*
19 *qu'uraeus qui est au front de Seth, Pharaon est l'uraeus qui*
20, 21 *sort de Seth et se meut de manière incessante.*

La chaleur issue des narines de Seth est sur la bouche de
Pharaon, et elle ne doit en aucun cas disparaître ; sinon, dispa-
22 raîtraient vents et étoiles.

23 *Pharaon gronde en tant que Seth, il accomplit la mission*
24, 25 *de l'orage* ; et Seth, maître de la tempête, soulève Pharaon.
Souverain des forces les plus redoutables et les plus violentes
26 du cosmos grâce à sa communion avec Seth, Pharaon lui doit
aussi l'acquisition du pouvoir de manifestation *(ba)* et de la
27 puissance contrôlée *(sekhem)* à la tête des esprits lumineux.
Aussi Pharaon parle-t-il avec la parole de Seth ; s'il parle, Seth
28 s'exprime par sa voix.

29 *La force de Pharaon est la force de Seth de la cité de l'or,*
Pharaon est Seth de la cité de l'or, équipé de la grande magi-
30 *cienne* (l'uraeus), il apparaît comme Seth qui se trouve dans
31 la ville d'Henebent : aucun point du territoire, fût-il séthien,
n'échappe au gouvernement de Pharaon.

Seth utilise sa redoutable présence pour nourrir Pharaon et
lui donner de l'énergie. Il existe en effet un couteau sorti de
32 Seth que Thot utilise en faveur du roi ; de l'abattoir de Seth
33 proviennent des pièces de viande que consomme Pharaon. Et
c'est Seth en personne qui coupe en morceaux un serpent
34 dangereux pour le monarque, préfiguration du dragon Apo-
phis que Seth sera le seul à pouvoir combattre et immobiliser.

L'énergie cosmique (le *Nou*, dont le nom sert à former celui
de Nout, la déesse Ciel) prend d'ailleurs garde à ne pas confier
35 Pharaon à des dieux qui pourraient lui être hostiles, et Pha-
raon prend garde à ne pas « mettre la main » sur ce que les
36, 37 dieux détestent. Ainsi évite-t-il leur colère.

Il est interdit à un dieu de s'emparer de Pharaon pour l'em-
38 pêcher d'agir, et le chapitre 485 des *Textes des Pyramides*

pose clairement les termes de l'alliance entre Pharaon et les puissances divines :

Tout dieu qui emmène Pharaon au ciel sera vivant et durera, recevra des offrandes alimentaires de viande et montera au ciel dans le temple d'Horus ; mais tout dieu qui n'emmène pas Pharaon au ciel sera privé de force, de vêtement (ba) et de pain, et ne montera pas au ciel dans le temple d'Horus (le Lointain).

D'autres précisions du même ordre sont apportées : tout
dieu qui ferait un geste hostile contre Pharaon quand il grimpe
à l'échelle pour monter au ciel ne bénéficierait ni de rites funé-
raires, ni d'offrandes ; et un dieu agira bien en aidant Pharaon
à monter au ciel. Un dieu qui tenterait d'écarter du bras Pha- 39
raon quand ce dernier tourne son visage vers Dieu pour le
vénérer et lui demander de venir vers son être et à son nez,
subirait plusieurs châtiments : il ne recevrait aucun pain d'of-
frande, ne pourrait envoyer aucun messager, ne pourrait
voyager ni dans la barque du jour ni dans celle de la nuit, ne
serait pas équipé. Enfin, si un dieu tentait d'empêcher Pha- 40
raon d'aller vers la lumière divine, sa naissance serait empê-
chée, et cette puissance hostile serait donc annihilée. 41

La règle du jeu cosmique est donc dépourvue d'ambiguïté : Pharaon et les dieux ne peuvent être opposés. Ils vivent dans un rapport de fraternité et de coopération, qui n'exclut ni l'autorité ni la hiérarchie ; ils œuvrent perpétuellement et conjointement dans le même sens, celui de la création.

NOTES DU CHAPITRE 25

1. 1067b : *Débarrasse-toi de ces deux bras qui sont derrière toi, à savoir (ceux de) Seth.* Sur Seth, voir H. Te Velde, *Seth, God of Confusion*, Leiden, 1977.
2. 1487b (*at*).
3. 1236c.
4. 2127c-d. Selon 1285c-1287a, on inflige de terribles châtiments aux « Suivants de Seth » : ils sont démembrés, leurs têtes et leurs membres sont tranchés, leurs cœurs arrachés, et l'on boit leur sang. Thot disperse les suivants de Seth et repousse leurs cœurs (576a), Horus les compte pour le roi (590b).
5. 746c : *Seth anéantit ce qu'il a fait contre Pharaon dans ses huit jours.* Si nous comprenons bien 1556a, Seth peut devenir une offrande à laquelle est peut-être reliée « l'huile de Seth » (2071a).
6. 294a-c.
7. 489d.
8. 1467a, 1453a-h.
9. 1465c, 1264b.
10. 2235b.
11. 1493c.
12. 580b, 1710a.
13. 576a-b.
14. 683c-d.
15. 1016d.
16. 801c.
17. 1309a.
18. 1935a.
19. 979c.
20. 2047d.
21. 1459b.
22. 2244d.
23. 1150c.
24. 326d.
25. 261a-b.
26. Il est possible, selon 2162b, de « contrôler (*seshem*) Seth ».
27. 579a. Selon 2038c, les esprits lumineux (*akhou*) de Seth servent le pharaon. Selon 204c, étant identifié à Seth, Pharaon a davantage de capacité de manifestation et de puissance que les dieux du Sud et leurs esprits lumineux.
28. 1715a, 798a.
29. 1145b.
30. 204a. « Celui de Noubet (de l'or) » est à la tête des deux chapelles, et il est présent lorsque Pharaon est couronné dans l'au-delà (370b).
31. 734d. Selon 916a, *les hautes buttes confient Pharaon aux buttes de Seth.*
32. 1927d, 1999c ; 1906c.
33. 865c.
34. 678c.
35. 1701c-d.
36. 2082d. *Bout*, « l'abomination, ce qui est détesté ».
37. 1501b.
38. 1237a.
39. 978a-e, 980a.
40. 484a-485c.
41. 1435a-1438a.

26

Le feu créateur

Pharaon est une flamme sur le vent, jusqu'à l'extrémité du
ciel, jusqu'à l'extrémité de la terre ... Pharaon monte dans 1
un souffle de feu. 2

Ces textes splendides montrent l'identification de Pharaon
à la flamme primordiale qui lui permet de traverser tous les 3
espaces et d'aller au cœur du ciel. Il vient d'ailleurs de l'île de
la flamme et de la cité sainte de Pé, plus rouge que la flamme. 4, 5

C'est le feu qui rend saine la bouche de Pharaon, ce même 6
feu qui se trouve sur la bouche du roi ressuscité et provient
des narines de Seth, l'incarnation du feu cosmique. S'il était
détruit, les vents disparaîtraient et le ciel serait privé de ses
étoiles. 7

Deux divinités, Chou et Tefnout, les jumeaux issus du principe créateur, incarnent la lumière et le feu.

La lumière (Chou) élève le ciel (Nout) et l'œil d'Horus jus- 8
qu'au ciel étoilé, elle provoque aussi la venue des eaux dans 9
lesquelles le dieu Terre purifie ses membres. 10

Fait essentiel, *Pharaon est lumière (Chou) qui provient du*
principe créateur (Atoum) ; et c'est cette lumière qui permet 11
au pharaon de vivre et d'être en bon état, Pharaon étant « le 12
fils du cœur de la lumière ». Comme « les pieds du pharaon 13
sont ceux de Chou », il peut se déplacer comme la lumière. 14

C'est la lumière qui élève Pharaon vers le ciel ; elle place 15
ses « mains » sous le roi pour le soulever en direction du ciel. 16

17, 18 Pharaon peut d'ailleurs monter sur la lumière, se tenir sur elle
19 et la traverser.

Il est demandé à la lumière d'emmener Pharaon et de deve-
20 nir son compagnon, d'exercer sa puissance pour étendre sa
21 « protection de vie » autour du roi ressuscité. Tout ce qui est
22 du ressort de Pharaon est issu de la générosité de la lumière.

Quant à Tefnout, sœur de la lumière (Chou), elle a été rem-
plie par la lumière divine (Râ) de la semence de l'être lumi-
23 neux ; feu-lumière, Tefnout donne la main au pharaon. C'est
le feu de Tefnout qui crée les dieux, les engendre et les affer-
24 mit, et Dieu naît du ciel sur les bras du couple primordial,
25, 26 lumière-feu. De ses bras, Tefnout élève la terre sous le ciel.

27 Tefnout-feu est la mère de Pharaon, elle est le serpent de
feu (l'uraeus) qui anime son sceptre, élargit sa place dans les
cités, installe ses pavois divins devant les grands, creuse un
bassin dans le champ des roseaux et établit solidement son
28 domaine dans les deux « champs des offrandes ».

NOTES DU CHAPITRE 26

1. 324c.
2. 541b.
3. Voir 237a.
4. 265b-c.
5. 697a.
6. 513b.
7. 2244d-2245b.
8. 1454a. 748a-b : *La lumière a aimé la déesse Ciel, elle s'est placée en dessous d'elle.*
9. 2091a-b.
10. 1039a.
11. 603b. 1870a-1871a : *Pharaon est le fils du principe créateur (Atoum) en tant que lumière que le principe créateur a craché.*
12. 1872a-b.
13. 324a.
14. 1247c, P 465. Selon le chap. 358 (593a-b), Pharaon, en tant que « primordial (ou : premier-né) de Chou, voit ses liens déliés par les deux maîtres qui sont dans l'énergie primordiale.
15. 1090b, 1430d, 275f, 1422a, 519 (après qu'il a été purifié).
16. 1101c. Selon 1425a, Pharaon s'appuie sur le bras de Chou comme Râ s'est appuyé sur le bras de Chou. 1471b indique que les bras de Chou qui sont sous le ciel sont élevés, alors que Râ a confié le pharaon à Chou. 604b : *l'Étendu-de-bras confie le pharaon à Chou.*
17. 1757a.
18. 1151b.
19. 325a.
20. 531b.
21. 2220a. 1817a : *Chou, tu environnes pour toi toute chose à l'intérieur de ton embrassement.*
22. 294a-c : *Ce qui relève de son trône, ce qu'il prend, ce qu'il élève est ce que le père-lumière (Chou) lui a donné à côté de Seth.*
23. 990a-b.
24. 447b.
25. 1443b.
26. 1405a.
27. 5d, 779b.
28. 228a-229c. 842a : La pureté de Pharaon est celle de Chou et de Tefnout. Le thème des quatre éléments créateurs n'est pas étranger à la pensée égyptienne, mais il se présente de manière implicite ; il faut, en effet, réunir les actions de *nou* et des aspects liquides du cosmos (l'eau), de Chou (l'air lumineux), de Geb (la terre) et de toutes les formes du feu (Chou, Tefnout, l'uraeus, l'œil de Râ, etc.) pour voir à l'œuvre les quatre éléments de la création.

27

Vents et colères célestes

Vents du sud et du nord sont les nourrices de Pharaon, le 1
vent le soulève, *il est rempli de la dignité des vents*, il respire 2,3
le vent et bénéficie d'une abondance du vivifiant vent du nord. 4
Pharaon est capable de saisir les vents, et c'est aux quatre 5
vents du ciel qu'il est confié. Ils ne doivent pas s'opposer à
lui, il ne sera pas aveugle dans les ténèbres et ne souffrira pas
de surdité, quoiqu'il ne souhaite pas entendre leur voix. 6

Face aux colères célestes qui se manifestent par des intem-
péries, Pharaon n'est pas impuissant. Il peut disperser les
orages et les nuages chargés de pluie et, mieux encore, les 7
utiliser pour réussir son ascension. *Pharaon monte sur un*
nuage, les orages remplis de grêle du ciel emportent le pha- 8
raon et ils le font monter vers la lumière divine, il monte 9
dans un orage depuis la contrée de lumière inférieure. 10

Le déchaînement des éléments n'est donc pas un obstacle aux pérégrinations cosmiques du voyageur de l'au-delà, bien au contraire ; il se sert de la force de l'orage et du dynamisme du vent pour gagner le ciel.

NOTES DU CHAPITRE 27

1. 1970d.
2. 1551b-c.
3. 1674b.
4. 1158c. 877a : *Ton vent est encens, ton vent du nord est la fumée.*
5. 1557c : *Puisses-tu aller derrière ta puissance vitale pour attraper les vents.*
6. 497b, 499b, 500b.
7. 500b.
8. 1774 a, c.
9. 336b.
10. 1691a. 554 a-c évoque une autre forme de rencontre du pharaon avec les vents : *Pharaon est venu vers toi, l'Ancien* ; *Tourne-toi vers Pharaon comme le vent d'est se tourne derrière le vent d'ouest, Viens vers Pharaon comme le vent du nord vient derrière le vent du sud.*

28

Le gouvernement cosmique de Pharaon

Pharaon est « le maître de toutes choses ». Le mot utilisé pour « choses », *khet*, peut également se traduire par « rites », et « toutes choses » comme « tous rites » appartiennent à la puissance vitale (*ka*) de Pharaon et au pharaon lui-même. 1

Cette maîtrise, quasi universelle, permet au roi de gouverner le cosmos :

Pharaon donne des ordres, pourvoit les puissances, désigne les places, donne les offrandes, dirige les grands rituels d'offrandes, (car) il est Pharaon ! Pharaon est l'unique du ciel, qui exerce sa puissance à la tête du ciel. 2

Et le magnifique chapitre 319, qui n'existe que dans la pyramide d'Ounas, illustre l'ampleur de ce gouvernement cosmique :

Pharaon est le taureau dont la lumière est au cœur de son œil,

Sa bouche est saine au moyen de la flamme,

Sa tête est le front du maître de Haute-Égypte,

Pharaon guide Dieu, il a pouvoir sur l'Ennéade,

Il fait croître le lapis-lazuli et croître la plante de Haute-Égypte,

Pharaon a noué les cordes de la plante ligneuse,

Il a uni les cieux, il a pouvoir sur les terres du Sud et du Nord, et sur les dieux qui furent auparavant,

Pharaon a bâti la cité de Dieu conformément à sa fonction,

Pharaon est le Troisième lorsqu'il apparaît en gloire (entre
3 Seth et Thot)
4 Exerçant son pouvoir sur les deux contrées de lumière, le
roi prend possession du ciel liquide, de la contrée de lumière,
5 gouverne l'Ennéade, la Haute et la Basse-Égypte.
6 Présidant à l'espace de gestation (la *douat*), Pharaon est à
7 la tête des esprits lumineux ; il compte les cœurs, s'en empare
8 et les pourvoit. Lorsqu'il prend le sceptre en main, il agit
9 comme Dieu.

NOTES DU CHAPITRE 28

1. 37b-c.
2. 2040a-2041.
3. 513a-514e.
4. 4b.
5. 202c.
6. 5b.
7. 57c.
8. 161b.
9. 47.

29

Le couronnement et les couronnes

C'est en l'acclamant que les dieux reconnaissent Pharaon
comme souverain légitime. Si Pharaon et sa puissance vitale 1
(le *ka*) peuvent être ainsi acclamés, c'est parce qu'ils sont
« justes de voix ». Et le roi demande à la couronne rouge, 2
redoutable serpent de feu, qu'on l'acclame comme elle est
acclamée.

« Protection sur ton visage » est la formule de salutation
respectueuse, traduite par « salut à toi », et Pharaon fait l'ob- 3
jet de louanges. 4

Le couronnement est accompli à Pé, une ville mythique du
Delta, avec une couronne blanche et une couronne verte. 5

Couronne blanche et couronne rouge sont les mères de
Pharaon ; la rouge l'allaite. La couronne blanche est splen- 6
dide, dotée d'une vigueur de mâle, maîtresse de la terre
arable, secrète, de la terre des pêcheurs, de la « vallée des
apaisés » ; elle réside dans la cité de Nekheb, elle est la maî-
tresse de la grande chapelle. La couronne rouge est la souve- 7
raine des « rives de Dep », autre cité mythique du Delta liée à
Pé, et elle donne la vie au pharaon alors qu'il est petit, rede-
venu enfant au sein, donc régénéré.

*Pharaon prend possession de la très grande couronne
blanche (oureret)*, comme Horus fils du principe créateur
(Atoum), au milieu des deux Ennéades. Pharaon la met sur sa 8, 9
tête, elle est comparable à celle de Râ. 10

Pharaon embrasse fraternellement la couronne rouge (*net*). 11

Selon les chapitres 220-221, consacrés à cette couronne, considérée comme un être vivant, les portes de la contrée de lumière (le naos) sont ouvertes, et le roi vient vers cette couronne, un serpent de feu « à la grande magie ». Il n'a rien à redouter d'elle, car il est pur et adopte à son égard une attitude de crainte respectueuse.

Pharaon parvient à apaiser cette couronne redoutable, grâce aux paroles qu'il utilise. Son visage est heureux, car elle s'épanouit, renouvelée et rajeunie.

Aussi le roi lui demande-t-il d'agir pour qu'on le craigne comme on la craint, qu'on ait peur de lui comme on a peur d'elle, qu'on l'acclame comme on acclame cette couronne, qu'on éprouve de l'amour pour lui comme pour elle. Elle donne au pharaon ses sceptres pour qu'il gouverne les vivants et les êtres de lumière.

Cette grande et puissante couronne affirme qu'elle a donné
naissance au pharaon, qu'elle l'a paré parce que le roi est
12 effectivement Horus entouré de la protection de son œil. Des
13 pouvoirs comparables sont attribués à la couronne blanche.

Les deux yeux sortis de la tête du dieu Terre, Geb, devien-
nent les « deux grandes de magie », à savoir la couronne
blanche de Haute-Égypte et la couronne rouge de Basse-
14 Égypte.

15 La couronne est l'œil de Pharaon qui peut manger couronne
16 rouge et couronne verte pour bénéficier de leurs pouvoirs ; la
rouge est « grande en capacité de manifestation et riche en
17 formes d'existence ». N'est-elle pas issue de Pharaon, lui-
18 même étant issu d'elle ?

Pharaon apparaît en gloire pour les dieux, il apparaît en
19 *gloire avec la lumière divine*, et sa capacité à régner pro-
voque une crainte respectueuse dans les cœurs, comparable
à celle que provoque la lumière divine quand elle surgit de la
20 contrée de lumière. Cette crainte (*shât*) à l'égard de Pharaon
doit être placée dans les yeux de tous les dieux, des êtres
lumineux, des étoiles impérissables, de ceux dont les sièges
sont cachés, dans les yeux de tous ceux qui verront et enten-
21 dront Pharaon, et cette crainte est l'œil d'Horus.

Les rites du couronnement, qui permettent à Pharaon de

gouverner dans le cosmos, se caractérisent par une vêture
symbolique. Pharaon, en effet, doit être vêtu pour aller auprès
de Dieu, et il est vêtu en tant que Dieu par les étoiles impéris- 22, 23
sables. C'est la déesse Tayt qui tisse les vêtements rituels pour 24, 25
élever le roi vers le ciel en son nom de milan, et le vêtement 26
principal est *l'étoffe-sagesse (siat) qui se trouve à la tête du
temple*. Le roi la porte pour atteindre le ciel ; il revêt aussi une 27, 28
tunique lumineuse (*shesep*). 29

Le très court chapitre 597 précise :

*Ô Pharaon, viens et vêts pour toi l'œil d'Horus sain qui
est dans la cité du tissage.* 30

Tout vêtement royal est l'œil d'Horus ; ainsi habillé, il peut
sortir, les dieux le voient, il est couronné, il vit, et l'œil d'Ho-
rus ne s'éloigne pas de lui. 31

Des précisions sont apportées : Pharaon porte un bandeau
de tête qui est à la fois l'œil d'Horus et un éclair lumineux ; 32, 33
un collier d'or équivalant, lui aussi, à l'œil d'Horus, et permet-
tant au roi d'être lié au ciel ; un tablier d'or ; un pagne que 34, 35
portent aussi les dieux et auquel est accrochée une queue de
taureau ; une peau de léopard ; la ceinture d'Horus et le vête- 36, 37
ment de Thot ; des sandales, qui sont les yeux d'Horus, gui- 38
dent Pharaon au ciel et le protègent de ses ennemis. 39

Pharaon utilise plusieurs sceptres qui lui servent à exprimer
son autorité et il manie des armes (l'arc, la dague, le couteau 40
de Thot) ; il est lui-même un harpon d'or dont les barbes sont 41, 42
les rayons de lumière de Râ, les pointes les crocs de la déesse
félin Mafdet. 43

NOTES DU CHAPITRE 29

1. 809a.
2. 935a-b.
3. Par ex. 487a sq.
4. 1096a.
5. 1373a, 1374b.
6. 910a-b, 911a-c. Voir aussi 729a, 910a.
7. 910b-d.
8. 881b.
9. 1651e-f ; cf. aussi 371b.
10. 2018b-2019b.
11. 325b.
12. 194a-198d.
13. La couronne blanche brillante (*hedjet*) est l'œil d'Horus et donne la force (*ouser*) (1324b), elle est un serpent, elle place la crainte éprouvée à l'égard de Pharaon dans les yeux de tous les êtres (900b) et possède une langue invisible qui lui permet d'avaler un serpent (243a-b). À noter également que « les deux puissantes », i.e. les couronnes, « élèvent les parties coupées de Pharaon » pour le reconstituer, comme Osiris.
14. 1624b-c.
15. 1832b : l'œil est sorti de ta tête comme la grande de magie de Haute-Égypte.
16. 410a.
17. 901b.
18. 198a.
19. 1423b ; 414a.
20. 302c, 2025b.
21. 900a-e. Les esprits lumineux, les étoiles impérissables ont peur (*senedj*) de Pharaon (1288b, 2025a). Si Pharaon peut contempler la couronne de Basse-Égypte, un serpent de feu, c'est parce qu'il la craint (194d). À cette couronne, il demande d'agir pour qu'on le craigne comme on la craint (197b) et qu'on éprouve pour lui la même « crainte respectueuse » que pour elle.
22. 2119, 224d.
23. 2108a.
24. 1182b.
25. Les chapitres 414-417 sont consacrés à la vêture rituelle de Pharaon.
26. 741b. Le tissage équivaut ici à une ascension.
27. 2004a.
28. 2044a.
29. 737b.
30. 1462.
31. Chap. 453. Pharaon est vêtu de l'œil d'Horus, le vêtement de Renenoutet (chap. 622, 1755a-c). La vêture s'accomplit dans « le champ de l'être qui se transforme sans cesse (*kheperer*) » (918b).
32. 2274 (*nous*).
33. Le *seshed*. Pharaon est ce bandeau de couleur rouge, issu d'Ikhet la grande (1147a). Tissé à partir de l'œil d'Horus dans une étoffe verte et rouge, il enveloppe le doigt d'Osiris souffrant (1202b-d).
34. 2272 et chap. 326 (534a-b).
35. 1416a. Le nom du tablier, *souh*, indique qu'il est une matrice donnant naissance au pharaon.
36. 1612a-1614a.
37. 223a.
38. 1089b-c.
39. Chap. 106 (69a-71a). 22b indique que l'œil d'Horus (l'eau fraîche) est placé sous les sandales de Pharaon qui en a ainsi la maîtrise. Pour l'équipement royal (vêture, sceptres, armes, etc.) voir les chap. 57A à 71 I.
40. Chacun a une fonction ; par exemple, le sceptre *âba* sert à frapper, le sceptre *iaat* à consacrer et à gouverner (1159c). En 2004c, Pharaon utilise la massue blanche et un autre sceptre pour juger les dieux. Horus

lui donne un bâton à la tête des êtres de lumière et un sceptre à la tête des étoiles impérissables (1994b).

41. 962a-963a.

42. 889d.

43. 1212a-f. Cette arme coupe les têtes d'éventuels adversaires qui se trouveraient dans le champ de l'offrande.

30

Le trône céleste

La royauté de Pharaon étant d'ordre cosmique, son trône se
trouve au ciel. La qualité majeure de ce trône est la grandeur, 1
et *c'est la Grande Ennéade qui se trouve dans Héliopolis qui
assigne le pharaon à son grand trône.* 2

Pour que le roi puisse s'y asseoir, il faut qu'il ait été conçu
par Isis et engendré par Nephtys. Or Nephtys est « la maî- 3
tresse du temple » dans lequel est érigé « le grand trône » par
excellence, à savoir le sanctuaire où se révèle la puissance
divine, et Isis est le trône divin personnifié, qu'elle porte d'ail-
leurs sur sa tête. On pourrait dire que Pharaon ne prend pas
place sur son trône, mais qu'il en naît, car ce dernier est sa
mère céleste.

C'est comme successeur et représentant des puissances
divines que le roi peut occuper ce trône, puisqu'il s'y assoit
comme Geb, Osiris et Horus, entre Sothis et l'étoile du matin, 4
à côté des deux Ennéades. C'est la « Traverseuse du lac », une 5
vache céleste qui guide le roi vers le grand trône qu'ont
fabriqué les dieux et Horus, et qu'a engendré Thot (la connais-
sance) ; on lui saisit la main, et il y prend place. 6, 7

« Rendu large à la tête des dieux », ce trône est en rapport 8
direct avec la création lumineuse, puisqu'il est celui de Râ-
Atoum. Pharaon *siège sur le trône de la lumière divine et* 9
donne des trônes aux dieux, il siège sur son trône d'ébène 10
comme la lumière divine à la tête de l'Ennéade. C'est dans la 11
cale de la barque d'or de la lumière divine, qui traverse sans

cesse le ciel, que Pharaon, voyageur du cosmos, a découvert
un trône vide, lequel l'a reconnu et identifié comme son légi-
12 time possesseur. Pur, stable et parfait, ce trône de lumière
13 peut également se trouver à l'avant de la barque.

Il est précisé que Pharaon *va (bia) vers le ciel, sur son*
14 *trône de métal céleste (bia) devant lequel les dieux sont en*
15, 16 *admiration*, et qu'il s'y assied, purifié, ce trône étant aussi
17 celui du « Premier des Occidentaux », à savoir Osiris. Il pos-
sède des visages semblables à la face des lions et des pieds
18 aux sabots du grand taureau sauvage.

Successeur d'Osiris dont il assume les devoirs, Pharaon l'est
également du fils du dieu ressuscité, Horus, dont il occupe le
trône qui se trouve dans l'un des paradis célestes, « le champ
19 des roseaux ».

Pharaon est traversé vers le champ du trône parfait du
Dieu grand dans lequel il accomplit ce qui doit être accompli
20 *parmi les bienheureux.*

Si sa position est bien céleste, le trône royal peut se mani-
21 fester sur terre où il ne sera jamais anéanti. Protégé par quatre
22 déesses (Isis, Nephtys, Neit et Serket), il est lui-même une
puissance divine pourvue de deux qualités, le dynamisme vital
23 (*oudja*) et la cohérence qui donne la santé (*seneb*).

Et les *Textes des Pyramides* révèlent le nom de ce trône :
24 « Celui qui fait vivre Maât », à savoir l'harmonie éternelle de
l'univers, la justesse, la vérité. Ce sont les concepts qui per-
mettent à Pharaon de naître, et ce sont eux qu'il doit mettre
en œuvre lors de son règne.

NOTES DU CHAPITRE 30

1. 1482b. 1356b : *Le trône de Pharaon se trouve dans le ciel liquide (kebehou).*
2. 895b. *Set ouret*, « le grand trône », se trouve parmi les dieux, au ciel (1101d).
3. 1154a-b.
4. 895d, 1241b.
5. 2015a.
6. 1153b.
7. 2015a.
8. 1239a.
9. 1686b, 2158a.
10. 1688a.
11. 1906e-f. 1938c : *Pharaon siège sur les trônes purs de Râ.*
12. 602a-c. 460a-c : *le trône de Pharaon est auprès de toi, Râ, et il ne le donnera à personne d'autre.*
13. 710a-c.
14. 1016a.
15. 1992c.
16. 800d. 1301b : *Assieds-toi sur ton trône de métal céleste, à la tête de ton bassin d'eau fraîche.*
17. 1996b. Voir aussi 770c et 1298a, 2021a : *Pharaon s'assoit sur le trône d'Osiris en tant que successeur de Celui qui est à la tête des Occidentaux.*
18. 1124a-c.
19. 1690a-b, 1086c.
20. 1191a-b.
21. 458d. Pour Pharaon sur le trône de Geb, 2b, 1992b.
22. 606a-d.
23. 1190a-b.
24. 1079c.

31

La purification

Pour gouverner en rectitude et avec le concours des dieux,
Pharaon doit être pur ; et parce qu'il est pur, parce que sa
puissance vitale *(ka)* est pure, il est vivant. *Pharaon s'est* 1
purifié avec la purification du dieu pur (ouâb), et c'est cet 2
acte rituel qui le rend divin, lui qui est pur comme Dieu et 3, 4
qui se purifie comme Dieu. *Dieu dont les places sont pures,* 5
Pharaon monte de la place pure. 6

Les dieux sont purifiés en voyant Pharaon qui monte de
la contrée de lumière, chaque jour, la pureté des dieux est 7
celle de Pharaon. 8

C'est pour le créateur (Atoum) que Pharaon se libère de
son impureté. *Alors que le ciel est pur pour la lumière divine* 9
(Râ) et la terre pure pour Horus, Pharaon doit être pur pour 10
monter vers la lumière. 11

« *Qu'il vienne, il est pur !* », dit le prêtre pur de Râ au gar-
dien de porte du ciel liquide. La lumière divine purifie elle- 12
même Pharaon qui peut se tenir debout et voir la lumière 13, 14
rayonner. *Pharaon s'est purifié, il prend pour lui le trône qui* 15
est dans le ciel. 16

De nombreux passages des *Textes des Pyramides* dévelop-
pent le thème de la purification et ses modalités : selon le
chapitre 451, non seulement Pharaon lui-même et sa puis-
sance vitale doivent être purs, mais aussi *sa capacité de*
manifestation (ba) qui est parmi les dieux et sa puissance

17 *(sekhem) qui est parmi les êtres de lumière.* En purifiant le
18 roi, la déesse Ciel lui évite la vacuité négative, le manque.

La pureté de Pharaon est la pureté de l'air lumineux (Chou),

La pureté de Pharaon est la pureté du feu créateur (Tefnout),

La pureté de Pharaon est la pureté des quatre êtres de
19 *lumière qui se réjouissent dans (la ville sainte de) Pé,*

Sa purification est la purification d'Horus,

Sa purification est la purification de Seth,

Sa purification est la purification de Thot,

Sa purification est la purification de celui qui déploie ses serres (le faucon Doun-ânouy),

Sa purification est la purification de sa puissance vitale,

20 *Sa purification est la purification de sa purification.*

Aussi peut-il être dit à Pharaon :

Cette purification qui est tienne s'accomplit aussi parmi tes frères les dieux,

Ta purification est sur ta bouche,

Rends purs tous tes os,

21 *Équipe-toi de ce qui te revient.*

Plusieurs entités divines se préoccupent de la nécessaire pureté de Pharaon, dont Horus, le protecteur de la royauté :
22 *Pharaon a été purifié au moyen de l'œil d'Horus, Pharaon*
est purifié avec la purification qu'Horus a faite pour son
23 *œil.* Les Suivants d'Horus purifient le roi, le baignent et le
24 sèchent. Le serpent céleste, sœur de Pharaon, le purifie et
25 l'encense ; et, dans l'espace souterrain de la résurrection, c'est
26 Sokaris qui s'acquitte de cette tâche rituelle.

Un certain nombre de parties du corps de Pharaon doivent
27, 28 être tout à fait pures : le visage, la bouche et la langue, la main
29, 30 et les ongles, les pieds. *Les os de Pharaon sont élevés, car*
31 *Pharaon est pur.*

32 Purifié de tout mal, Pharaon peut apaiser la couronne
33 rouge, redoutable serpent de feu, descendre dans la barque
34 solaire et y ramer. Purifié, Pharaon prend place à la tête de
35 ceux qui sont plus grands que lui, s'installe dans la région pure
36 et y juge les vivants.

Le rituel de purification s'effectue dans plusieurs lieux
célestes : le lac d'eau fraîche, le champ des roseaux, le lac des 37, 38
adoratrices, le lac du chacal et le lac de la *douat*, les lacs du 39, 40
matin, les lacs de l'air lumineux, le lac des oies. 41, 42, 43

Les *Textes des Pyramides* se font l'écho du rituel qui se
célèbre à la fois au ciel et sur terre. Les grands dignitaires du
royaume et la grande Ennéade s'assoient et voient la purification du roi, accomplie avec du natron, de la salive issue de la
bouche d'Horus et un crachat issu de la bouche de Seth, substance avec laquelle Horus s'est purifié et qui a permis de jeter
à terre le mal que Seth a fait contre lui, et avec laquelle Seth
s'est purifié et qui a permis de jeter à terre le mal qu'Horus a
fait contre lui. 44

Pharaon est « un pur, fils d'un pur », il est purifié avec
quatre jarres remplies au bord du canal de Dieu, dans la cité
de Dieu, là où se trouve le souffle d'Isis la grande, là où elle
le sèche comme elle l'a fait pour Horus. 45

L'eau n'est pas la seule substance utilisée lors de la purification ; il faut aussi mentionner l'encens (ou natron) dont le
nom égyptien signifie « ce qui rend divin » ou « le frère de
Dieu ». Qualifié de « grand stable », il est « le père », se pré- 46
sente sous la forme de boulettes que l'on fait chauffer, et dont
le parfum divinise le roi ; il lui permet d'être en compagnie 47
des dieux, de vivre avec eux, de les aimer et d'être aimé d'eux.
Issues du genou d'Horus, les boulettes d'encens permettent
au pharaon de monter, de grimper et de s'élever. Ce dernier 48
utilise d'ailleurs la fumée de l'encens pour monter au ciel et 49
il s'identifie même à cette substance : *la bouche de Pharaon
est de l'encens, les lèvres de Pharaon sont de la myrrhe.* 50

Onguents, huiles saintes et parfums complètent le processus de purification. L'onguent *(medet)* permet de rassembler
les membres d'Horus ; le front, l'œil du pharaon et ses sourcils 51
sont oints avec des huiles saintes, ce qui a pour but de le 52
rendre lumineux, de lui donner le pouvoir sur son corps, d'inspirer une crainte respectueuse à tous les êtres de lumière qui
le voient et à tous ceux qui entendent son nom. L'onguent, qui 53
réconcilie les frères ennemis, Horus et Seth, ouvre la bouche
du roi. 54

Le parfum est l'œil d'Horus ; Pharaon le prend et s'en équipe, car il le purifie et le protège de toute odeur néfaste en le maintenant intact. *Le parfum de Pharaon est le parfum de Dieu* et *celui d'Osiris*, agréable comme le parfum de Râ quand il monte de la contrée de lumière.

NOTES DU CHAPITRE 31

1. 2054 : *Pharaon est pur, Pharaon est vivant.* 683a : *Pharaon est pur, sa puissance vitale est pure.* L'un et l'autre sont lavés (789b). 750b : *Combien parfaite est ta purification !*
2. 2246a.
3. 2066b.
4. 2183b.
5. 1919b.
6. 473a.
7. 266b.
8. 970b. 829d : *Ta pureté est la pureté des dieux qui vont vers leurs puissances vitales, ta pureté est la pureté des dieux qui sont partis et ne sont pas pressés* (comme de l'huile). 951c : *Chaque dieu purifie Pharaon et Pharaon vénère Dieu.*
9. 207a.
10. 951a.
11. 733c.
12. 1141a-b.
13. 713b. Selon le chap. 567, Râ, Horus et Pharaon se purifient.
14. 2028a : *Ô Pharaon, sois pur (afin que) Râ te trouve debout avec ta mère le ciel.*
15. 370a : *Pharaon se lave, Râ apparaît en gloire, l'Ennéade brille.*
16. 710a, 1996b.
17. 837b-839b.
18. 838c.
19. 842a-c.
20. 28a-b. La purification, qui peut être effectuée avec de l'onguent *semin* (34 fois), est le thème principal des chap. 35 et 36.
21. 28c-29a.
22. 308e.
23. 1233a.
24. 921a-c.
25. 1181b, 2103a.
26. 990c.
27. *Son visage est lavé par Doua-our* (2042b) et par divers dieux, les quatre fils d'Horus, Horus à sa droite, Seth à sa gauche, Nephtys et Khenty-n-irty (601b-f).
28. *La bouche du pharaon est pure, les deux Ennéades l'encensent ; pure, certes, est cette langue qui est dans la bouche de Pharaon* (127a-d, 2154c). La bouche est purifiée avec du natron, elle s'effectue sur les cuisses de Khenty-irty ; les ongles sont purifiés (2015c-d).
29. Pour les ongles, voir note 28. La main de Pharaon est purifiée par « Celui qui fait son trône » (264b).
30. Atoum, Chou et Tefnout créent les eaux pures qui embrassent les pieds du pharaon (2065a-b).
31. 2043c. Sur terre, *le fils du pharaon vient pour le purifier, le faire vivre et rassembler ses os* (1684a-b).
32. 1945b.
33. 195a.
34. 2122a. Selon 2125a, il reçoit la rame et s'installe parmi l'Ennéade. Les purs sont transportés dans la barque du passeur et obtiennent de l'eau fraîche sur la pente où se tiennent les étoiles impérissables (1201c-d).
35. 1996a.
36. 273b-c.
37. 1979a.
38. Comme Râ, Pharaon se purifie dans le champ des roseaux (275a-d, 918a, 920b, 1132a sq., 1245b-c) purification effectuée par les Suivants d'Horus. Selon le chapitre 479, Horus (sous plusieurs formes), Osiris et Pharaon s'y purifient (cf. aussi chap. 325) ; cette purification permet au pharaon d'être fermement établi comme Dieu (533c). Cf. aussi chap. 563, 564 et 526 (1247a-d) où il est précisé qu'Horus lui frictionne le

dos, Thot lui lave les pieds, Chou l'emmène au ciel et Nout lui donne la main ; selon le chap. 323 (519a-c), Horus frotte sa chair, Seth les pieds, Chou l'élève et Nout lui donne la main.

39. 1083a-b : *Pharaon s'est purifié dans le lac des Adoratrices, il s'est libéré dans les lacs des chacals.*
40. *Horus purifie Pharaon dans le lac du chacal* (372a). *Purifie, toi, Pharaon, rends-le brillant dans ce tien lac du chacal dans lequel tu purifies les dieux* (457a-b). Lors des rites de résurrection, Pharaon est purifié dans le lac du chacal, après qu'Anubis est venu à sa rencontre, il est encensé dans le lac de la *douat* et purifié au sommet de la fleur de lotus dans le champ des roseaux (1164c-d). *Sois pur dans le lac du chacal, sois délivré dans le lac de la douat* (2170a). *Pharaon se purifie dans le lac de la douat* (1987b).
41. 1152c.
42. *Sois pur dans la contrée de lumière, libère-toi de ton impureté dans les lacs de Chou* (208c). Cette purification s'accomplit dans le nome de l'Occident et à Héliopolis auprès d'Atoum (211c).
43. 1530d. D'après le chap. 455, canaux et rivières sont remplis par la purification issue d'Osiris (848a-b). Le pharaon peut aussi se purifier *sur la colline de terre sur laquelle Râ s'est purifié* (542a).
44. 848c-850e.
45. 1139-1140c. La purification s'opère aussi avec l'eau de jarres provenant de la tente du dieu (1365a-b) ; la déesse Satis purifie Pharaon avec quatre jarres d'Eléphantine (1116a-b). Les jarres (quatre *nemset* et quatre *âabet*) sortent du « temple de dieu » pour que le pharaon soit divin (1293b-c). Voir aussi 2012c (huit jarres *nemset*, huit *aâbet*). *Pharaon purifie la Haute-Égypte avec la jarre d'eau fraîche de Râ* (1179b-c).
46. 116a. 765b : *reçois ton natron, tu es divin* ; 1024a : *le nom de Pharaon est divin grâce au natron* ; 25a : *Osiris le roi, prends pour toi le natron (afin d') être divin.*
47. 116a-c.
48. 378b ; chap. 269, 376 sq. L'encens qu'utilisent les dieux est donné au pharaon (803d) ; il y a une formule pour le dieu du natron et une autre pour l'encens (1251a-b). Le dieu Dedoun donne parfum et encens au pharaon qui les brûle pour les dieux (1017a-b). Le parfum de Dedoun est sur le roi, il lui donne de l'encens avec lequel les dieux sont fumigés (1718a-b).
49. 2053b.
50. 563a.
51. Chap. 637.
52. Chap. 72-80.
53. 52c-53b. Sur le visage du pharaon est peint un œil d'Horus complet et intact afin qu'il puisse voir (54c). L'huile (onguent) *hatet* est au front du pharaon qui s'en délecte ; l'huile brille, et il est joyeux en son nom d'huile *hekenou* (453a-454b). L'huile appartient au roi, il s'en remplit, son parfum se joint à lui (2073a-b).
54. 26a-e. Pharaon goûte cet onguent *(semin)* devant la tente du dieu.
55. Chap. 757.
56. 19a-b.
57. 20a-d. Tout le chapitre 621 (1754) est consacré à l'œil d'Horus-parfum : *Osiris le roi, prends pour toi le parfum de l'œil d'Horus, à savoir l'œil d'Horus qu'il a diffusé au moyen du parfum de l'œil d'Horus.* Ce dernier est sur le roi et lui permet d'avoir une capacité de manifestation *(ba)*, de la puissance, de la force et d'être couronné (2074a-2077b). 1113c : *Ma sueur est la sueur d'Horus, le parfum de Pharaon est le parfum d'Horus.* Voir aussi 1241a. 730c-d : *le parfum de Pharaon est le parfum des dieux, sa sueur est celle des deux Ennéades.*
58. 1516c-d.
59. 1802a-b.

32

L'offrande

Le thème de l'offrande est omniprésent dans les *Textes des*
Pyramides, car *l'on en vit.* Toute offrande peut être l'œil 1
d'Horus, donc un regard créateur sur le monde, et c'est à Pha-
raon de faire sans cesse offrande pour maintenir un rapport
d'harmonie avec le divin et garantir la présence de Maât sur 2
terre.

Pharaon reçoit une offrande de la part de Dieu, il est 3
inondé d'offrandes divines, il est comblé grâce à elles chaque 4
jour. Devenu « le maître de l'offrande », Pharaon doit être 5, 6
celui qui donne par excellence ; il donne aux dieux leurs pains 7
d'offrande, *il donne aux grands et guide les petits.* 8, 9

Ce sont les étoiles impérissables qui régissent les offran-
des ; quand *les offrandes divines descendent, le visage des* 10
hommes est éclairé, le cœur des dieux est en joie. 11

Étant à la fois celui qui reçoit et celui qui donne, Pharaon
est aussi celui qui est vénéré et qui vénère Dieu et les dieux. 12, 13
Les dieux et les êtres de lumière vénèrent Pharaon et la
lumière divine, à laquelle il est assimilé quand elle apparaît
et monte de la contrée de lumière ; il faut souligner que *la* 14
vénérabilité (chepesou) du roi se trouve dans le ciel et que 15
c'est son trône dans le ciel qui est vénérable plus que tout
trône. 16

Si les rites quotidiens célébrés dans le temple sont l'occasion de faire offrande, les nombreuses fêtes organisées au long de l'année en sont d'autres ; lors de ces moments privilé-

giés où les divinités sont présentes sur terre grâce à l'intervention de Pharaon, l'offrande est le mode de communication et de communion privilégié. C'est pourquoi *ceux qui sont sur*
17 *terre, étant protégés par Pharaon, célèbrent ses fêtes.*

NOTES DU CHAPITRE 32

1. 2039.
2. *Pharaon donne les offrandes* (2040c), *fait une grande offrande* (880d) ; voir aussi 818a-b. Et une formule est très souvent répétée : *Offrande que donne Pharaon.*
3. 2289d.
4. 1158b.
5. 772b. 536b-c : *les porteurs des dieux apportent une offrande au pharaon.* Pharaon ordonne au « taureau des offrandes » de baisser sa corne et de le laisser passer (914a).
6. 399c. 286a : *le maître des offrandes, il te donne la main.* Et l'offrande faite par Pharaon n'est pas méconnue par le maître divin (495c).
7. 859d. 716d : *ce qui est désiré, et ce qui est donné, c'est ce que Pharaon donne.*
8. Par ex. 448b.
9. 811c.
10. 1220c.
11. 1554b. L'un des termes utilisés pour « offrande » est *hotepet*, formé sur la racine *hotep*, « être en paix, en plénitude ».
12. 1729b.
13. Par ex. 484b, 951c, 1087d, e ; le terme utilisé est *doua*, qui indique une adoration matinale.
14. 155b ; 2077a-b.
15. 395a.
16. 931c. Quand le roi est emmené au ciel, il rencontre des êtres dignes de vénération et déclare : *Vous les vénérables (chepesou) de Dieu, que Dieu aime, qui s'appuient sur leurs bâtons, gardiens de la Haute-Égypte, vêtus d'étoffes rouges, qui vivent de figues, boivent du vin et sont oints avec de l'onguent de première qualité* (815d-816c).
17. 1942c.

33

Les noms de Pharaon

Le nom est une composante spirituelle de l'être : *Pharaon*
vit au moyen de son nom qui est auprès des dieux et *ce nom* 1
se trouve dans la contrée de lumière. Vis, vis, Pharaon, lui 2
est-il dit, *en ce nom qui est tien auprès des êtres de lumière* ! 3
Le nom de Pharaon ne périra pas, il vivra et durera sur 4
terre, il sera *durable parmi les hommes et viendra à l'exis-* 5
tence parmi les dieux. Aucun mal ne doit affecter le nom du 6
roi, et personne ne doit formuler une parole négative contre 7
lui ; aussi le nom de Pharaon, élevé vers Osiris, se trouve-t-il 8, 9
à la tête des vivants. 10

Pharaon possède un « nom parfait, accompli (*nefer*) » qui
est annoncé à la lumière divine (Râ) ; ce sont les dieux des 11
quatre points cardinaux qui révèlent ce nom à Râ et l'élèvent
vers l'Horus de la contrée de lumière. Au passeur dont le rôle 12
consiste à initier Pharaon aux secrets de l'univers, ce dernier
ordonne : *Donne mon nom à Râ, annonce-le à Râ.* 13

Le nombre et l'ampleur symbolique des noms de Pharaon,
tels que les révèlent les *Textes des Pyramides*, sont impres-
sionnants. *Il apparaît en gloire comme roi de Haute et de*
Basse-Égypte, c'est-à-dire *nesou*, « celui du roseau », et *bity*, 14
« celui de l'abeille ». L'abeille produit de l'or comestible, le miel, et le roseau est utilisé pour mille et un usages domestiques : Pharaon doit nourrir son peuple et le servir. C'est en tant que « roi (*nesou*) des dieux » que Pharaon a pris posses-

15 sion des Deux Terres ; *Pharaon est grand comme un roi*
16 *(nesou), il est royal (nesouty) comme la lumière divine.*
17 Le nom de Pharaon est « Dieu » et il peut porter le nom de
18, 19, 20 plusieurs dieux : l'Engendreur, le Lointain (Horus), Sokaris,
21, 22 Andjty, « Celui qui est à la tête des Occidentaux (Osiris) », « le
23 maître d'Assiout (la ville d'Anubis) ». Il est aussi « l'œil de la
24, 25, 26 lumière divine », le cobra femelle (l'uraeus), le faucon divin
27 et le taureau.
28 D'autres noms sont des concepts : « Perfection », « Puis-
29, 30 sance vitale accomplie », « puissance de manifestation ».
31 D'autres évoquent un statut céleste : « ciel lointain », « con-
32, 33, 34 trée de lumière », « Grand soulevé », « étoile impérissable ».
Dans l'ordre du monde manifesté, Pharaon est « eau fraî-
35, 36, 37, 38 che », « terre sacrée », « grande verte », océan, (province du)
39, 40 Grand noir, « Mur des lacs amers ».
Fait essentiel, Pharaon est une construction : *c'est Horus*
41 *qui bâtit (ked) et fait vivre Pharaon*, d'où ses noms de « pyra-
42, 43, 44, 45 mide », de « temple du prince », de « chapelle », de « palais »,
46, 47 de « salle large ». Le nom de Pharaon est fondé, et il est « le
48 stable » par excellence.
49, 50 Pharaon porte aussi le nom de « barque » et d'« échelle ».

De cet ensemble, il ressort que l'être de Pharaon ne se limite pas à la sphère humaine et que sa personnalité symbolique, aussi vaste que l'univers, est une édification comparable à celle d'une œuvre sacrée, aussi colossale qu'une pyramide.

Pharaon est « le sacré » qui est prééminent, au poitrail
51 élevé, une étoile devant laquelle les dieux se courbent. En tant
52 qu'être sacré, il est amené à l'Orient. Et c'est pourquoi il est
53 le symbole sacré par excellence.

NOTES DU CHAPITRE 33

1. 1724a, 1913a. 1024a : *Son nom vit grâce au natron (seneter), il est divin (neter).*
2. 1766c. 1765c : *le temple de Pharaon se trouve parmi les possesseurs de noms.*
3. 1899a.
4. 1812c.
5. 764a.
6. 256d.
7. 1372d.
8. 16a-b. Thot empêche de nuire quiconque parle mal contre le nom de Pharaon. Aux préposés à la salle d'abattage qui lui demandent son nom, Pharaon ne le dit pas (1940a-b).
9. 658b.
10. 899b.
11. 340a.
12. 348a-c. 520a-b : Pharaon demande au gardien de porte d'Horus, au portail d'Horus, de dire son nom à Horus.
13. 597c.
14. 776a, 1795b. Pour l'apparition en gloire (*khâ*) comme roi (*nesou*), 1374a, 1638a. 1138b : *Pharaon apparaît comme roi, sa dignité est pour lui, son trône est pur.*
15. 814c.
16. 1343b.
17. 580b, 630c. 631 : « barbe divine ».
18. 650b.
19. 644e, 2047a.
20. 620c.
21. 614a.
22. 592b, 650c.
23. 630b.
24. 1734a.
25. 2047c.
26. 1783c.
27. 653d, 2047b.
28. 908a (*nefer*).
29. 582d, 647d : *ka hotep.*
30. 580a : *ba* (de la chaise à porteurs). Pharaon est « celui dont les *akhou* ont peur » (2025a).
31. 645d.
32. 621c, 585a.
33. 649a.
34. 2102a.
35. 589a.
36. 581c. 627b : « grande terre ».
37. 628c.
38. 629a.
39. 1658a.
40. 628b.
41. 450a.
42. 1657d.
43. 640b.
44. 577c, 645 : chapelle-*senout*, nom grâce auquel les dieux sont fraternels (*sen*) avec lui. 577c : chapelle-*iterty*. 648 : chapelle *per-our*.
45. 627a. 585b : « intérieur du palais ».
46. 1749a.
47. 1660a, 1661a : *roudj*.
48. 147a, 1662b : *men*, que l'on peut également traduire par « quelqu'un, untel ». Le premier pharaon, Ménès, est le pharaon anonyme par excellence d'où proviennent tous ses successeurs. Il est à la fois le fondateur et la fondation.
49. 631b.
50. 941b.
51. 537a. Pharaon est sacré sur les mains de Chou et de Tefnout, et les bras de Chou qui sont sous le ciel sont sacrés (1471b). 581c : Pharaon est plus sacré que Seth en son nom de terre sacrée (voir aussi 652b).
52. 769b.

Sur les différents sens de *djeser*, « sacré, mettre à l'écart », voir J.K. Hoffmeier, *« Sacred » in the vocabulary of Ancient Egypt*, Fribourg, 1985.

53. 407b.

34

Les qualités de Pharaon

Quelles sont les qualités dont doit être doté Pharaon pour être pleinement réel et pouvoir exercer la fonction qui lui a été assignée par la lumière et par l'univers ?

D'abord, la vie même.

Pharaon est empli de cette vie cosmique dont il est le garant et qu'il doit offrir sans compter, lui qui est un être complet (*kem*) et lumineux (*akh*). À cette cohérence de l'être s'ajoute la santé florissante (*ouadj*).

Doté d'une dignité surnaturelle (*sâh*), Pharaon dispose d'une authentique grandeur, à savoir d'une richesse d'être qui lui permet d'échapper à tout phénomène de petitesse ou de restriction.

Voyant par excellence, Pharaon crée au moyen de son regard et préserve l'harmonie par sa magie, science des forces cachées. Aussi se montre-t-il efficace et précis (*soped*) dans ses actions. Et lorsqu'il agit, il se montre « long de bras ».

Pharaon dispose de la capacité de maîtrise (*sekhem*) sur toute chose ; c'est pourquoi il possède le pouvoir fulgurant (*at*), la puissance (*pehty*), la puissance victorieuse (*nakht*), la force (*ouash*) et la capacité de manifestation (*ba*).

Long et large d'enjambées, mais aussi capable d'être « circulaire » (*chen*, *deben*), Pharaon inspire une crainte respectueuse (*shat*), « délie » les obstacles, soumet ses sujets et fonde le double pays. Étant « large de cœur », il sait être doux (*nedjem*).

Et deux listes nous apprennent que Pharaon est doté de vie, de sérénité (*hotep*), de la capacité de se renouveler, de l'accomplissement (*nefer*), du rajeunissement, de la stabilité,
2 de la force et de la cohérence.

NOTES DU CHAPITRE 34

1. Chap. 691 (2120a-2125d), 621b-c, 622a, 623c, 628b-c, 629a-b, 886b-c, 62b, 1836a, 1837c, 940b-d, 992c, 123k, 112a, 62c.

2. 8h-i, 195c.

35

La connaissance

Toute la pensée égyptienne est fondée sur la connaissance
et non sur la croyance. Elle s'incarne dans le dieu Thot qui
est « la plénitude *(hotep)* des dieux » ; *il prononce une grande* 1
et importante parole qui donne la plénitude à tous les dieux. 2

Or *Pharaon est Thot au milieu des dieux*, *Thot le plus puis-* 3, 4
sant des dieux ; *il est le grand issu du front de Thot* qui est 5, 6
lui-même le nez de Pharaon. Dans la personne de ce dieu 7
s'unissent l'intellect et la perception. Comme l'intelligence,
Thot rassemble et *il assemble Pharaon pour qu'il vive* ; ce 8, 9
dernier demande à Thot de ne pas l'ignorer : *si Thot le*
connaît, *Pharaon le connaît*, et c'est en devenant Thot que le 10
roi est un être de lumière. 11

Les bras du pharaon sont les ailes de Thot, *les plumes des* 12
ailes de Pharaon sont celles de Thot. Thot transporte Pharaon 13
sur l'extrémité de son aile, et le roi n'est pas sans barque. 14
Thot place Pharaon à l'extrémité de son aile, il prend la capa-
cité de manifestation (ba) de Pharaon, dont il fait un sym-
bole (âshem). Et si le passeur refusait de faire passer Pharaon, 15
ce dernier bondirait sur l'aile de l'ibis de Thot. On ne saurait 16
mieux dire que la pensée de Pharaon vole sur les ailes de la
connaissance.

Selon le chapitre 359, Thot transporte l'œil d'Horus sur son
aile, et Pharaon traverse sur cette aile vers le côté oriental du
ciel ; le dieu parle contre Seth à propos de l'œil d'Horus et *il* 17

18 *place les dieux sous Pharaon qui est sain et juste.* En compa-
19 gnie d'Horus, Thot engendre « le grand trône de Pharaon ».

Outre la fonction divine de Thot, d'autres types de connaissance sont pratiquées par Pharaon. Il connaît *(rekh)* l'essentiel, à savoir le nom de son père céleste : « l'Éternel, maître de
20 l'année ». Les Égyptiens n'étaient pas esclaves d'un système temporel du type « 2000 avant ou après Jésus-Christ », puisqu'ils ne dataient pas l'apparition du sacré et sacralisaient le temps par les fêtes et les rites. L'année, avec ses cycles naturels, leur offrait l'image de l'éternité, et le temps renaissait avec chaque couronnement de Pharaon. On parlait donc de l'an un de Thoutmosis, de l'an trois de Ramsès, etc. sans aucune fixation chronologique qui est une véritable prison pour la pensée.

21 Le roi est emmené au ciel vers ceux qui connaissent Dieu, il fait partie de « ceux qui connaissent », et c'est pourquoi la
22 lumière divine (Râ) le connaît.

Celui qui connaît les paroles de la lumière divine (Râ),
Et qui accomplit les formules magiques de l'Horus de la contrée de lumière,
Il est celui qui connaît la lumière divine,
Il est l'ami de l'Horus de la contrée de lumière.
Pharaon la connaît, cette parole de la lumière divine,
Pharaon les récite, ces formules magiques de l'Horus de la contrée de lumière,
Pharaon est continuellement un connaissant de la lumière divine,
Pharaon est continuellement un ami de l'Horus de la
23 *contrée de lumière.*

Connaissance et lumière sont indissociables, et cette connaissance est d'origine céleste. Dans le chapitre 262, Pharaon proclame son arrivée au ciel et il exige de plusieurs dieux (Râ, Thot, Horus-Soped, Celui qui est dans la *douat* (Osiris), le taureau du ciel) : *N'ignore pas Pharaon, dieu ! Si tu le*
24 *connais, il te connaît.* Et dans « les villes de la connaissan-
25 ce », Pharaon rencontre les êtres de lumière.

Sia est un autre mode de pensée fondamental ; ce terme évoque la connaissance intuitive, directe, qui mène à la

sagesse et « s'accomplit auprès des dieux ». C'est de cette 26
manière que la lumière divine (Râ) et la puissance vitale *(ka)* 27, 28
connaissent Pharaon, lequel *avale la connaissance intuitive*
de chaque dieu et *se nourrit des poumons des sages*, les 29, 30
termes « connaissance intuitive » et « sagesse » étant intime-
ment liés. Possesseur de la connaissance intuitive en tant
qu'être de lumière, *Pharaon est un sage (saa) dont parlent* 31
les dieux, qui prend sa place au sommet du ciel, à l'endroit
où il apaisé (hotep) de cœur. C'est grâce à la connaissance 32
intuitive que Pharaon exerce sa capacité de maîtrise et gou- 33
verne avec sagesse. L'œil d'Horus connaît Pharaon, et c'est en 34, 35
prenant cet œil que le roi acquiert la sagesse qui consiste à 36
voir, donc à créer.

La connaissance intuitive a été établie solidement aux
pieds du roi et, tout en étant derrière lui, elle se trouve « à la 37
tête du temple ». Quand il monte au ciel, Pharaon porte « le 38
vêtement de connaissance *(siat)* ». 39

Le chapitre 250, qui n'est gravé que dans la pyramide d'Ounas, est consacré à la connaissance et à la sagesse :

Paroles à dire :

Pharaon est celui qui domine les puissances vitales (kaou),

Celui qui unit les cœurs.

(Ainsi) parle celui qui, étant grand, est en charge du livre de la sagesse et porte le livre de Dieu, à savoir la connaissance intuitive qui est à la droite de la lumière divine.

Pharaon est venu vers son trône qui domine les puissances vitales,

Pharaon unit les cœurs,

Ô vous qui, étant grands, êtes en charge de la sagesse.

Pharaon est venu à l'existence en tant que connaissance intuitive, porteur du livre de Dieu, à la droite de la lumière divine.

Vous qui êtes protégés par la main de Pharaon,

C'est Pharaon qui formule ce qui se trouve dans le cœur de la Grande (le ciel) lors de la fête des étoffes rouges.

Ô ce pharaon, ô ce pharaon, connaissance intuitive qui

est à la droite de la lumière divine, au cœur altier, qui est à la tête de la caverne de l'énergie primordiale !

Dans ce processus de connaissance, rien n'est figé, rien n'est dogmatique. Le livre de Dieu n'est pas un écrit rédigé une fois pour toutes et présenté comme une vérité définitive et absolue, mais une faculté de perception, la connaissance intuitive, liée à la lumière et à l'intelligence, « l'union des cœurs », qui repose sur une sensibilité au divin. Et cette connaissance doit être formulée lors d'une fête pour que les puissances vitales s'expriment et que la sagesse se concrétise.

NOTES DU CHAPITRE 35

1. 1465b.
2. 1523a.
3. 1914b.
4. 1725c.
5. 1237c. Thot a autorité sur la déesse Ciel (2150c).
6. 2266a. Selon 1962b, Pharaon renaît dans le nid de Thot, dans le champ du tamaris.
7. 1305c.
8. 639b.
9. 830a. Thot lui donne l'œil d'Horus.
10. 329a.
11. 796c : *Tu sors à la voix d'Anubis qui te rend lumineux (akh) en tant que Thot.*
12. 1999c, 2247a.
13. 1235b.
14. 1429b-d.
15. 1377a-b.
16. 387a-b.
17. 596a-c. Pharaon est Thot qui protège l'œil (2213d).
18. 1658b. Selon le chap. 372, Horus a fait que Thot amène Seth au pharaon pour qu'il s'installe sur son dos. Thot, en rapport avec la couronne *misout*, implante un obstacle contre Seth qui voudrait nuire à Pharaon (1927d-e). Armé d'un couteau, Thot coupe les têtes et les cœurs des ennemis d'Osiris (962a-963a). Il n'a pas de pitié envers quiconque hait le père (Osiris) (1336a). D'après les chap. 23-24, il identifie ceux qui détestent Pharaon et prononcent de mauvaises paroles à son encontre, il s'empare d'eux et les éloigne ; il se hâte pour écarter de Pharaon tout être dangereux. Seule la connaissance peut écarter le mal et la destruction.
19. 1153b.
20. 449a.
21. 815d, N 55.
22. 495b. Voir aussi 772a.
23. 855a-856d.
24. 327a. Mais *Pharaon est le fils de celui qui est inconnu* (515c).
25. 755c.
26. 737c.
27. 495a.
28. 1614c.
29. 411d.
30. 410b.
31. 806b.
32. 854b-c. 258a : *Salut à toi, le sage !* 394c : *Pharaon est le maître de sagesse (?, sabout) dont la mère ignore le nom.*
33. 300c.
34. 1776. D'après 2127g, il juge sagement Horus qui est dans sa demeure.
35. 1614b.
36. Nt 303 = 41b. Pharaon connaît également de manière intuitive « l'uraeus qui est dans la barque du jour » (335c).
37. 307b.
38. 1371a.
39. 2044a. Transcendance et immanence sont évoquées dans ce passage :

Monte et descends. Monte avec la lumière divine (Râ), plonge dans l'obscurité avec Nedi.

Monte et descends. Monte avec la lumière divine, apparais à l'aube avec le grand flotteur.

Monte et descends. Descends avec la souveraine du temple (Nephtys), plonge dans l'obscurité avec la barque de la nuit.

Monte et descends. Monte avec Isis, apparais à l'aube avec la barque du jour (209a-210c).

40. 267a-268d. Il est probable que le verbe *ip* implique une autre forme de connaissance. Pharaon est (re)connu par les dieux (par ex.

Horus, 587a, 589a : *Horus te reconnaît, (car) Horus t'aime* (609b) ; *Horus vient pour reconnaître Osiris* (1335a). Anubis compte (*ip*) les cœurs, compte (*ip*) Osiris avec les dieux qui sont sur terre pour le remettre aux dieux qui sont au ciel (1523c). Pharaon est reconnu (*ip*) par son trône (602a) et la déesse Ciel reconnaît Pharaon apte à vivre (823e). Si le thème de la connaissance est abondamment illustré, celui de la mémoire est peu abordé ; aux entités célestes, il est cependant demandé : *Souvenez-vous de lui, de ce pharaon* (150c).

36

La science des nombres

Les nombres ne sont pas des chiffres. Si l'une des épreuves
subies par Pharaon pour vivre une vie en éternité consiste à
compter sur ses doigts, c'est qu'il doit prouver sa connais- 1
sance des neuf nombres créateurs qui, après s'être déployés,
reviennent dans l'unité.

Pharaon est le *Un du ciel, celui qui est sur son unité.* Le 2, 3
passeur emmène Pharaon *vers le Un qui a pouvoir sur la*
double couronne (le Un s'accomplit dans le Deux qui ne le 4
trahit pas) et, lorsque le Un vient dans le pharaon, les dieux
font silence devant lui. *Pharaon est le Un de cette grande cor-* 5
poration née auparavant dans Héliopolis, à savoir l'Ennéa- 6
de ; le Un du pharaon et le Neuf de cette corporation créatrice
forment le dix, retour à l'unité incarnée par Atoum.

Quand Atoum se manifeste, il devient Deux et formule le
couple créateur primordial : *le Principe crache l'air lumineux*
(Chou), il expectore le feu créateur (Tefnout), et il place ses
bras derrière eux comme l'action de l'énergie vitale (ka). Ces 7
jumeaux métaphysiques peuvent également naître de la mas-
turbation d'Atoum, c'est-à-dire de la substance intime du Prin-
cipe, et ce sont eux qui *créent (ir), engendrent (outetch) et*
rendent fermes (semen) les dieux qui placent Pharaon entre 8
eux et l'installent à la tête du champ de l'offrande. Tefnout est 9
liée à Maât, éternelle harmonie présidant à toute création.

Dieu est né de l'action (litt. sur les bras) de l'air lumineux
(Chou) et du feu créateur (Tefnout), Pharaon est sacré sur 10

11 *les mains de l'air lumineux et du feu créateur* qui sont son
12 père et sa mère, et l'emmènent au ciel. Ces « deux grands
13 dieux d'Héliopolis » convoient Pharaon en barque, le guident
14 lorsqu'il sort d'Héliopolis, Chou derrière lui et Tefnout devant
15 lui. C'est donc le feu créateur qui précède l'action de Pharaon,
et l'air lumineux qui la dynamise en la protégeant. Tefnout
16 empoigne (*khefâ*) Pharaon, Chou l'empoigne (*amem*), et la
dualité créatrice ne s'écarte pas de Pharaon qui se nourrit de
sa puissance : *Pharaon n'aura pas soif grâce à Chou, il
n'aura pas faim grâce à Tefnout. Il vit de ce dont vit Chou,*
17 *il mange ce que mange Tefnout.*

18 *Trois pour le ciel, Deux pour la terre*, affirment les *Textes
des Pyramides* qui révèlent l'identité de ce Trois : Pharaon.

19 *Pharaon est le troisième lorsqu'il apparaît, Pharaon est*
20 *votre troisième dans Héliopolis, Pharaon est le troisième de
ceux qui protègent le Grand, celui qui se tient à la jonction*
21 *des Deux Terres. Il est le Trois de l'air lumineux (Chou).*

Troisième terme, médiateur entre les dieux qui « fonctionnent » par couples ou par paires, point de jonction entre le ciel et la terre, Pharaon rend perceptible, par le Trois, l'univers de l'abstrait et de la conception divine ; le terme égyptien *khemet*, « trois », ne signifie-t-il pas aussi « penser » ?

Pharaon possède aussi la maîtrise des autres nombres et
22 leur est même identifié ; mais celui sur lequel insistent parti-
culièrement les *Textes des Pyramides* est le Neuf, à travers la
symbolique de l'Ennéade.

L'Ennéade est une confrérie de neuf divinités créatrices ; il
existe une grande et une petite Ennéade, et sont même évo-
23 quées « sept Ennéades qui obéissent à Pharaon ». Étant donné
que c'est le Nombre qui compte, et non le chiffre, l'Ennéade peut d'ailleurs comprendre plus de neuf divinités. Les *Textes des Pyramides* révèlent les noms des membres de l'Ennéade de référence, « la grande Ennéade d'Héliopolis » : Atoum (le créateur), Chou (l'air lumineux), Tefnout (le feu créateur), Geb (le dieu Terre), Nout (la déesse Ciel), Osiris (le maître de la résurrection), Isis (la grande magicienne victorieuse de la mort), Seth (le feu cosmique et le perturbateur), Nephtys (la souveraine du temple).

À ces « enfants du Principe » (Atoum), il est demandé
d'étendre (pedj) leur cœur en leur nom de neuf arcs (pedjet). 24

À la tête des deux Ennéades, comme de toute Ennéade, il
y a le créateur (Atoum), la lumière divine (Râ) et son repré-
sentant, Pharaon. Le Principe a également placé le dieu Terre, 25
Geb, à la tête de l'Ennéade pour qu'il la préside et qu'il dirige 26, 27
cette corporation divine ; or *Pharaon est apparu comme Geb* 28
qui est à la tête de l'Ennéade, et *Geb a donné son héritage au* 29
pharaon en présence de la grande Ennéade, alors que les
deux Ennéades, grandes et puissantes, sont à la tête des
Âmes d'Héliopolis. 30

L'Ennéade donne l'héritage au pharaon et la grande 31
Ennéade d'Héliopolis l'assigne à son grand trône sur lequel il
s'assoit, à la tête de l'Ennéade. Devant elle, il est couronné et 32
vêtu de l'œil d'Horus, et il prend possession de cette couronne 33
pour siéger à la tête des deux Ennéades et marquer sa préémi- 34
nence. C'est la capacité de manifestation du roi, son *ba*, qui 35
remplit cette fonction. Il exerce son pouvoir sur l'Ennéade, la 36
gouverne et la pourvoit. 37 38

Le roi trouve les deux Ennéades qui posent leurs mains sur
lui ; il s'assied parmi les membres de la corporation pour juger
(litt. séparer les paroles) et donner des ordres, car il est 39
reconnu par elles comme le magistrat suprême. 40

C'est l'Ennéade qui met Pharaon au monde : *Pharaon est* 41
un grand (âa) sorti d'entre les cuisses de l'Ennéade qui 42
prend soin de lui, crée sa dignité et *place sous lui son* 43, 44
ennemi. La grande Ennéade d'Héliopolis fonde solidement le 45
nom du pharaon, son œuvre (kat), sa pyramide, comme elle
fait durer le nom d'Atoum qui est à la tête de la grande
Ennéade. 46

L'Ennéade parle et constate que Pharaon est un faucon qui 47
a la capacité de saisir, de posséder un pouvoir de manifesta-
tion (*ba*) et la puissance. *C'est à toi qu'appartient tout ce dont* 48
parlent les deux Ennéades, est-il proclamé ; dans leur bouche, 49
il y a les louanges de Pharaon. Et *l'Ennéade met ses mains* 50
sur sa bouche, donc se tait devant le Un qui est en Pharaon. 51

Pour que Pharaon puisse parler à la grande Ennéade, Horus
doit lui avoir ouvert la bouche et les yeux ; le roi s'identifie 52

au verbe et à la substance même de la corporation divine : *les*
53 *lèvres de Pharaon sont les deux Ennéades, la sueur de Pha-*
54 *raon est la sueur des deux Ennéades qui sont purifiées pour*
55 *Pharaon dans la Grande Ourse, l'impérissable.* Lorsque Pha-
raon est lui-même purifié, la lumière divine apparaît en gloire,
56 et l'Ennéade (*pesedjet*) brille (*pesedj*).

57 C'est *Horus qui crée l'Ennéade pour Osiris* dont les deux
58 Ennéades soulèvent la tête, dans un geste de résurrection. Les
deux Ennéades se réjouissent de rencontrer le roi-Osiris qui
59 vient en paix vers elles : « Ô mon père Osiris le roi », disent-
elles, « notre frère vient vers nous. » Elles ajoutent : « L'un de
nous vient vers nous, le fils aîné de son père vient, le premier-
60 né de sa mère. Lève-toi, tu es vivant. »

61 Pharaon est équipé comme les deux Ennéades qui possè-
dent une barque dans laquelle le roi convoie la lumière divine
62 vers l'Occident. Pharaon manie lui-même la rame dans l'équi-
63 page des deux Ennéades et peut s'asseoir à la proue. Elles
emmènent le monarque, « possesseur de vénérabilité
64 (*imakh*) » au « champ de l'offrande » et lui donnent de l'eau
65 66 alors que Pharaon les contente avec du pain ; et lorsqu'il des-
cend dans le ciel liquide avec les deux Ennéades, il est leur
67 fil à plomb.

Cette connaissance des Nombres fait de Pharaon l'être qui
connaît le multiple sans lui être soumis ; aussi l'offrande
accordée au roi consiste-t-elle en « un millier de pains, de
bière, de bœufs, de volailles, d'étoffes et de toutes choses dou-
68, 69 ces », et peut-il *s'asseoir sur le trône du maître de la totalité.*

NOTES DU CHAPITRE 36

1. 600c : *Pharaon est destiné au comptage (tchenou) des doigts.*
2. 2041.
3. 309e.
4. 1381b.
5. 254a-c. 853a, 854b. 2138e : *Salut à toi, le Un qui dure chaque jour ; salut à toi, le Un dont parle son père.*
6. 1041b.
7. 1652c-1653a.
8. 447b.
9. 1248d-1249b.
10. 1443b.
11. 1353c.
12. 2053a. Il est dit à Nout : *Ton père Chou est connaissant du fait que tu aimes continuellement Pharaon plus que ta mère Tefnout* (5d). *Le phallus de Chou et le vagin de Tefnout créent les eaux pures qui embrassent les pieds du pharaon* (2065b).
13. 1985b-c.
14. 2099b : « Serpent vénéré » sur son sceptre (*djâm*) que supporte Chou, Tefnout « rend large » la place de Pharaon dans diverses localités sacrées.
15. 1066a-b.
16. 1739b. Tefnout élève la terre sous le ciel avec ses mains, prend les mains de Râ, prend la main du pharaon (1405a-b, 990b).
17. 552a, 553a-d. Il existe bien d'autres formes de dualité : les couronnes de Haute et de Basse-Égypte, Horus et Seth, etc. Sur la dualité dans la pensée égyptienne, voir *LdÄ* I, 1148-1150 ; H. Frankfort, *La royauté et les dieux*, pp. 44-50 ; G. Thausing, *Uber das dualistiche Denken im alten Agypten* in *WZKM* 62, 22-9 et les études d'E. Otto.
18. 2156c.
19. 514e (entre Horus et Seth).
20. 363f (de Râ et d'Horus de la contrée de lumière ?).
21. 2268a-b. 1424a-1426a : *Pharaon est le troisième* ou : *il a fait le troisième des deux qui sont avec lui, l'un derrière, l'autre devant.* 2068b : *Votre troisième est celui qui ordonne l'offrande. La troisième de Pharaon est Sothis, aux sièges purs* (1082d, 822a).
22. Pharaon est « le quatrième » (1457a) et « le cinquième » (2269a) des corps stellaires formant la communauté des étoiles impérissables. *Pharaon est le quatrième de ces quatre dieux qui sortent du front de Geb* (2268d) ; voir aussi 1510a sq. Il est « le huitième » (2270b).
23. 511c.
24. 1655c. Les « neuf arcs » symbolisent les ennemis de Pharaon qu'il place sous ses sandales pour les empêcher de nuire. Ici, « les neuf arcs » de l'Ennéade sont les serviteurs et les agents agissants du divin.
25. 1660c, 1906f, 483b, 1694c. Le dieu Min est également *à la tête de la corporation de l'Ennéade* (1928d), et *Pharaon se dresse comme Min* (1948a).
26. 1645a.
27. 1834b.
28. 1919c.
29. 2103d ; voir aussi 255b.
30. 2c, 1689a-c.
31. 1815a-b.
32. 895b-c.
33. 845c. Il s'agit de « la très grande couronne » (*oureret*).
34. 371b, 1651e-f.
35. 1405d, 991a. 770d : *Pharaon est à la tête de la grande Ennéade qui est*

dans Héliopolis; 1933a-b : *Tu trouves les deux Ennéades assises et tu t'assois avec elles*; *les deux Ennéades d'Atoum servent le pharaon* (304e), viennent courbées vers lui (1993a) et tremblent devant lui (1710c, 537b).

36. 902a, en comprenant *baou* comme la totalité du *ba* de Pharaon.

37. *Sekhem*, 513c. Selon 1714b, les deux Ennéades se trouvent entre les deux sceptres (*sekhem*).

38. 202b, 1934c.

39. 1093a-e.

40. 1127a-c ; 2267b.

41. 258.

42. 262a, 2206b. 1087c : des deux Ennéades.

43. 1628a.

44. 2020b.

45. 626c-d.

46. 1660a-c.

47. Il existe aussi un « taureau des deux Ennéades » (2105a) qui ouvre la route de Pharaon (2248d-2249a) et entend la parole divine (1238c).

48. 162b, c.

49. 1489b.

50. 1449b-c.

51. 254b.

52. 14c.

53. 1100a.

54. 730d.

55. 458b-c.

56. 370a.

57. 1982b.

58. 1262a, 819b. Elles épaulent Pharaon s'il descend dans l'eau et dans la terre (1044b, 1045b), supportent (*remen*) Pharaon (1750b).

59. 2170b.

60. 1696a-1700.

61. 1373b.

62. 906c-d.

63. 2125b-d, 1573a-c. Un être nommé Sountchou traverse le ciel neuf fois pendant la nuit. C'est un passeur qui prend la main du roi alors que ce dernier vogue dans la barque du dieu en compagnie de l'Ennéade à la tête de laquelle il se trouve (chap. 528, 1250a-1251d).

64. 1203d-e.

65. 1063b.

66. 1116-1117b : *Pharaon est venu vers l'Ennéade, vers le ciel, pour la satisfaire avec son pain*; et il agit de même vers la terre.

67. 1196a-b.

68. 773a-b.

69. 305a.

37

La connaissance magique

(HEKA)

On traduit souvent par « magie » le concept égyptien *heka*
qui est l'un des modes de connaissance de l'invisible et de
l'abstrait. Son rôle consiste à équiper Pharaon pour qu'il réus-
sisse à monter au ciel, et cette magie connaissante des lois
secrètes de l'univers peut se trouver à ses pieds, à ses côtés 1, 2
ou dans son ventre. *Pharaon se réjouit quand la magie des* 3
dieux est dans son ventre, car ce dynamisme passe de leur 4
être au sien ; *le roi mange* d'ailleurs *la magie des dieux* et en
est fort aise. 5

Cette connaissance magique est un formidable pouvoir de
formulation : *Ô dieux, ce n'est pas Pharaon qui vous donne
la formule (pour monter au ciel),*

C'est la connaissance magique qui vous la donne ; 6

*Pharaon récite les formules magiques de l'Horus de la
contrée de lumière.* 7

Pharaon est un magicien, il possède la magie qu'il octroie 8
et distribue aux dieux, mais pas à toutes les entités célestes. 9, 10
Il est demandé aux scribes de l'au-delà de ne pas s'occuper
de la magie qui est dans la main du roi, de ne pas lui réclamer
cette magie, car ils possèdent leur propre magie et le
monarque la sienne. Ainsi, il ne brisera pas leur matériel
d'écriture. 11

Ce *heka* qui, selon *l'Enseignement pour Merikarê*, sert à
parer les mauvais coups du destin, est à la fois une science
de l'invisible et une capacité personnelle d'y accéder et d'être

en relation avec lui. Les êtres font preuve de plus ou moins
de « magie », et il existe une « Grande de magie », à la fois
œil d'Horus et couronne dont Pharaon reçoit les pouvoirs.

La Grande de magie est la couronne rouge de Basse-Égypte,
12 un serpent de feu qui réside dans le naos (la contrée de
lumière) dont Pharaon ouvre les portes ; elle le met au monde
13, 14 et elle l'orne. Et sa magie est décisive en faveur de Pharaon :
Ô Pharaon, Horus a fait que ta magie soit grande en ton
15 *nom de Grand de magie* ; *l'œil d'Horus est à ton front en tant*
16 *que Grande de magie* ; *l'œil est sorti de ta tête comme la*
17 *Grande de magie de Haute-Égypte* (la couronne).

Cette Grande magicienne, le serpent-couronne, équivaut
18 donc à l'œil d'Horus, et donne au pharaon un regard créateur ;
c'est d'ailleurs avec « l'herminette du temple de dieu », à
savoir la Grande de magie, qu'Horus ouvre les yeux de Pha-
19 raon lors de la résurrection. Et c'est identifié à Seth, donc
maître de la redoutable puissance cosmique, que le roi est
20 pourvu de la Grande de magie.

La connaissance magique de Pharaon se présente comme
une ouverture du regard aux réalités les plus cachées ; et ses
yeux, ce sont ses couronnes.

NOTES DU CHAPITRE 37

1. 477a, 940a, 1472c.
2. 992c.
3. 1318c.
4. 411b. On pourrait songer au *hara* de la tradition japonaise (voir l'étude de Dürckheim).
5. 397b, 403, 410c. Le roi est rafraîchi (?) et rendu sain au moyen de la magie (521c).
6. 1324a-b. 1324c : *Pharaon est lié à la pointe (?) inférieure de la magie.*
7. 856b.
8. 924b.
9. 512d.
10. 506a.
11. Chap. 678, 2029a-2030c.
12. 194b. Les deux « grandes de magie » sont les yeux sortis de la tête de Geb pour devenir les deux couronnes (1624b-c).
13. 198b.
14. Chap. 755.
15. 1825.
16. 1795a.
17. 1832b.
18. Chap. 749.
19. 2221a.
20. 204a. Horus et Seth possèdent une Grande de magie, une couronne dont Nout prend possession (823b-c), le ciel restant maître de cette force. Voir H. te Velde, *The God Heka in Egyptian Theology*, *JEOL* 21, 1970, 175-186.

38

Maîtrise et puissance

Le concept égyptien *sekhem*, qui s'écrit avec un sceptre, 1
signifie « avoir la maîtrise de », « exercer un pouvoir (parce
qu'on possède la maîtrise nécessaire) », « détenir la puissance
(que l'on peut maîtriser et qui rend maître) ». Il s'agit d'une
qualité divine à laquelle les *Textes des Pyramides* consacrent
de nombreux passages. Les dieux possèdent cette puissance, 2
et il est précisé :

*La puissance est pour toi, déesse Ciel (Nout), dans le
ventre de ta mère, le feu créateur (Tefnout), alors que tu n'as
pas été mise au monde.* 3

« Puissante de cœur », c'est la déesse Ciel qui parachève la 4
Puissance, rappelant ainsi que cette dernière est de nature 5
céleste.

C'est l'Ennéade qui reconnaît que cette capacité de maîtrise
et cette puissance ont été accordées au pharaon et qu'il les
possède ; *il est le grand puissant, puissant parmi les puis-* 6
sances, le dieu Puissance qui réclame sa place, le nez du 7, 8
grand Puissant (sa faculté de perception), *et sa puissance* 9
vitale (ka) est puissante. Sa maîtrise est celle d'un dieu, sa 10
*maîtrise est derrière lui ; vient vers lui sa puissance qui est
parmi les êtres de lumière.* 11

Comment Pharaon a-t-il obtenu une telle capacité de maî-
trise et de puissance ? *Il l'exerce grâce à la connaissance
intuitive (sia), et elle a été rendue lumineuse pour sa capa-* 12
cité de manifestation (ba). Autre moyen : *Pharaon acquiert* 13

14 *la puissance grâce à la parole grande et parfaite.* Et s'ajou-
tent à la connaissance intuitive et au verbe, l'œil de Seth
15 qu'Horus donne au roi, ainsi que l'intervention d'Horus et de
16 toutes les divinités.

17 « Dieu puissant » *établi à la tête de la Puissance des puis-*
18, 19 *sances, Pharaon exerce le pouvoir à la tête des pouvoirs*, il a
20 pouvoir sur tous les dieux et leurs puissances vitales, sur « les
dieux qui furent auparavant », sur l'Ennéade, sur les terres du
21 Sud et du Nord. *Ce sont les dieux de la contrée de lumière*
22 *qui font que Pharaon exerce le pouvoir parmi les dieux* ; il a
davantage de puissance que les dieux de Haute-Égypte et
leurs émanations lumineuses *(akhou)* quand il est identifié à
Seth, et davantage de puissance que les dieux de Basse-Égypte
23 et leurs émanations lumineuses quand il est identifié à Horus.
Pharaon est *puissance et Grande puissance à la tête des êtres*
24, 25 *de lumière*, et *son pouvoir qui se trouve parmi eux est pur.*
26 Le pouvoir qu'il exerce est également « à la tête des vivants ».

27, 28 S'il manifeste sa puissance sur son trône et dans le ciel, il
faut noter que, comme Dieu, Pharaon a la maîtrise de son
29, 30 corps *(djet)* et de sa tête ; la puissance se trouve à l'intérieur
31, 32 du roi, et il a la maîtrise des puissances qui sont en lui.

33 Pharaon assume le pouvoir pour l'éternité : *sois durable*
34 *éternellement à la tête des puissances*, lui est-il dit.

« Les deux Puissantes » sont les couronnes qui élèvent les
35 parties découpées du corps du roi lors de la résurrection ;
« les deux Puissances » sont deux sceptres cosmiques entre
36 lesquels se trouvent le Principe (Atoum) et les deux Ennéa-
37 des ; par rapport à eux, le rôle de Pharaon est ainsi souligné :
Tu juges les dieux, tu établis des bornes aux étendues célestes
qui sont entre les deux Puissances, en tant que celui qui a
38 *été rendu lumineux (akh), comme Anubis l'a ordonné.*

Est apportée une précision importante sur les lieux d'ori-
gine de la puissance, au nombre de deux. D'abord Héliopolis,
la cité du Principe (Atoum) et de la lumière divine (Râ) :
39 *Prends ton pouvoir dans Héliopolis* ; *Pharaon est la Grande*
40 *puissance, dans le tribunal, dans Héliopolis.* Ensuite, Aby-
dos, citée sacrée d'Osiris, où est célébré le mystère de la
41 résurrection : *la puissance se trouve dans Abydos.* Il est

ajouté : *Les puissances s'éveillent (nehes) quand le Grand,
Pharaon et les dieux s'éveillent (res) ; c'est Osiris qui est à
leur tête.* 42

Si la puissance *sekhem* est, de loin, la plus citée dans les
Textes des Pyramides, il en existe une autre symbolisée par
un sceptre à tête de Seth, la puissance *ouas* (d'où le nom de
Thèbes, *Ouaset*, « la Puissante »). Le sceptre Puissance est
précisément celui sur lequel s'appuie Pharaon ; c'est Horus 43
*qui a tendu le sceptre Puissance à Osiris en présence des
dieux occidentaux*, et la force qu'il contient a été donnée au 44
pharaon « par la main d'Horus qui se pose sur lui », ainsi que 45
par les Âmes d'Héliopolis. Grâce à cette puissance *ouas*, Pha- 46
raon peut soutenir le ciel et soulever la terre. 47, 48

La puissance *ouser*, qui évoque la richesse des forces dont
dispose Pharaon, s'écrit avec une tête de chacal ; elle se
trouve dans la contrée de lumière et elle est, en réalité, le 49
regard créateur du roi : *la force de Pharaon est son œil.* Même 50
thématique pour *nakht*, « la puissance victorieuse » : *la force
triomphante de Pharaon est son œil, l'œil d'Horus* ; c'est 51, 52
grâce à elle qu'il peut se dresser et se tenir debout. Puissance 53
violente de l'œil d'Horus rouge, le pouvoir *at* est sur la tête de 54
Pharaon quand il monte au ciel. Et il possède la force *(pehty)* 55
formidable de Seth qui est aussi celle d'Osiris ressuscité. Elle 56
est alors plus grande que celle de Seth. 57

NOTES DU CHAPITRE 38

1. 1520a : *Osiris apparaît en gloire, le sceptre puissance* est pur (1520a).
2. Par ex. Horus, Seth, Osiris, Geb : 144b, c ; 1334b. C'est Geb qui a pouvoir sur tous les dieux et leurs puissances vitales (1624), de même que Nout sous forme d'abeille (824a) ; ainsi est soulignée la puissance du couple divin Ciel-Terre. Il existe un dieu « Chargé *(denes)* de puissance » (2085a).
3. 779b.
4. 780a.
5. 782a.
6. Chap. 457, 162c. 515b : *Les pouvoirs apparaissent en gloire, ils ennoblissent Pharaon en tant que Bay* (Celui qui se manifeste ?).
7. 407a.
8. 2247d.
9. 265a.
10. 2203a.
11. 752b, 753b, 758b ; pour la puissance qui est derrière Pharaon, voir aussi 2098d.
12. 300c.
13. 789a.
14. 1559a.
15. 579a.
16. 1824e-1 : *Pharaon exerce sa puissance en Haute et en Basse-Égypte comme Horus, grâce auquel il exerce la puissance. Pharaon exerce sa puissance grâce aux fils d'Horus, grâce aux dieux de Haute et de Basse-Égypte.* Quand il danse la danse du pygmée, le roi déploie une puissance qui renforce le cœur de Dieu (1189d).
17. 619a.
18. 1364d.
19. 899c ; *Pharaon-Horus est à la tête des pouvoirs* (1294b) ; 2110b : *Gouverne les dieux comme Pouvoir divin à la tête des pouvoirs.*
20. 620a, 776b.
21. 513c.
22. 880d. Pharaon a pouvoir sur la contrée de lumière et sur les dieux (853b-c).
23. 204c, 206c.
24. 1724c, 1725b, 2096d, 1899d, 1914a.
25. 839b.
26. 833b, 869, 903b.
27. 306e.
28. 2041 (le ciel *nenet*).
29. 2096b ; 211a, 1300c, 2064b, 2092b.
30. 274a.
31. 1364c.
32. 2011c.
33. 621c.
34. 1369d.
35. 805c.
36. 1241c.
37. 1714b.
38. 797a-b.
39. 260c.
40. 1319a.
41. 754c. Osiris est « la puissance divine qui réside dans la grande cité » (2108b).
42. 894d, 895d.
43. 1456.
44. 1980b-c.
45. 1036a.
46. 1289b.
47. 1156d.
48. 1529a.
49. 395a.
50. 320b. 290a : *Pharaon a la puissance de l'œil de Tebi* (forme du soleil). Pharaon peut ôter cette puissance aux dieux, voire la détruire (512c).
51. 320b.
52. 301c. 290b : Pharaon dispose de la force victorieuse de l'œil de Tebi.

53. 2112b.
54. 253b.
55. 940b. Horus a ce pouvoir *at* sur lui (973a), et « le pouvoir *(at)* dangereux du grand lac épargne Pharaon » (334a).
56. 1145b.
57. 1632b.

39

La puissance vitale

(KA)

Le thème du *ka* occupe une place importante dans les *Textes des Pyramides*. Le mot s'écrit avec deux bras levés vers le ciel, en signe de vénération, et il est synonyme de *ka*, « le taureau », l'animal le plus puissant de la création du point de vue égyptien. Pour imparfaite qu'elle soit, la traduction « puissance vitale » nous paraît être la plus synthétique. Le *ka* est une puissance surnaturelle, mais elle peut se fixer dans la nature ; ainsi, consommer un aliment sain donne du *ka*, de l'énergie et de la vitalité, alors qu'un aliment pollué en est dépourvu. L'être le plus riche en *ka* est Pharaon ; lors de sa naissance, un *ka* royal est façonné en même temps que lui, et il n'est soumis ni à la mort ni aux vicissitudes humaines. Lorsqu'on parle de « divinisation royale », de « culte royal », ce n'est pas l'individu en charge temporaire de la fonction pharaonique qui est vénéré, mais son *ka*, son être abstrait, symbolique et immortel.

Sur ce concept comme sur tant d'autres, les *Textes des Pyramides* procurent des indications fondamentales. Le *ka*
est destiné au ciel, et il y monte ; les puissances vitales s'y 1, 2
trouvent. C'est Horus, « le lointain », incarnation de l'espace 3
céleste, qui emmène le *ka* au ciel, et il est dit à Pharaon : 4
Horus n'est pas loin de toi, tu es son ka, Horus a pris soin 5
de toi, tu es devenu son ka ; et c'est en agissant pour sa puis- 6
sance vitale qui est incarnée par Pharaon que le dieu céleste
a pris soin de lui. C'est Horus qui conduit le *ka* du roi de son 7

8 corps vers le grand temple, et les deux *ka* de Pharaon sont
9, 10 les yeux d'Horus. Le roi est également le *ka* de Seth, lorsque
ce dernier est ligoté par Horus ; autrement dit, sa formidable
puissance vitale n'est plus dangereuse, mais assimilable.

Destiné au ciel, le *ka* est une faculté transcendante ; c'est
la lumière qui fait monter la puissance vitale du pharaon
11 *vers le pharaon, vers lui, à son côté.* Le *ka* de Pharaon est
12, 13, 14 élevé vers Dieu et derrière le roi qui élève lui-même son *ka*,
15, 16 lequel se tient parmi les dieux et protège le Dieu grand. Pha-
17 raon domine les puissances vitales et exerce son pouvoir sur
18 les dieux et leurs puissances vitales ; il est même le *ka* de tous
19, 20 les dieux et vient à l'existence en tant que *ka* de tous les dieux.

Pour être pleinement efficace, le *ka* doit être pourvu d'un
certain nombre de qualités. *Il est juste de voix auprès de*
21, 22 *Dieu*, et l'au-delà se réjouit pour lui ; le *ka* d'un dieu qui prend
la main de Pharaon pour l'emmener au ciel doit, lui aussi, être
23, 24 juste de voix. *Pharaon est pur, son ka est pur*, et l'on assiste
à un véritable processus de « dématérialisation » de l'énergie
vitale : *Horus nettoie le ka du pharaon dans le lac de la*
matrice stellaire (la douat), il enlève la chair du ka de Pha-
raon, de son corps, au moyen de ce qui se trouve sur les
25 *épaules de Râ (la lumière) dans la contrée de lumière. Le*
26, 27, 28 *ka est puissant*, et il procure la plénitude, le bonheur et la
29 stabilité.

Le *ka* possède un pouvoir de déplacement et rejoint le pha-
30 raon ; les dieux vont vers leurs puissances vitales et séjour-
31 nent dans le champ de l'offrande, alors que *le roi se rend à*
32 *l'endroit où les dieux sont allés vers leurs puissances vitales.*

Le ritualiste dit au pharaon :

Celui qui va va avec son ka,
Seth va avec son ka,
Thot va avec son ka,
Horus va avec son ka,
Osiris va avec son ka,
Celui qui est préposé aux deux yeux va avec son ka,
Tu vas aussi avec ton ka.
Ô Pharaon, le bras de ton ka est devant toi,
Ô Pharaon, le bras de ton ka est derrière toi,

Ô Pharaon, le pied de ton ka est devant toi,
Ô Pharaon, le pied de ton ka est derrière toi.
Osiris le roi, je te donne l'œil d'Horus afin que ton visage en soit équipé. 33
Ta pureté est celle des dieux qui vont vers leurs puissances vitales. 34
Pharaon accomplit sa venue avec son ka, 35
La bouche de ses dieux s'ouvre,
Il demande à descendre dans le ciel inférieur, à l'endroit où se trouvent les dieux.
Pharaon accomplit sa venue avec son ka,
La bouche de ses dieux s'ouvre,
Il demande à monter au ciel et il monte sans cesse. 36

Le lieu terrestre du *ka* est révélé : c'est la « ville » sainte de Pé, dans le Delta, en réalité une butte sacrée isolée dans une zone aquatique où l'on se rendait rituellement en pèlerinage :

Les puissances vitales se trouvent dans Pé,
Les puissances vitales se trouvent vraiment dans Pé,
Les puissances vitales existent continuellement dans Pé,
La puissance vitale de Pharaon se trouve dans Pé. 37

Pharaon descend dans « le champ de son *ka* » où il reçoit une vie bien plus longue qu'une année et des offrandes alimentaires plus abondantes que le Nil. C'est le *ka* du pharaon qui lui apporte cette abondance pour la consommer en sa compagnie. Le *ka* mange du pain, se lève, s'assoit, consomme des 38, 39
nourritures vitales qui sont d'ailleurs réservées aux vénérables 40
(imakhou) et au pharaon, lequel doit faire offrande au *ka* des 41
autres pharaons. Et Pharaon est une fleur sortie du *ka*. 42, 43

Le roi amène son *ka* à Osiris et *invoque son ka comme* 44
Osiris pour qu'il le protège de toute colère des morts. Grâce 45
au *ka*, Pharaon évite tout assoupissement fatal : *il veille avec son ka, il dort avec son ka*. La présence du *ka* est d'ailleurs 46
l'assurance d'une victoire sur le trépas : *ta puissance vitale ne périra pas, tu es la puissance vitale.* 47

L'intervention du Principe en faveur du *ka* va dans le sens d'une création sacrée qui permet de maintenir la puissance vitale sur terre :

Le Principe (Atoum) et le dieu Terre (Geb) offrent au pha-

raon et à son ka une pyramide et un temple qui sont installés
48 *et enclos.*

Le Principe met son bras sur l'air lumineux (Chou) et le
feu créateur (Tefnout) comme le bras du ka, (et) son ka
existe en eux ; le Principe met ses mains sur la pyramide
49 *comme main du ka, (et) son ka existe en eux.*

C'est le dynamisme vital qui donne au pharaon la capacité
d'exercer l'une de ses fonctions majeures : *Pharaon est le ka*
(ou : le taureau) au grand visage, perpétuel façonneur et
50 *créateur.*

NOTES DU CHAPITRE 39

1. 2051b.
2. 2253a.
3. 1220d.
4. 815c. C'est *celui dont les puissances vitales sont secrètes qui ouvre pour Pharaon la porte orientale du ciel* (1343d, 2170c).
5. 610c.
6. C'est le chap. 589 (1609a-b) en entier. Voir aussi 1832a.
7. 582c-d.
8. 373b.
9. 2279a. 2087a-b : *Geb a élevé le puissant (?, kaat) œil d'Horus qui est sur les mains de ses grandes puissances vitales et qui est sur ses nombreuses puissances vitales.*
10. 587b.
11. 456d. Et sa puissance vitale est bien sienne (1869a).
12. 2081a.
13. 1822b.
14. 2060.
15. 1821b.
16. 2253a.
17. 267a, c.
18. 776b. La déesse Ciel (824a-b) et le dieu Terre (1624) ont également pouvoir sur les dieux et leurs puissances vitales.
19. 1831a.
20. 2219a. 891a : *le ka de Pharaon est à côté du dieu de la cité*, donc incarné au plus proche de la manifestation du divin.
21. 361c ; 929a, 935a.
22. 354a, 356d, 357d.
23. 1327c.
24. 683a.
25. 372c-e.
26. 2203a.
27. *Tu es en plénitude (hotep) en ton nom de ka en plénitude* (582d, 647d) ; Pharaon l'est, en son nom de « celui qui est dans le temple de Serket (la déesse scorpion) » (183a).
28. *C'est le bonheur (nefer) pour Pharaon avec son ka*, Pharaon vit avec son *ka* (338a, 908b).
29. *Tu fais ta stabilité (imen), étant heureux (neferou) avec ton ka, éternellement et pour toujours* (2028c).
30. 375b.
31. 1165b.
32. 948b.
33. Chap. 25, 17a-18c ; voir aussi 862a-b, 1431a-b.
34. 829d.
35. *Pharaon est destiné à ce palais lointain des maîtres des puissances vitales qui adorent Râ dans les buttes d'Horus et de Seth (et) leur dieu, de ceux qui vont vers leur ka (598a-c). Le siège de Pharaon est affermi à la tête des possesseurs de puissances vitales* (1574b, 906e). *Pharaon converse (?) avec les maîtres des puissances vitales* (1215d).
36. 1275a-1276b. À noter que les puissances vitales masculines (*kaou*) sont derrière le roi et que les puissances vitales féminines (*hemouset*) sont sous ses pieds (396a).
37. 561a.
38. Chap. 347, 563a-564b.
39. 789b-c, 1357b.
40. 2289c.
41. 1191c, 1192b. « Grand est son *ka* » est l'échanson d'Horus auquel Pharaon demande l'abondance (chap. 345). Pharaon pourvoit les puissances vitales (2040a), et le « Pourvoyeur de puissances vitales » est un serpent auquel Pharaon est identifié (1146b). Ce dernier octroie (*neheb*) les puissances vitales et les prend (311a).
42. 35b.

43. 544a.
44. 1328b.
45. 63b. 1614c : *Pharaon, ton ka te connaît (sia) en te distinguant de tes ennemis.*
46. 894b. 2114b : *Ton corps sera puissamment réanimé (?, nekaka), dieu.*
47. 149d.
48. 1277a-b.
49. 1653a-d.
50. 486b. L'étude la plus récente sur le *ka* est celle d'A.O. Bolshakov, *Man and His Double in Egyptian Ideology of the Old Kingdom*, Munich, 1997.

40

La capacité de manifestation

(BA)

Les *Textes des Pyramides* consacrent de nombreux passages à une autre faculté spirituelle, le *ba*, symbolisée par un oiseau à tête humaine barbue devant lequel est posée une coupelle d'où jaillit une flamme. La nature divine (la barbe), la transcendance et la mobilité céleste (l'oiseau), le dynamisme créateur (le feu), la conceptualisation (la tête humaine) : telles sont les caractéristiques du *ba*, souvent traduit par « âme », et qui nous apparaît comme la capacité de manifestation spirituelle de l'être, incluant les notions précitées.

Le *ba* emmène Pharaon au ciel ; *quand le roi monte au* 1
ciel, son ba est sur lui. C'est la déesse Ciel, Nout, *qui unit* 2
l'accomplissement de Pharaon à l'intérieur du ba ; le nom du 3
ciel étoilé est d'ailleurs « Un millier est son *ba* », par référence aux milliers d'étoiles qui manifestent la lumière céleste.

Puisses-tu être ba, étant ba, est-il souhaité à Pharaon *qui* 4
est grand à cause de sa manifestation. Son ba est pour lui et 5
en lui, il se trouve dans son corps et dans son ventre, dans 6, 7
son sang et dans ses dents. *Pharaon est vivant au moyen de* 8, 9
sa capacité de manifestation, il est un ba vivant au visage 10
barbu et un ba à la tête des vivants. 11, 12

Vient vers Pharaon son ba qui est parmi les dieux, lesquels 13
possèdent aussi une capacité de manifestation. *Ba divin*, pour 14
lequel s'ouvre la porte du ciel, *Pharaon est un ba qui passe* 15
entre vous, dieux ! C'est l'Ennéade qui reconnaît au roi la 16
capacité de se manifester, et son *ba* est celui de la lumière 17

18 divine. *Ta capacité de manifestation sera effective (soped)*
19 *comme la déesse Efficience (Sopedet)*, est-il dit au pharaon ;
puisse ta capacité de manifestation se tenir parmi les dieux
20 *en tant qu'Horus.* Le *ba* de Pharaon se tient précisément
21 *parmi les dieux, parmi les êtres de lumière (akhou) qui sui-*
22 *vent Pharaon à cause de sa capacité de manifestation.* Le roi
en possède davantage que les dieux de Haute-Égypte et leurs
émanations lumineuses quand il est identifié à Seth, et davan-
tage que les dieux de Basse-Égypte et leurs émanations lumi-
23 neuses quand il est identifié à Horus. *La puissance (sekhem)*
24 *a été rendue lumineuse pour le ba du roi* ; *c'est lumineux*
25 *pour Pharaon dans sa forme d'oiseau ba.*

Pharaon acquiert sa capacité de manifestation grâce à l'œil
26, 27 de Seth que lui remet Horus ; de la fraternité des deux dieux
dépend donc cette faculté spirituelle indispensable au
monarque.

Manifeste-toi (sois ba), est-il demandé au roi, *comme les*
Âmes (baou) d'Héliopolis, les Âmes de Nekhen, les Âmes de
28 *Pé et l'étoile vivante qui est à la tête de ses frères.* Ces
« Âmes », les *baou*, forment la capacité de manifestation et le
mode d'incarnation de ces « villes » saintes. *« La vénérabilité*
(imakh) est pour Pharaon », disent les Âmes d'Héliopolis, et
29 *elles te pourvoient de vie et de puissance.* Elles dressent *un*
30 *escalier pour atteindre le haut*, prennent la main d'Osiris res-
31 suscité et, en compagnie des Âmes de Pé, font venir Pharaon
32 au ciel. Quant aux Âmes de Pé et de Nekhen, elles dressent
et dorent l'échelle qui permet au roi d'atteindre les hauteurs
33 célestes.

Le *ba* est également lié à une forme particulière de manifes-
tation, l'architecture sacrée. Il existe, en effet, un « temple du
34 *ba* », précédé par un portail, et il est exigé : *Que soient élevées*
35 *les chapelles qu'a fondées ton ba.*

NOTES DU CHAPITRE 40

1. 250d. Le *ba* de Pharaon va au ciel, et c'est grâce aux dieux que le roi a été doté de cette capacité de se mouvoir vers le haut (799c).
2. 1742 ; voir aussi 477a. Le *ba* est derrière Pharaon (1559a) qui peut courir grâce à lui (1557b). Le roi est vêtu d'une peau de panthère qui s'appelle *ba* (338b) pour passer les portes du ciel (907d) ; c'est le vêtement que revêt un dieu quand il monte au ciel (1027a). Dans le ciel liquide sont ouvertes les portes d'une entité ou d'une région céleste qui se nomme *ba-ka* (1575a, 907a), et qui unit ainsi ces deux qualités spirituelles. Selon 1378c, *Pharaon descend en tant que ba qu'il capture, en tant que ba dont il fait un symbole (âshem).*
3. 8h sq.
4. 833 ; 723b, qui ajoute la puissance (*ouash*) à la capacité de manifestation.
5. 1062b.
6. 753a.
7. 2098b, 2010b. Le *ba* des dieux est dans le ventre du pharaon et en sa possession (413a).
8. 854a.
9. 1307a : *La capacité de manifestation (baou), ce sont les dents de Pharaon.*
10. 1943f.
11. 1098c.
12. 1899c, 1914a, 1724a, 2096c.
13. 758b.
14. Par ex. Horus, Seth, Osiris, Geb (144b, c).
15. 603d.
16. 1205a.
17. 162b-c. Le *ba* (ou les *baou*) est à la tête des deux Ennéades sous la forme des deux uraeus (902a-b).
18. 2110c.
19. 723a.
20. 723c. Horus qui est au cœur du pays d'Irou (celui qui voit). C'est Horus de la contrée de lumière qui entend la capacité de manifestation (*baou*) de Pharaon (1449b). L'œil d'Horus rouge possède un *ba* auquel personne ne peut résister (253b).
21. 763a. 215b : *Viens vers ton ba, Osiris, ba qui est parmi les êtres de lumière, qui a la maîtrise de ses places* (215b).
22. 1144b.
23. 204c, 206c.
24. 789a.
25. 1782d.
26. 579a.
27. Il identifie Pharaon en son nom de « *Ba* de la chaise à porteurs » (580a, 767b).
28. 904a-c.
29. 1289a-b.
30. 1090c-d.
31. 1261c.
32. 1495c. Pharaon est monté dans Pé vers les Âmes de Pé (1089a). Geb amène au pharaon les Âmes de Pé et assemble pour lui les Âmes de Nekhen, en totalité (942a-b).
33. 1253a. Ajoutons l'existence des *baou* d'Horus, qui sont ses quatre fils (2101a), donc sa capacité de se manifester.
34. 1740b.
35. 1362c.

41

L'amour

Le mot *mer*, « amour », est synonyme de *mer* « pyramide »
et de *mer*, « canal ». Ces jeux de sens, dans la pensée égyp-
tienne, sont essentiels. D'après les *Textes des Pyramides*,
l'amour relève de la construction de l'être : *L'amour est réa-
lisé par Pharaon qui connaît la plénitude ; la perfection* 1
(neferet) aime Pharaon, Pharaon aime la perfection. 2

La dignité de Pharaon consiste en une attitude : *il aime, il
crée ; il déteste, il ne crée pas.* Et précisément, ce qu'aime 3
Pharaon, c'est que les dieux bâtissent sa pyramide. Elle est le 4
symbole le plus rayonnant de l'amour divin et de l'amour du
divin, et le canal par lequel circule l'énergie divine.

D'après ces textes, en effet, l'amour appartient à la sphère
divine. Parmi les hommes, Pharaon place ses Annales, la
mémoire de ses actes ; parmi les dieux, l'amour qu'ils éprou-
vent pour lui. *Pharaon vous aime, dieux ; puissiez-vous l'ai-* 5
mer. Les dieux répondent au souhait du roi et le maintiennent 6
en bonne santé, à la fois spirituelle et physique (*oudja*) parce
qu'ils l'aiment ; et c'est la déesse du tissage, Tayt, qui *place* 7
*l'amour du pharaon dans le corps de chaque dieu qui le
verra.* 8

Pharaon aime la lumière divine dans son corps,
Pharaon aime la lumière divine dans son cœur. 9

Il réalise ainsi un amour total, unissant tous les plans de
l'être, et c'est à cause de cet amour qu'Isis vient vers lui et 10
que son fils Horus l'aime en tant qu'Osiris, le ressuscité. Pha- 11

12 raon est d'ailleurs « le fils qui aime son père Osiris » en célébrant les rites et en lui succédant pour préserver l'harmonie sur terre.

À la couronne rouge, un redoutable serpent de feu, Pharaon demande : *Fais en sorte que l'amour qu'on porte au roi soit*
13 *semblable à l'amour que l'on te porte.*

On voit ainsi que l'amour, d'origine divine, ne trouve son rayonnement que s'il est amour des forces divines, au-delà de l'apparence. Il est véritablement un amour transmutatoire, capable d'apaiser les forces créatrices les plus redoutables et de canaliser l'énergie pour qu'elle soit créatrice de plénitude. Et ce sont l'amour, la solidarité (*semet*) et la douceur qui
14 donnent au pharaon une souveraineté réelle.

NOTES DU CHAPITRE 41

1. 1290b.
2. 1230b.
3. 412b.
4. 1694e.
5. 1160a.
6. 378a.
7. 1854a.
8. 739c.
9. 1442f.
10. 623a.
11. 1633a.
12. 1331a-b. *Les porteurs d'Horus, de Seth et de Thot aiment Pharaon qui les aime* (535a-536b).
13. 197d.
14. 562a-c.

42

Le bonheur et la joie

Parce qu'elle a su faire vivre Maât sur terre, l'Égypte pharaonique connut de longues et intenses périodes de bonheur et de joie de vivre dont on peut encore ressentir l'ampleur grâce à ses créations artistiques. Ces notions ne sont pas absentes des *Textes des Pyramides* qui leur accordent même une large place.

Si le bonheur peut exister, c'est en raison de son ancrage dans la spiritualité : *Pharaon est heureux (litt. doux de cœur),*
car Pharaon est le Un, le taureau du ciel. Et ce bonheur, qui 1
découle de la présence de l'unité céleste, est lié au « cœur »,
c'est-à-dire à la conscience du divin. La joie est « l'épanouisse- 2
ment du cœur (*oudja ib*) », et il existe un dieu Épanoui-de-
cœur vers lequel Pharaon se dirige. Cette joie, les dieux 3
l'éprouvent en présence de Pharaon et, lorsqu'ils le rencon- 4
trent en compagnie de la lumière divine. Pharaon connaît la 5
joie quand il la rencontre. Pour les dieux, il est un autre motif 6
de se réjouir : la descente des offrandes divines, c'est-à-dire 7
l'incarnation des potentialités créatrices.

Le mot *nefer* peut se traduire par « perfection, bonheur, beauté, accomplissement ». Son sens profond semble être celui d'un état qui, tout en étant arrivé à une sorte de perfection, ne se fige pas et se renouvelle. Le terme s'écrit avec un hiéroglyphe composé du cœur, de la trachée artère, voire des poumons, bref l'ensemble anatomique qui permet une heureuse circulation de l'énergie pour rendre le corps heureux.

8 Pharaon est l'être heureux et accompli, dit sa mère céleste
9 qui remplit tout lieu de sa beauté. Mais le bonheur parfait,
l'accomplissement total est celui de la lumière divine (Râ),
10 chaque jour, et « la place de perfection » est l'endroit où va la
11 lumière divine et où elle trouve le roi. Ce dernier prononce
un « nom heureux, accompli » qui est annoncé à la lumière
12 divine.

13 Si Pharaon peut connaître un bonheur intense, c'est grâce
à ce nom, qui traduit sa qualité d'être en liaison avec l'univers
14 divin, et à sa puissance vitale (*ka*). De plus, *les dieux font*
toute bonne chose pour Pharaon, éternellement ; ils font que
15 *toutes bonnes choses naissent pour Pharaon.* Ils se réjouis-
sent, de même que les deux Ennéades, quand Pharaon vient,
16 porteur de l'œil d'Horus et ils connaissent la liesse lors de
17 l'ascension du roi. La déesse Ciel et le dieu Terre rient quand
18 Pharaon monte au ciel. La terre est en joie quand elle entend
19 qu'il a mis Maât à la place du désordre, et cette joie est néces-
20 saire au roi pour supporter la terre.

Ce qui donne le bonheur à Pharaon, c'est la vision : *Comme*
21 *c'est heureux de voir !* Et ce qu'il voit, c'est la perfection des
22, 23 étoiles (le domaine céleste) et Osiris (le secret de la résurrec-
tion et du monde souterrain).

Autre motif de bonheur, l'expression du verbe : *C'est heu-*
24 *reux pour Pharaon de formuler.* Dans le domaine de l'action,
25 *Pharaon ordonne de faire le bien (neferet) et il le fait.*

Pharaon agit (ir) pour celui qui fait (ir) le bien (neferet),
26 *Il donne des ordres à celui qui ordonne le bien.*

Ainsi, *Dieu est à la place de Pharaon, Dieu est parfait à sa*
27, 28 *place,* et *le trône du Dieu grand est parfait.* Sa fille est la
29 déesse Perfection, et le roi la vénère : *Salut à toi, Perfection,*
30 *en paix ; tu aimes Pharaon, Pharaon t'aime.* Quand ce der-
31 nier reçoit l'héritage divin, *la tristesse cesse et le rire naît.*

32 C'est grâce au pharaon qu'on « respire en joie » et que l'an-
33, 34 née est heureuse. À ce bonheur s'ajoute la douceur : *Tu vis*
35 *de cette vie douce dont vit le maître de la contrée de lumière.*

NOTES DU CHAPITRE 42

1. 293a-b.
2. Cf. 1836b.
3. 1933c.
4. 1198a.
5. 1246b-c (le terme utilisé est *hâ*). *Le cœur des dieux est joyeux de te rencontrer* (1720b, *neherher* ; 1155a, *hâ*). *Les dieux se réjouissent (neh), les deux Ennéades sont en joie (ihâ)* (1233c) lors de cette rencontre. *La déesse Ciel est joyeuse de rencontrer Pharaon* (1426a). « La chaussée de la joie » se trouve au nord du champ de l'offrande (1198c-1199b).
6. 923b.
7. 1554b.
8. 820d. *Comme tu es accompli !* dit sa mère au Pharaon (1450a).
9. 782b. Elle « unit son accomplissement à l'intérieur de sa capacité de manifestation (*ba*) » (8h). « Les routes parfaites » de Pharaon dans le ciel sont tracées par la vache « Traverseuse du lac » (1153a).
10. 2062a.
11. 919c.
12. 340a. 908a : *C'est heureux pour Pharaon, avec son nom.*
13. 1941e.
14. 338a, 2028c.
15. 1648b-1649b. 903c : *Comme c'est parfait, ce qu'Horus a fait pour Pharaon.* 2022a : *Comme c'est parfait, ce que ton père Osiris a fait pour toi.*
16. 2246e-f. Horus est joyeux de rencontrer le pharaon et son œil qui est sur lui (2076a-b).
17. 1234c.
18. 1149a-b.
19. 1775a-b.
20. 1156a-d. *Toua*, « supporter », est l'inverse de *aout*, « largeur » (*aout ib*, largeur de cœur, la joie).
21. 1472a, 1980a, 2243a, 1943a, 939a.
22. 909a. Pharaon voit la perfection des étoiles (*nekhekhou*) : *c'est parfait pour Pharaon avec elles, c'est parfait pour elles avec Pharaon.*
23. 992a.
24. 1645c.
25. 274c.
26. 1099c. Un écho important dans le *Conte de l'Oasien* : *agis pour celui qui agit.*
27. 1115c.
28. 1191a.
29. 1208b.
30. 1230a-b.
31. 1989a.
32. 1158a.
33. 1195c.
34. 875b : *Douce est pour toi la douceur (bener).*
35. 1172c.

43

La plénitude

(HOTEP)

Le terme *hotep*, qui s'écrit avec une table d'offrande, est un
concept fondamental de la spiritualité égyptienne sur lequel
les *Textes des Pyramides* sont prolixes. *Hotep* est le calme
opposé à la tempête et au mauvais temps, la paix que Pharaon 1
fait vivre hors de la guerre, la sérénité et la plénitude dont il 2
est pourvu. Le ciel est en paix quand il entend que *Pharaon a* 3
mis Maât à la place du désordre, et la terre peut également 4
connaître ce bonheur si les rituels d'offrandes sont correcte- 5
ment accomplis.

Hotep s'incarne dans un dieu qui donne sa main au roi, 6
lequel s'identifie à lui et peut ainsi ouvrir le ciel liquide. Lors- 7
qu'il vit la sagesse, Pharaon prend place au sommet du ciel, à
l'endroit où il est « apaisé de cœur ». Il atteint la plénitude en 8
son nom de « puissance vitale apaisée » (*ka hotep*). Il existe 9
aussi une déesse *Hotepet* qui est la mère de la lumière divine 10
et donne naissance au pharaon. 11

L'expression « viens en paix (*hotep*) » est fréquemment utili-
sée ; c'est un souhait que les dieux, les deux Ennéades, les
pères célestes adressent au roi, et la déesse Ciel constate : 12
Mon fils le pharaon est venu en paix, il vient en paix vers 13
Osiris qui s'éveille en paix. Râ et Pharaon, eux aussi, s'éveil- 14, 15
lent en paix, et le roi dit au passeur « éveille-toi en paix » pour 16
que sa traversée s'effectue « en paix ». 17

Pharaon demande au « grand flot » *d'apaiser (sehotep) les*
hommes et les dieux, et il apaise lui-même les étoiles impéris- 18

19, 20, 21 sables, les êtres de lumière et les connaissants ; autrement
dit, il leur donne la plénitude de leur être pour que s'exprime
pleinement leur nature : Heureux (*hotep*) de vivre des cœurs
22 des dieux et de leur magie, *Pharaon rend satisfaits (sehotep)*
23 *les dieux avec ce qui leur est dû* et *il rend satisfaite l'En-*
24 *néade céleste et terrestre avec son pain. Il apaise Horus et*
25 *Seth pour qu'ils soient en paix après s'être querellés et les*
26 *deux maîtres divins sont en paix.* Le début du chapitre 44
insiste sur la paix qui règne de jour comme de nuit grâce à
l'apaisement des dualités masculines et féminines :

Est en paix pour toi le soleil dans le ciel,
Il apaise pour toi les deux seigneurs.
La nuit est en paix pour toi,
27 *Sont apaisées pour toi les deux souveraines.*

C'est grâce aux yeux du Grand qui sont en lui que Pharaon
28 *est en plénitude*, c'est grâce à l'œil d'Horus qu'il connaît cet
29, 30 état spirituel. Le roi vient en paix vers Horus, son visage est
31 en paix face au dieu qui donne la plénitude à son cœur, pour
32 toujours. C'est la plénitude à la fois *pour Pharaon et pour*
33 *Horus qui est sur sa langue*, car le roi l'atteint *grâce à la*
34 *parole d'Horus*. Aussi *Horus est-il satisfait en raison de ce*
35 *qu'il a accompli.*

Pourquoi les dieux sont-ils « contents, satisfaits, heureux,
en plénitude » ? Parce que Thot, en qui se trouve la plénitude
36 des divinités, a formulé la langue sacrée : *Atoum, Chou, Tef-*
nout, Geb, Nout, Osiris, Isis, Seth, Neit, tous les dieux qui
sont dans le ciel, tous les dieux qui sont dans la terre et les
régions plates, tous les dieux du Sud, du Nord, de l'Ouest et
de l'Est, tous les dieux des nomes, tous les dieux des villes
sont en plénitude à cause de ce mot grand (our) et important
37 *(âa) sorti de la bouche de Thot pour Osiris.* Ils sont égale-
38 ment heureux de ce que le dieu Terre et Pharaon ont formulé.

Autre motif de plénitude pour les dieux, la naissance de
Pharaon : *Horus est en plénitude à cause de son père, Atoum*
est en plénitude à cause de ses années, les dieux de l'Orient
et de l'Occident sont en plénitude à cause de la grande étoile
qui vient au monde dans les bras de celle qui met au monde
39 *le dieu.*

Au pharaon de pacifier les Deux Terres et les champs, et de 40, 41
se diriger vers « la place de la plénitude » et « la vallée des 42
apaisés » dont la souveraine est la couronne blanche, mère du
roi. *Pharaon est en plénitude et en vie dans l'Occident*, lieu 43
du coucher du soleil qui est une autre signification du mot
hotep. Qui a contemplé un coucher de soleil sur le Nil, à l'ins- 44
tant où une paix ineffable rend le cœur heureux, a ressenti ce
qu'implique l'état de *hotep*.

Si l'année peut être heureuse et paisible, c'est grâce à la
présence de Pharaon dont la plénitude spirituelle s'accomplit 45
au long des années, de manière à sacraliser le temps. 46

Deux attitudes permettent d'atteindre la plénitude : voir et
entendre. *Comme c'est heureux (hotep) de voir, Comme c'est* 47
heureux pour ceux qui entendent ! Un magnifique passage 48
montre que l'être entier de Pharaon s'accomplit dans cette
plénitude spirituelle, qui est paix et bonheur :

La plénitude est ce qui t'a été apporté,
La plénitude est ce que tu vois,
La plénitude est ce que tu entends,
La plénitude est devant toi,
La plénitude est derrière toi,
La plénitude est ton bien. 49

NOTES DU CHAPITRE 43

1. 1207d.
2. 1768c.
3. 2289b.
4. 1775a-b.
5. 1936b.
6. 1676b.
7. 917a, N 941. La version P 174 offre une variante remarquable, remplaçant *hotep* par *ânkh*, « le Vivant ».
8. 854c (*hotep ib*). Dans l'au-delà, Pharaon *passe en paix* (283b), et il lui est dit : *Comme ta condition est paisible !* (221a).
9. 582d.
10. 1434c.
11. 1210a. La traduction de *hotepet* par « vulve (cosmique) » ne doit pas masquer le fait qu'elle est « l'accomplie, la paisible », l'état de plénitude d'où naît la lumière.
12. 1989b, 2174b, 1300b, 1343c. 2170b : *Viens en paix vers les deux Ennéades*. 726b : *Viens en paix, dit son père Râ au pharaon*. 2095a : *Ô Pharaon, mets-toi debout, viens en paix vers Râ*. Râ monte lui-même « en paix, en paix » du côté oriental du ciel (923c) et *le messager du Dieu grand vient en paix vers le Dieu grand* (2000a-b).
13. 1021b.
14. 1392a, 2000a.
15. 1502a-b. « En paix », dit Nephtys à Osiris ressuscité (2009c, 1292a).
16. 1518b. S'éveillant aussi en paix le purifié, l'Horus de l'Orient, le *ba* de l'Orient et Horus de la contrée de lumière (1478a-d).
17. 597a, 383a.
18. 559c. C'est grâce à la pureté et aux paroles de Pharaon que le visage de la couronne de Basse-Égypte, un serpent de feu, est apaisé (195a-b).
19. 1721.
20. 2212c.
21. 1058a.
22. 410c.
23. 448b.
24. 1116a, 1117b.
25. 1148a.
26. 1936c.
27. 34a-b. Les deux seigneurs sont Horus et Seth, les deux souveraines le vautour Nekhbet (qui crée la titulature royale) et le cobra Ouadjet (qui crée le dynamisme du roi). Ces entités divines règnent aussi sur la Haute et la Basse-Égypte que Pharaon réunit dans sa personne symbolique.
28. 583b.
29. 58c, 59c par ex.
30. 1407a.
31. 611a ; cf. aussi 646c.
32. 905c ; 897b-c. 897a : C'est Pharaon qui donne la plénitude aux Suivants d'Horus.
33. 1088b-c.
34. 611a.
35. 2072b.
36. 1465b.
37. 1521a-1523a.
38. 1645b-c.
39. 258b-c.
40. 388b.
41. 857a.
42. 508b.
43. 306a.
44. 1835b. L'idée de repos, de paix, d'accomplissement paisible est en rapport avec la nuit (708c).
45. 1195c.
46. 1290c.
47. 1980a, 1472a, 939b (de voir Osiris).
48. 1943b.
49. 34c-d.

44

Grandeur, hauteur et dignité

Qui a agi en faveur de Pharaon ? « Un plus grand que lui ». 1
Pharaon est le fils du (dieu) Grand, il est bien un grand, fils 2
d'un grand. Grand est le père, grand est le père ! Pharaon 3
existe en tant que « Grand est le père ». 4

Au dieu nommé « Grande est sa puissance vitale *(Our ka)* », qui est l'échanson d'Horus et le responsable de la salle à colonnes de Râ, Pharaon demande de lui donner la grandeur
grâce à laquelle il se nourrira. Et, pour être grand, il faut 5
entendre la parole d'Horus. *Celui qui est sans cesse grand* 6
(ourer) point à l'aube, disent les dieux en parlant de l'appari- 7
tion de Râ, la lumière divine, *qui sait que Pharaon est plus*
grand que lui. Ce dernier *est le Grand issu du front de Thot*, 8, 9
et il lui est demandé : *Sois grand comme un roi, Pharaon est* 10
un grand, la grande couronne est intacte. Il s'assoit sur son 11
trône de métal céleste comme le Grand qui est dans Hélio-
polis. 12

« Celui qui est sans cesse grand » est le nom du dieu que
connaît Pharaon, à savoir Osiris dont l'action en faveur du roi 13, 14
est déterminante : *Comme c'est grand... ce que ton père Osiris*
a fait pour toi. 15

Le Grand veille avec sa puissance vitale (ka), ce grand dort avec sa puissance vitale ; Pharaon veille avec sa puissance vitale, Pharaon dort avec sa puissance vitale ; ce Grand s'éveille,
Pharaon s'éveille. Le roi est d'ailleurs « grand d'éveil » et « grand 16
de sommeil » et, comme Osiris ressuscité, il « encercle » tous les 17

18 dieux dans son embrassement. *Pharaon est grand et rond en tant*
19 *que cercle qui entoure les îles lointaines.*
20 *Le roi est le Grand qui monte au ciel*, et il est grand pour
21 pouvoir traverser les espaces célestes. Dans ces deux der-
nières phrases, il est possible de comprendre *our*, « hirondel-
le », à la place de *our*, « grand » ; mais l'hirondelle apparaît
clairement comme « le grand (oiseau) » dans lequel s'incor-
pore Pharaon pour se déplacer dans l'au-delà.
22, 23 *Haute est la lumière divine, haut est le maître de Maât,*
haut est le Principe (Atoum) qui se métamorphose sous
24 *forme de hauteur*. Pharaon doit être haut sur la terre issue du
25, 26 Principe, *être haut avec son père Atoum. Viens à l'existence*,
27 lui est-il dit, *sois haut, sois lumineux (akh)* ! Très haut parmi
28, 29 les étoiles impérissables, *Pharaon atteint la hauteur du ciel.*
Les flotteurs en roseaux sont installés pour lui afin qu'il soit
haut de l'Orient vers l'Occident, en compagnie de ses frères
30 les dieux. *Et Pharaon est haut en tant qu'ouvreur des che-*
31 *mins* dans l'autre monde.

Grandeur et hauteur s'accompagnent d'une autre dimension
de l'être, le *sâh*, traduit par « dignité, noblesse ». C'est la
déesse Ciel qui fait que Pharaon apparaisse en gloire comme
32 roi de Haute et de Basse-Égypte dans « toutes ses dignités »,
les symboles de la dignité du Grand étant déposés sur le sol
33 à l'intention de Pharaon.
Reçois pour toi ta dignité que les deux Ennéades ont créée
34 *pour toi*, lui est-il dit. La dignité de Pharaon provient de la
35, 36 bouche de Râ et sort de la bouche d'Anubis. *Râ ennoblit (sâh)*
Pharaon en tant que dieu qui est parmi les veilleurs de (la
cité de) Nekhen, et ces mêmes veilleurs de Pé et de Nekhen
37 *ennoblissent Pharaon en tant que Sokaris*. Ce qui ennoblit
38 Pharaon, c'est la capacité de maîtrise *(sekhemou)* ; ses
dignités ne lui seront pas enlevées, car il a avalé l'intuition
39 connaissante *(sia)* de chaque dieu.
40 *La dignité de Pharaon se trouve parmi les êtres de lumière*, et
il est à la tête de tous les Dignes qui sont dans la contrée de
41 *lumière*. Le fondement de cette dignité se formule par l'acte
accompli selon l'amour et le refus d'accomplir ce qui est détes-
42 table.

NOTES DU CHAPITRE 44

1. 1173a. Le terme utilisé pour « grand, grandeur » est *our.* Est également employé *âa*, mais plus rarement.
2. 1987a.
3. 852a, 1087b, 1145a, 2032b, 1444c, 1445b, 1446b, 1447b, 1448c.
4. 1106a-d. 825d : *Tu es le grand qui est parmi ses enfants.*
5. Chap. 345 (560a-c) ; voir aussi chap. 349.
6. 2264b *(âa).*
7. 1444a.
8. 813c.
9. 2266a.
10. 2169b.
11. 749a.
12. 1721a. 1062b : Pharaon est grand en raison de sa capacité de manifestation *(baou).*
13. 1434b.
14. 819a. 877b : *Tu es le continuellement grand dans le nome d'Abydos.*
15. 2022a.
16. 849a-c. *Le grand est tombé sur son côté* (2018a) ; il est endormi, couché (1915f). Pour l'éveil du Grand qui ressuscite et dont Pharaon prend soin, 1796 sq. Pharaon est plus grand que Seth (587c) qui élève le Grand (2080f).
17. 875a.
18. 1632c, 847a.
19. 847c.
20. 1020a.
21. 658a.
22. 2251b ; le terme utilisé est *qa.*
23. 1520a.
24. 1652a ; cf. aussi 1587c.
25. 199b.
26. 207c. 2268c : *Pharaon ne chasse pas le Haut de son siège.*
27. 212a.
28. 878a.
29. 335a, 949b. Est haut le vêtement *(qeni)* que porte Pharaon pour aller au ciel (2243d).
30. 2162f.
31. 1638b, 1374a, 1379c.
32. 1833b.
33. 300b. *À dire quatre fois : Offrande est déposée pour lui en toute sa dignité, en tout lieu qui est sien* (218a ; voir aussi 219a, 220a).
34. 2020b.
35. 800b, 1720b.
36. 1015a.
37. 795e, 1013b-c.
38. 515b. Pharaon est également *rempli de la dignité des vents* (1674b).
39. 411c-d.
40. 743c.
41. 407d. 2086a : *La dignité de Pharaon est grande dans le temple du double lion (Rourouty)* (2086a).
42. 412b.

45

Vigueur, santé et nourrissement

Les dieux t'ont donné une bonne santé (oudja), (car) ils
t'aiment ; Pharaon est en bonne santé, avec sa chair, il est 1, 2
sain, sain ; sain est l'œil d'Horus. Cette vigueur, ne l'oublions 3
pas, est d'ordre surnaturel, puisque le corps de Pharaon est
façonné par les dieux. Isis et Nephtys lui donnent son cœur, 4
ses lèvres sont les deux Ennéades, sa bouche est pure, les 5
deux Ennéades l'encensent ; pure, certes, est cette langue
dans la bouche du pharaon. 6

Néanmoins, deux types de protection sont nécessaires. La
première, *nedj*, est assurée par la grande Ennéade, par Horus 7, 8
et par Sokaris ; le fait de prendre soin de Pharaon revient à 9
lui offrir les dieux et leur héritage, et *le roi prend soin de son*
père Râ, tout en se protégeant lui-même de ceux qui agiraient 10
contre lui, tenteraient de lui dérober sa nourriture, de lui ôter
l'air ou d'abréger son temps de vie. 11

Le second type de protection, *setep-sa*, provient de la
lumière divine : *la protection de Râ est sur Pharaon, elle ne*
le quittera pas, et il est plus protégé que les êtres de lumière. 12, 13
Pharaon est Horus encerclé avec la protection de son œil, et 14
Geb donne sa protection de vie à Osiris. 15

Pharaon entre dans « la demeure de la protection
(khout) », car son père Geb le protège (khou), et lui-même 16
étend sa protection sur ceux qui résident sur terre. 17

Sain, en bonne santé, protégé, Pharaon jouit d'une bonne
nature, d'une bonne manière d'être, d'un caractère qui lui per-

met d'exercer sa fonction : *Geb a vu ta nature et t'a installé*
18 *sur son trône, Pharaon s'installe sur le trône de ceux qui*
19 *sont « équipés de caractère ».*
20 « Bien ajusté », *le roi est plus excellent (iqer) que les dieux*
21, 22 *excellents*, et *il se montre efficace en tant que Grand Efficace.*
23, 24 Lui qui est pourvu du nécessaire est « Celui qui dure » et *« Ce-*
25, 26 *lui qui est ferme, stable » à la tête du ciel.* Ce qui a été accom-
27 pli pour Pharaon est stable et il lui est souhaité, à lui qui rend
28 les dieux stables : *Dure (imen), dure, taureau qui dure ;*
puisses-tu exister, durable, à la tête des êtres de lumière,
29 *éternellement.*

Plusieurs chapitres assurent au pharaon abondance de
30 nourritures solides et liquides. Il est précisé :

Ce que Pharaon déteste est la faim,
Il ne la mange pas.
Ce que Pharaon déteste est la soif,
Il ne la boit pas.
C'est Pharaon, assurément, qui donne du pain à tous les êtres divins qui existent.
Pharaon est né dans la nuit et dans l'océan primordial,
Pharaon est venu,
31 *Il vous apporte le pain qu'il a trouvé là.*
Pharaon n'a pas soif,
Pharaon n'a pas faim,
32 *Son cœur n'est pas dans le dénuement.*

Dans le temple, cinq repas sont destinés au pharaon : trois
33 au ciel avec Râ, deux sur terre avec les deux Ennéades. Pour
éviter la faim et la soif, le roi s'unit avec la semence généra-
34 trice, l'abondance et la perfection.

NOTES DU CHAPITRE 45

1. 1854a. Les dieux mettent Pharaon en bon état *(sedjeb)* (1333d).
2. 908a, 1378a. Selon 683b-c, Pharaon doit être en bonne santé pour résister aux êtres dangereux de l'autre monde.
3. 2050a.
4. 3b-e.
5. 1100a.
6. 127a-b.
7. 1628a.
8. *Le visage du pharaon est protégé par Horus dans la contrée de lumière* (2019c) ; *Horus prend soin du pharaon, Pharaon est protégé et vivant* (1609b, 1610a). *Le fils prend soin du père, Horus prend soin du père* (898b). *Horus a pris soin de toi, et il ne manquera pas de prendre soin de toi* (591a).
9. 2042a.
10. 2035b.
11. 290c sq. 2116c : *Protège-toi de ton ennemi.*
12. 1470c.
13. 771c.
14. 195e, 198d.
15. 1812b.
16. 1727b.
17. 1942b. Pour éviter les morsures de serpent, il faut que ciel et terre soient protégés *(shen)* (233b).
18. 649b.
19. 1182d. 642c : *Tu viendras certes vers ta condition (première), (car) les dieux ont noué pour toi ton visage.*
20. *Pharaon ajuste bien (menekh) le bon ajustement* (375a).
21. 813e *(iqer)*.
22. 1159a *(soped)* ; 1863b : *je suis ton frère comme Sopdou.*
23. Par ex. 190b.
24. 414a.
25. 945a-b.
26. 1948f. *Nout fait « l'établissement » du pharaon à la tête des chapelles* (1345b).
27. 1294c.
28. 1198d.
29. 481b-d. 1165b : *Fais ton établissement (menou, imen) dans le champ de l'offrande parmi les dieux qui sont allés à leurs kaou* (1165b).
30. Le chap. 205 évoque toutes les sortes de blé et la bière donnés, notamment, par Râ (cf. aussi chap. 206). D'après le chap. 207, le boucher apporte le repas et allume le feu pour rôtir. Dans le chap. 208, c'est à Atoum qu'on demande d'apporter le repas.
31. 131a-132d.
32. 119a. 125a-b : *(si) le manque (chou) prospère, Pharaon ne peut pas prendre son repas. (Si) Pharaon prospère, le manque ne peut pas prendre son repas.*
33. 121c-d.
34. 123a-c (et une autre entité nommée *shouset*).

46

Le secret

Les *Textes des Pyramides* ne sont pas un livre au sens moderne du terme, car ils n'étaient destinés à aucun public. La pyramide fermée, au terme du rituel de résurrection, ces textes gravés sur les murs s'animaient d'eux-mêmes et vivaient de leur vie propre, à la fois en ce monde et dans l'autre, toujours dans le secret.

Deux termes expriment cette notion. Le premier, *imen*, fait
jeu de sens avec *men*, « durer, être stable, solide ». *Pharaon*
est secret, *secret*, est-il affirmé. Dans l'au-delà, *le roi crée le* 1
secret sans lequel rien ne pourrait durer. Le secret est la condi- 2
tion première de la stabilité, tout en jouant un rôle de protec-
teur des dieux. 3

Le second terme est *sheta* : dans le secret se trouvent les
membres du pharaon Osiris qui doivent être réunis ; la recons- 4
titution du corps osirien étant l'acte nécessaire pour que le processus de résurrection s'accomplisse, le secret majeur des *Textes des Pyramides* réside dans la manière d'y parvenir, ce que nous verrons dans le chapitre suivant.

Pharaon va vers ceux dont les sièges sont cachés et *il* 5
appartient au cœur de celui dont les sièges sont cachés ; le 6
roi leur donne des ordres et guide leurs vénérables. *Salut à* 7
toi, Pharaon, dont les sièges sont cachés, lui est-il dit. 8

Non seulement Pharaon va-t-il au cœur du secret, mais encore la forme sous laquelle il se manifeste demeure-t-elle secrète : *Voici que Pharaon est sorti en ce jour sous la forme*

9, 10 *véritable d'un être lumineux* ; *il est équipé de sa forme, c'est*
11, 12 *Geb qui l'en équipe, il reçoit la forme d'un dieu* ; *mais sa*
13 *forme est cachée comme Anubis sur son ventre.* Ce chacal
Anubis, couché sur un coffre mystérieux, est précisément « le
supérieur des secrets », car c'est lui qui connaît le processus
de la momification qui permet de transformer le corps mortel
14, 15 en corps osirien. Juge du tribunal, Anubis compte les cœurs ;
la parole de Pharaon monte vers Anubis, et c'est de la bouche
16 d'Anubis que sort la dignité de Pharaon qui sort à la voix
17 d'Anubis, lequel le transforme en être de lumière. Le dieu
ordonne que l'être de lumière soit derrière Pharaon et sa
18 *puissance en lui*, et *Pharaon est Anubis qui a autorité sur le*
19, 20 *temple.* Le dieu prend la main du roi et ordonne qu'il descende
21 comme l'étoile du matin. Pharaon s'identifie à lui et à un autre
22 dieu chacal, Oup-ouaout, l'Ouvreur des chemins *qui ouvre*
pour lui un chemin et fait s'envoler Pharaon vers le ciel,
23 *parmi ses frères les dieux.*

Ainsi est révélé le secret.

NOTES DU CHAPITRE 46

1. 414a.
2. 2088c.
3. La racine *imen* sert à former le nom d'Amon, « le Caché », cité dans les *Textes des Pyramides* : *Pharaon juge celui dont le nom est caché* (399a). *Ton pain (?) est pour toi, Amon, avec Amonet, vous les deux protecteurs des dieux, vous qui protégez les dieux au moyen de vos ombres* (446c-d).
4. 318a.
5. 1936a.
6. 1943c.
7. 2023a.
8. 1949a.
9. 318c.
10. 760a.
11. 1465a.
12. 762b.
13. 2026a.
14. 1713c.
15. 1523c.
16. 1014b, 1015a.
17. 796c (en tant que Thot).
18. 1364c.
19. 2150c.
20. 2178b.
21. 1295a.
22. 1287c.
23. 463a. *Tu montes sans cesse au ciel, tu deviens l'ouvreur des chemins* (1009c) ; Pharaon apparaît comme Oup-ouaout après être sorti du lac de vie et avoir été purifié (1979b).

47

Le mystère de la résurrection divine

(OSIRIS)

Il a souvent été dit que les éléments symboliques qui composent la légende d'Osiris ne se trouvent que dans des sources tardives, notamment chez Plutarque, initié aux mystères d'Isis et d'Osiris, et non dans les textes égyptiens les plus anciens. Il s'agit là d'une de ces erreurs « scientifiques » colportées de livre en livre, parce que l'on omet de revenir à la source première, les *Textes des Pyramides* qui, comme nous allons le voir, révèlent les composantes majeures du mythe osirien. Bien entendu, selon une méthode que l'on pourrait qualifier d'osirienne et qui est consubstantielle à la pensée égyptienne, elles ne sont pas incluses dans un exposé rationnel, mais offertes en ordre dispersé ; au chercheur de reconstituer ces parties séparées.

Qui est Osiris ? Le *trésorier de la vie et le sceau des dieux*,
répondent les *Textes des Pyramides.* Non seulement Pharaon 1
lui est identifié : *Pharaon est Osiris* ; *Osiris vit, Pharaon vit* ; 2, 3
Pharaon est équipé de la forme d'Osiris, mais encore est-il 4
initié à ses mystères et doit-il accomplir ce qu'a accompli Osi- 5
ris dans « la demeure de celui qui est debout », c'est-à-dire 6
vivre les mystères osiriens et ressusciter.

Pharaon demande à « Celui qui est dans la matrice stellaire
(douat) », c'est-à-dire Osiris, de ne pas l'ignorer ; *Osiris*
connaît Pharaon, Pharaon le connaît ; et Pharaon navigue 7
dans cet espace stellaire en compagnie d'Osiris. 8

Un drame se produit : Osiris se noie. *La majesté du pélican*

9 (mot synonyme de *pesedjet*, l'Ennéade) *est tombée dans le Nil.*
La phrase resterait énigmatique si nous ne disposions d'autres
passages tout à fait explicites : Horus a fait en sorte que les
dieux se rassemblent à l'endroit où Osiris, auquel est identifié
10 le roi, s'est noyé et s'en est allé ; les fils d'Horus l'ont identifié.

Autre drame : *Osiris a été coupé en trois parties en ces*
11 *quatre jours et ces huit nuits qui sont siens.* De cette agres-
sion, de ce crime, Pharaon est innocent : il n'a pas avalé un
seul des membres d'Osiris, et les dieux ne peuvent l'accuser
12 de cette mort.

Qui est coupable ? Il y a un ennemi *(sema)* qui veut tuer le
roi, mais ce dernier est un taureau sauvage *(sema)* très ferme
13 qui possède autant de force que l'adversaire ; Nephtys favorise
14 le pharaon en lui permettant de capturer son adversaire et le
ritualiste amène à Osiris le roi celui qui voulait le tuer *(sema)*
de sorte qu'il ne s'échappe pas de sa main. Et cet ennemi est
15 coupé en trois avec un couteau.

L'identité de l'adversaire est révélée : il s'agit de Seth, mis
en accusation : « Souviens-toi, Seth, place dans ton cœur cette
parole que Geb a prononcée, cette menace que les dieux ont
proférée contre toi dans le temple du Prince dans Héliopolis,
16 parce que tu as jeté Osiris à terre. » Seth proteste : « Je n'ai
jamais fait ça ! » Mais il voulait avoir du pouvoir *(sekhem)*
grâce à son acte, alors qu'il avait été sauvé et qu'il tentait de
se rendre maître d'Horus. Seth accuse : « C'est lui qui m'a
attaqué et m'a donné des coups de pied quand il s'est mani-
17 festé en son nom d'Orion. »

Mais Seth est reconnu coupable, car Osiris est un juste, et
18 son assassin doit devenir offrande. Geb ligote les jambes et
les mains de Seth, et le jette sur son côté dans la Terre primor-
19 diale, le rendant ainsi incapable de nuire à Abydos. Seth, le
20 dévoreur d'entrailles, est apaisé.

21 Horus rapporte à Osiris ce que Seth lui a pris, évite que Seth
boive le liquide osirien. L'œil d'Horus est repêché et sauvé de
22 Seth.

23 Celui qui a fait du mal à Osiris doit être châtié ; Horus
amène Seth à Osiris et le lui donne, courbé, car la force d'Osi-
24 ris *(peht)* est plus grande que celle de Seth. Seth ne sera

jamais dispensé de soulever et de porter Osiris pour l'éterni-
té ; il est placé sous Osiris, sa mauvaise influence est écartée. 25, 26

Mais Osiris est mort et, de plus, il a disparu. Sans lui,
aucune vie éternelle envisageable, aucune harmonie sur terre
possible. Il faut donc partir à sa recherche, et les *Textes des
Pyramides* mentionnent trois quêtes d'Osiris.

La première est celle d'Isis, l'épouse d'Osiris, qui peut parler
à l'énergie primordiale et sait mettre au monde et façonner. 27, 28
Elle, qui est le trône d'où naît Pharaon, est accompagnée de
sa sœur Nephtys, « la souveraine du temple » ; se transfor-
mant en oiseaux de proie, elles cherchent leur frère Osiris. Isis
vient de l'ouest, Nephtys de l'est. Cette quête est couronnée de 29
succès ; les deux sœurs trouvent Osiris sur une rive, à Nedit,
là où Seth l'avait abandonné, alors que sa victime implorait :
« éloigne-toi de moi ! ». Les deux sœurs qui aiment Osiris le 30
soulèvent, et il est précisé qu'Isis a trouvé Osiris « complet ». 31, 32

La deuxième quête est celle d'Horus qui vient avec de l'on-
guent, cherche son père Osiris et le trouve, sur son côté, dans
Gehesty. 33

La troisième quête est celle de Geb. Les deux Ennéades
sont présentes, Geb frappe les êtres hostiles à Osiris, *il scrute
les terres désertiques à la recherche d'Osiris. Il le trouve
gisant sur son côté dans Gehesty.* 34

« Redresse-toi, esprit lumineux, et parle ! » dit Geb, alors
que ceux qui sont dans l'énergie primordiale et la confrérie
des êtres de lumière *(henmemet)* viennent vers Osiris. 35

Il existe une tombe d'Osiris : le sycomore qui s'unit au dieu.
L'arbre rassemble ceux qui sont dans l'énergie primordiale et
ceux qui sont dans les étendues célestes, lesquels se rassem-
blent pour Osiris. Son extrémité est brûlée, de même que son
intérieur, son sommet est derrière le roi. L'ombre d'Osiris est
derrière lui, il repousse le pouvoir terrifiant de Seth. 36

Débute alors la lutte contre la mort. Isis et Nephtys empê-
chent le corps d'Osiris de se décomposer, car il est identifié à
Anubis et à différentes formes d'Horus ; il ne subira ni putré- 37
faction, ni perte des liquides subtils. C'est Anubis qui se 38
charge de la momification ; il lave les entrailles et accomplit

les soins nécessaires dans Abydos pour transformer le corps
39 en momie, support de résurrection.

Osiris est purifié au moyen de l'Œil d'Horus, et sa « mala-
die » (la mort) est repoussée grâce à deux milans femelles,
Isis et Nephtys ; la première verse une libation, la seconde
40, 41 purifie. Isis sèche le corps purifié par son souffle, et *les deux*
42 *sœurs le mettent en bonne santé.*

Il se produit pourtant un écoulement : du corps d'Osiris
sortent des lymphes *(redjou)* et des exsudations que Pharaon
43, 44 recueille et qui sont données pour que vive le cœur. Ce n'est
pas une substance morte mais, au contraire, un liquide de vie
45 qui crée le flot abondant de l'inondation. Canaux et rivières
46, 47 sont remplis par la purification d'Osiris qui crée les céréales.
Du dieu apparemment mort provient une énergie vitale qui
engendre les richesses de la terre.

L'intervention de la déesse Ciel est importante : *Nout pose
ses mains sur Pharaon, comme elle l'a fait pour Osiris, ce
48 jour où il a abordé* (au terme de la traversée de l'existence) ;
c'est elle, en son nom de « sarcophage » qui embrasse le
49 défunt, élevé en son nom de tombe, « celle qui élève ». Le
sarcophage étant « le possesseur de vie », la momie d'Osiris
est donc disposée dans le milieu le plus favorable à la résur-
rection.

Se déroule une veillée funèbre, Isis devant le défunt,
50 Nephtys derrière lui. Seth et Thot ne savent pas comment
51 pleurer Pharaon ; Isis et Nephtys viennent ensemble et unies.
52 Isis est la pleureuse, Nephtys la joyeuse. Les lamentations ont
53 lieu devant la tombe. *Les deux surveillantes qui se lamentent
54 pour Osiris se lamentent pour Pharaon*, elles pleurent pour
lui. Isis s'assoit, mains sur la tête, Nephtys saisit les pointes
55 de ses seins, alors qu'Osiris est étendu sur son ventre.

Les portes du ciel étant ouvertes, c'est *Isis, la sœur d'Osi-
56 ris, la souveraine de (la « ville » sainte de) Pé* qui le pleure.
Attristées, les divinités de Pé entendent les lamentations d'Isis
et de Nephtys, et viennent vers Osiris ; ces Âmes de Pé dan-
sent, frappent dans leurs mains, dénouent leur chevelure, se
frappent les cuisses et implorent Osiris de revenir, de se
57 réveiller et de revivre.

La terre est alors équipée pour les funérailles, pendant que
les pleureuses continuent à se lamenter et que les danses
rituelles se poursuivent ; Isis prend la main d'Osiris et l'intro-
duit sous une sorte de baldaquin dont le nom, *meniou*, signifie 58
qu'il est à la fois un lieu mortuaire et une sorte de port d'at-
tache après la traversée de la vie terrestre. Isis et Nephtys se
transforment en piquets d'amarrage et en amarres qui fixent
solidement Osiris pour qu'il ne dérive pas dans le néant.

*Isis crie pour toi, Nephtys t'appelle ; le grand piquet
d'amarrage frappe pour toi l'obstacle comme pour Osiris
dans sa souffrance.* On donne les mains au roi Osiris, on 59
danse pour lui, on lui fait offrande ; *le grand piquet d'amar-
rage pleure pour toi comme Osiris dans sa souffrance. Son* 60
*amarre d'avant est prise par Isis, son amarre d'arrière par
Nephtys.* 61

Mais Osiris est toujours inerte. C'est alors qu'Isis accomplit un miracle en se faisant féconder par un mort dont elle ressuscite la virilité :

*Ta sœur Isis vient vers toi, se réjouissant à cause de ton
amour. Tu la places sur ton phallus. Ta semence jaillit en
elle, elle est précise (sepedet) comme Sothis (Sepedet). Et
Horus l'aiguisé (seped) sort de toi en tant qu'Horus qui est
dans Sepedet. C'est lumineux pour toi grâce à lui en son nom
d'être lumineux qui se trouve dans la barque (djenderou). Il
prend soin de toi en son nom d'Horus, le fils qui prend soin
de son père.* 62

*Isis vient joyeuse, par amour d'Osiris, dont la semence
jaillit en elle, elle qui est Sothis.* 63

Dans cet acte fondateur de la résurrection, c'est donc une déesse qui joue le rôle décisif. Mais ne nous y trompons pas : ce n'est pas là sexualité ordinaire, mais œuvre alchimique accomplie par une étoile (Isis-Sothis). L'union avec Osiris est charnelle, céleste et stellaire, mais non humaine ; la scène représentée dans la chapelle des mystères du temple d'Abydos montre d'ailleurs Isis sous la forme d'un oiseau, un milan femelle, posée sur le sexe d'Osiris. Et c'est à une autre étoile, Horus l'aiguisé, que donne naissance le couple divin, vainqueur de la mort. Comme souvent, les Égyptiens n'hésitent pas à utiliser les descriptions les plus réalistes pour signifier la réalité spirituelle la plus secrète, car ils ne dissocient pas le corporel de l'incorporel, expressions de la même énergie universelle.

Cette transmutation alchimique réussit : non seulement la
chair d'Osiris n'est pas putréfiée, mais encore est-elle ramenée
64 à la vie, avec des membres en or et des os en métal céleste.
65 *Osiris n'est pas soumis au mal (bin), il est délivré des*
66 *liens qui l'entravaient.* Ce qui avait été dispersé et découpé
67 est reconstitué, Isis rassemble le corps, *les os de Pharaon sont*
68 *noués en tant qu'Osiris. Nephtys a assemblé pour toi tes*
69 *membres en ce sien nom de Séchat, maîtresse des bâtisseurs,*
et Isis déclare : *J'ai réuni mon frère, j'ai rassemblé ses*
70 *membres. Tes os sont rassemblés, prends pour toi tes*
71 *membres. Ses os sont rassemblés, ses côtes flottantes réunies,*
72 *ses membres coupés réajustés.* Il est fait pour Pharaon ce qui
a été fait pour son père Osiris, le jour de nouer les os, d'affer-
73 mir les plantes de pied et d'étendre les jambes. Il lui est dit :
rassemble tes os, apprête tes membres, débarrasse-toi de ta
74 *poussière, délie tes liens.*

Celui qui semblait mort se redresse, il reçoit sa tête, ses os
sont rassemblés, ses membres réunis, il se libère de la terre
qui recouvrait son corps ; il reçoit alors du pain qui n'est pas
75 moisi et de la bière qui n'est pas surie.

Horus rassemble les membres de Pharaon-Osiris pour qu'il
ne périsse pas, il l'unit pour qu'il n'y ait plus aucun trouble en
76, 77 lui. Il élève les os, les rassemble, ainsi que la chair. Toutes les
78 entraves sont ôtées.

Il semble que c'est Seth en personne qui réunit les parties
découpées du corps osirien : *tes parties coupées sont élevées*
79 *par le maître de la rébellion.*

Celui qui a été noyé est repêché et reconstitué : *Pharaon
est venu vers toi, le père, il est venu vers toi, Geb ; fais pour
lui ce que tu as fait pour son frère Osiris, ce jour de ta pêche
complète, hors de l'eau, pour la mise en ordre des os, le raffer-
missement des plantes de pieds et le nettoyage de ses ongles*
80 *supérieurs et inférieurs.*

Il est précisé que ce réassemblage du dieu qui ressuscite

s'accomplit dans le milieu créateur par excellence : *ses*
membres qui étaient dans le secret sont réunis, il s'unit à
ceux qui sont dans l'océan primordial. 81

Pour réanimer le corps reconstitué, il faut s'assurer que la
tête est correctement remise en place ; c'est l'œuvre de trois
déesses, le Ciel, Isis et Nephtys : *Ta tête est nouée à tes os*
pour toi, tes os sont noués à ta tête ; *Nout place pour toi ta* 82
tête, elle assemble pour toi tes os, réunit pour toi tes
membres, elle apporte pour toi ton cœur dans ton corps. Les 83
deux sœurs grandes et importantes rassemblent la chair
d'Osiris, élèvent ses membres et font apparaître ses yeux
dans sa tête, (à savoir) la barque de la nuit et la barque du
jour. 84

Le cœur est l'organe central, à la fois conscience et foyer
d'animation de toutes les énergies corporelles ; sur l'ordre de
la déesse Ciel, Isis et Nephtys s'emparent d'Osiris et placent
son cœur dans son corps. *Paroles à dire par Nout : je te* 85
donne ta sœur Isis et ta sœur Nephtys pour qu'elles se saisis-
sent de toi et te donnent ton cœur pour toi, dans ton corps ; 86
ton cœur est à toi, Osiris, tes jambes sont à toi, Osiris, tes
bras sont à toi, Osiris ; *Pharaon a son propre cœur, ses*
propres jambes, ses propres bras. 87

Après qu'Isis et Nephtys ont mis en place le cœur, cette 88
dernière donne aussi à Osiris l'usage de sa main ; la 89
conscience du cœur étant réanimée, agir devient possible.

Se produit alors l'éveil de la résurrection, ainsi évoqué :

Osiris fut posé sur son côté par son frère Seth (donc, laissé comme mort).

Mais celui qui se trouve dans Nedit (Osiris) bouge,
Sa tête est soulevée par Râ.
Son abomination est le sommeil et il déteste l'inertie.
Il ne se putréfie pas, il ne pourrit pas,
Il n'est pas maudit par la colère des dieux,
Osiris s'éveille en paix. 90

Il faut poursuivre le processus d'animation de l'être ressuscité par l'ouverture de la bouche, des yeux, des oreilles et du nez. La bouche d'Osiris est ouverte, sa narine est percée, ses

91 oreilles sont débouchées. L'ouverture de la bouche se double
92 de l'affermissement des mâchoires qui étaient disjointes.

Horus ouvre la bouche et les yeux avec l'herminette de l'Ou-
vreur des chemins, avec l'herminette-Grande Ourse en métal
céleste qui ouvre la bouche des dieux ; ainsi est ouverte la
93 bouche d'Osiris grâce au métal céleste qui provient de Seth.

Le rituel est célébré par divers dieux dans « la demeure de
l'or » et « le temple de l'encens » ; Horus peut aussi ouvrir la
bouche du pharaon avec son petit doigt comme il l'a fait pour
94 Osiris.

Le cœur du pharaon est soulevé, il est grand *(âa)*, sa
95 bouche est ouverte, et il devient un dieu puissant et sans égal.

Le ressuscité se redresse : *mets-toi debout, dresse-toi*
96 *comme Osiris !* Il prend de l'eau fraîche, se délivre des liens
de la mort, du sable qu'il avait sur le visage, se dresse sur son
côté gauche, se tient sur son côté droit, lève le regard pour
97 voir ce que son fils a fait pour lui. Il est dit : *Dresse-toi, Osi-*
ris ; Seth s'est lui-même dressé, il a entendu la menace des
98 *dieux.* Osiris se met debout pour son père Geb qui le protège
99 de Seth.

100 Isis parle, Nephtys appelle Osiris ; Isis appelle Osiris en tant
que grand piquet d'amarrage, la pleureuse appelle en tant que
101 pleureuse, alors qu'Osiris apparaît sur l'escalier, que l'on
102 frappe dans les mains et que l'on bat des pieds. Le ressuscité
103 se tient debout, sans fatigue, au milieu d'Abydos, et la terre
104 transforme Osiris en être de lumière.

Les dieux de Pé manient des bâtons, se frappent le corps
pour Osiris, tapent dans leurs mains, secouent leurs cheveux
et lui disent : « Va, viens, éveille-toi, dors, tu es stable dans la
vie ! » Osiris est debout, il voit et entend ce que son fils Horus
a fait pour lui. Horus frappe qui le frappe, lie qui le lie, place
105 Osiris sous sa fille aînée.

La mort est vaincue, les portes du trépas s'ouvrent : *la*
tombe est ouverte pour toi, les portes du sarcophage sont
106 *tirées pour toi, les portes du ciel sont ouvertes pour toi.*

107 Isis voit *(maa)* Osiris, Nephtys le contemple *(peter)* ; elles
voient leur frère lors de la fête d'Atoum. *« Sois rempli d'éner-*
108 *gie (nini) », dit Isis ; « sois en plénitude », dit Nephtys ;*

« Sois durable », dit Isis ; « sois en plénitude », dit Nephtys. 109
Comme c'est bon pour ceux qui voient, comme c'est heureux
pour ceux qui entendent (quand) se tient debout Osiris, le
maître des dieux. 110

La résurrection d'Osiris est également symbolisée par le
relèvement du pilier *djed*, « le durable » qui rend le ressuscité
« durable au ciel », *plus durable que les dieux durables* et 111, 112
durable éternellement à la tête des puissances. 113

Désormais, Osiris *vit parmi les vivants*, mais il monte au 114
ciel où il est emmené par la mère des dieux. Il y renaît sous 115, 116
la forme d'Orion et d'un serpent céleste. 117, 118

C'est sous la forme d'une étoile que Pharaon arrive au ciel,
et il demande aux dieux de ne pas l'ignorer et de le recon-
naître, lui qui a failli périr et disparaître, lui qui demeure à
présent en plénitude et s'éveille en bonne santé. 119

Isis et Nephtys ne sont pas absentes de cette ascension,
puisque *Pharaon monte sur les cuisses d'Isis et grimpe sur*
celles de Nephtys pour atteindre le ciel. D'autre part, Nephtys 120
est la barque de la nuit, et le roi descend avec elle ; Isis est la
barque du jour, et il se joint à elle. 121

Pharaon est reconnu comme Horus sous deux formes. La
première est celle de l'enfant Horus, fils d'Osiris et d'Isis ;
cette dernière le préserve de tout malheur et l'allaite, de
même que Nephtys, car Isis est la mère et sa sœur la nourrice. 122
Le lait d'Isis et le flot de Nephtys sont amenés à l'enfant Horus 123
qu'allaite également la déesse Ciel avec son sein gauche. De 124
plus, Isis la grande noue une bandelette sur le site de Chemnis
où elle a caché l'enfant, apporte son pagne et brûle de l'encens
devant le petit Horus pour qu'il puisse traverser la terre avec
des sandales blanches et voir son père Osiris. 125

La seconde forme est celle de l'Horus accompli, protecteur
de la monarchie pharaonique ; c'est Osiris qui *a ordonné que*
Pharaon apparaisse en pleine gloire comme la contrepartie
(sen-nou) d'Horus qui voit Osiris sous la forme avec laquelle 126
il s'est manifesté. Osiris parle à Horus qui a écarté le mal de 127
lui, le guide et lui donne la vie : *Horus t'a rassemblé, Horus* 128
a fait en sorte qu'Isis et Nephtys prennent soin de toi ; elles
t'ont donné à Horus, il est heureux (hotep) grâce à toi. Et

grâce à Horus, les os du pharaon sont en bon état et son cœur
129 est grand.

Osiris se redresse, voit et entend les actes qu'Horus a
130 accomplis pour lui, afin que les lamentations cessent ; grâce
à l'intervention d'Horus, Osiris contient tous les dieux dans
son embrassement. Horus aime son père, ne s'éloigne pas de
131 lui et prend soin du ressuscité qui est un « scarabée vivant ».

Reste à assumer l'héritage d'Osiris, c'est-à-dire à régner.
Ayant accompli les rites, étant initié et pur, Pharaon s'assoit
132 sur le trône de métal céleste : *Ô Pharaon, comme c'est bon*
cela, comme c'est grand ce qu'a fait pour toi ton père Osiris,
133 *il t'a donné son trône. Tu es celui qu'Osiris a installé sur son*
134 *trône afin que tu puisses guider les Occidentaux* ; *Pharaon*
135, 136 *est le successeur d'Osiris et vient sur son trône.* Ayant créé
137 sa place comme Osiris, *Pharaon apparaît comme lui à la tête*
138 *des esprits lumineux*, et il lui est demandé : *Fais ce qu'a fait*
139 *Osiris, car tu es, certes, celui qui est sur son trône.*

Pharaon, cependant, est un successeur et non un imitateur d'Osiris. S'il lui ressemble, s'il est plus épuisé que lui, il est aussi plus grand et plus vigoureux qu'Osiris, et il possède une voix plus puissante que le dieu qui lui permet de mettre fin à
140 la « période du silence », à savoir la mort. C'est en exerçant
la fonction pharaonique que le roi continue à vaincre la mort
d'Osiris et à le ressusciter.

Quelles sont les dimensions spirituelles d'Osiris ? À la tête
141, 142 des Ennéades, il vit et se dresse en raison de sa force. Il est
143 un être lumineux, il possède une capacité de manifestation
(ba), la maîtrise *(sekhem)*, les êtres de lumière lui sont
donnés, il est puissant *(ouash)*, précis, a la forme d'un dieu,
144 soutient le ciel et sacralise la terre. Au pharaon de les assumer
pour qu'Osiris demeure vivant.

Au terme des mystères osiriens est célébrée une fête à la fois céleste et terrestre. Lors de la nouvelle lune, symbole de résurrection, Osiris, esprit lumineux, s'installe sans fatigue au cœur d'Abydos, il devient un être durable dans la ville de Mendès (la durable). Les Âmes d'Héliopolis et Râ lui prennent la main, les deux Ennéades élèvent sa tête, il vit et préside
145 aux deux chapelles d'Héliopolis.

Le bras d'Osiris est pour Isis, sa main pour Nephtys. Ciel et terre lui sont donnés, ainsi que le champ des roseaux, les buttes d'Horus et de Seth, les villes et les nomes assemblés par Atoum. 146

Une phrase remarquable nous révèle la manière dont Osiris se manifeste sur terre : *Osiris est l'œuvre (kat) de Pharaon, Osiris est la pyramide.* C'est à travers ce corps de pierres à 147
jamais vivantes que le mystère de la résurrection est célébré.

NOTES DU CHAPITRE 47

1. 1523b.
2. 1657a.
3. 899a.
4. 1804a.
5. 272c. Pour *bes*, « être initié », voir J.M. Kruchten, *Les Annales des prêtres de Karnak*, Leuven, 1989, p. 147 sq.
6. 622b. Variante : « dans la demeure du Noble qui est dans Héliopolis ».
7. 331a.
8. 882c.
9. 226a, 435a, chap. 383 et 387.
10. 766a-d (qui ajoute qu'Horus a reçu les écoulements *(redjou)* d'Osiris). 24c, d : *Horus a fait en sorte que les dieux s'assemblent à l'endroit d'où tu es parti, Horus a fait en sorte que les enfants d'Horus se réunissent à l'endroit où tu t'es noyé.* 615a-d : *les dieux se sont rassemblés à l'endroit où Pharaon s'est noyé.*
11. 1284b.
12. 1450d.
13. 944a-c.
14. 203b.
15. 1337a-d, 1339a.
16. 957a-c. La mise en accusation de Seth est formulée dans le chap. 477.
17. 958a-959d.
18. 1556a.
19. 1035b-c.
20. 2128a.
21. 2127b-c.
22. 95c.
23. 2112a.
24. 1632a-b.
25. 1258c.
26. 1628b-c. Les Suivants de Seth sont sévèrement châtiés ; on les dénombre, on leur arrache le cœur, on leur coupe la tête et les membres, on boit leur sang (1285c-1286c).
27. 1964d.
28. 1965a.
29. 1255c. Le terme utilisé pour la quête d'Osiris est *sekhen*, déterminé par deux bras qui protègent et embrassent. Isis devient l'oiseau *hat*, Nephtys un milan.
30. 584c, 1256a-c ; chap. 694. Osiris est le « *ba* qui est dans Nedit », le Grand Pouvoir qui est dans la grande cité. 972a-c : *Tu es venue à la recherche de ton frère Osiris, car son frère Seth l'a jeté sur son côté, sur ce côté de Gehesty.*
31. 2127e.
32. 1630c-d.
33. 1799a-b. Pour Horus orphelin allant vers Pharaon, 1285b.
34. 1033a-b.
35. Chap. 694.
36. Chap. 574, 1485a-1491c.
37. 1257a-1258b.
38. 1283a-b.
39. 1122c-d.
40. 1981a. 964a-970c : Pharaon essuie le visage d'Osiris, l'habille avec le vêtement d'un dieu, le purifie et assure sa subsistance.
41. 1140c.
42. 628a, 610c.
43. 788b.
44. 2114a.
45. *Ô Osiris, l'inondation vient, le flot abondant se hâte* (2111). *Ton eau est pour toi, ton abondance est pour toi, tes lymphes sont pour toi (2007a-b).*
46. 848a-b.
47. 1059c-d.
48. 1090e-f.
49. 616d-f. Nout protège, embrasse et élève son fils (1629a).
50. 1089d, 2098d.
51. 163d-164a.
52. 1997.

53. 2112a.
54. 313b.
55. 1281a-1282b. La veillée funèbre peut être célébrée à Assiout (Lycopolis), la cité sainte d'Anubis : *Isis et Nephtys ont veillé sur toi dans Assiout, car leur maître est en toi en ton nom de maître d'Assiout, car leur dieu est en toi en ton nom de Dieu* (630a-c). Les Âmes d'Héliopolis sont également concernées : les deux *baou* qui sont à la tête des Âmes d'Héliopolis, au service de Râ, se penchent elles-mêmes et passent leur nuit à se lamenter pour Osiris (460a-b).
56. 309a.
57. 1004c-d ; 1972-1975b.
58. 743-744b.
59. 872a-c.
60. 884a-b.
61. 1347b.
62. 632a-633b.
63. 1635b-1636a.
64. Chap. 723.
65. 2105a-b. Ni Dieu ni Pharaon ne sont soumis au mal, car ils sont délivrés (2105b-c).
66. 349b. Les liens de Pharaon sont les tresses de Nephtys, et il s'en délivre (1363b-c). Pharaon se libère de ses liens comme Horus et Seth (1921f-g). Les deux maîtres qui sont dans l'océan d'énergie délient les liens de Pharaon (593b) qui est sauvé du nœud qui retient les vivants et cache les dieux (1555a). Pharaon se libère de son impureté pour Atoum (207a).
67. 592a.
68. 2097a.
69. 616a-b.
70. Chap. 631 (1789) qui consiste en cette unique phrase.
71. 1732a.
72. 1684b-c.
73. 1368b-c.
74. 2008a-b.
75. Chap. 373, 654a-d.
76. 617a-c.
77. 1801b-c.
78. 2008a-b.
79. 1722c.
80. 1296b-d.
81. 318a-b.
82. 572c.
83. 828a-c.
84. 1981b-1982a.
85. Chap. 4 et 5.
86. 3b-e.
87. 364a-b.
88. 1885, 1786B.
89. 1427c.
90. 1500a-1501b. Les termes utilisés pour la résurrection sont *tches*, *outches*, « se dresser, se relever » (par ex. 260a), *âhâ*, « se tenir debout » (260b), *ouh*, « se lever », *inen*, « se tourner », *shem*, « aller » (218c-d), *res*, « l'éveil », *nehes*, « l'éveil ». 894c-d : *s'éveillent ce Grand, Pharaon, les dieux, s'éveillent les puissances*. Pharaon s'éveille en paix, la déesse du tissage s'éveille en paix dans un contexte de don des étoffes (chap. 81). Pharaon, dont la bouche est pure, éveille le dieu chacal Oupiou (l'Ouvreur) et les dormeurs (126a-b). La réanimation étant faite, *Pharaon est le rouge (ines) qui sort d'Isis, le rouge (desher) qui sort de Nephtys* (1464a).
91. 712a-b.
92. 30a-b.
93. Chap. 20-22.
94. 1329b-1330b.
95. 618a-619b.
96. 574d.
97. 1877c-1879a.
98. 960a-b.
99. 1033c. Cet acte s'accomplit contre Seth (1259a, 1701a) qui n'a donc pas réussi à supprimer Osiris.
100. 755a.
101. 1927f-1928a.
102. 2013b-2014a.
103. 1711c-d, 1012d.
104. 1013. Voir aussi 793a-794d : Pharaon s'éveille pour Horus, se tient debout contre Seth, il se dresse en tant qu'Osiris, être de lumière, fils de Geb et son premier-né. Il se tient debout en tant qu'Anubis sur son

baldaquin, alors que l'Ennéade tremble et que « le grand piquet d'amarrage » l'appelle, le roi étant pur pour la nouvelle lune.

105. 1005a-1008a.
106. 2009a.
107. 939b.
108. 2009c-d.
109. 1292a.
110. 1943a-b. Est accompli un rite, d'après le chap. 342 (556a-557c) : Pharaon se présente à Isis qualifiée de « flamme », de « brillante » et à Nephtys. « Viens et vois ton fils », dit-il. La province du Taureau noir et la couronne blanche servent le roi qui porte un sac fait d'une fibre végétale, ainsi qu'un panier. « Il est venu, portant ce qui était désiré et donné. » Le chap. 343 (558a-b) ajoute : le faible vient, le brasero est allumé, ceux qui sont préposés à leur tâche se lèvent, le repas est donné au roi.
111. 1030a ; 1301c, 2107c.
112. 813f.
113. 1369d. Il est durable dans Djedet (la Durable) (1046b) et dans sa nécropole (*djedet*, la durable, 181a). À signaler, en 878a, une graphie surprenante de *djed medou*, « paroles à dire », où le mot *medou*, « parole » (symbolisée par un bâton), est accompagné du pilier *djed*.
114. 1289c.
115. 939b. 2051a : *Pharaon monte quand tu montes, Osiris.*
116. 1419c.
117. 2114b, 2116c, 819c.
118. 2128b. Le ciel parle et la terre tremble à cause de la crainte qu'inspire Osiris lors de son ascension. Chap. 337 (549a-550c) : *Vaches laitières qui êtes affectées à cette tâche, vaches nourricières, tournez autour de lui, pleurez-le, lamentez-vous à son propos, écoutez les plaintes (quand) Pharaon accomplit son ascension.* L'agriculture, qui est ritualisée par l'observation du ciel, est destinée à nourrir Osiris (2128c).
119. 327c-332c.
120. 996c, 379c.
121. 210a-c.
122. 734b, chap. 661 ; 1247c (M 679) ; 1375a, 371c.
123. 707a.
124. 1354a.
125. 1214b-1215b.
126. 467a.
127. 1128c. En tant qu'Horus, Pharaon est la semence d'Osiris qui est acérée (1505a-b).
128. 1978b-1980b.
129. 584b sq.
130. 1976a-1978a.
131. 1632c-1633b. Atoum et les deux Ennéades sont donnés au pharaon ; la grande Ennéade protège Osiris ; Horus lui donne ses quatre fils qui l'élèvent (1627a-1628a, 1982b-1983b, 619b).
132. 1292b sq.
133. 2022a-2022b.
134. 1912c-d.
135. 752b.
136. 754b.
137. 2054.
138. 2103d.
139. 625a. Isis conçoit *(iour)* Pharaon, Nephtys l'engendre *(outetch)*, et il s'assied sur son grand trône (1154a-b).
140. 163b-c. Devenant étoile unique au ciel, le roi se tient éloigné d'Osiris et il ne se trouve pas parmi les esprits lumineux *(akhou)* qu'Osiris gouverne dans le monde inférieur (251a-c).
141. 956c.
142. 2112b.
143. 1637a.
144. 621a-c, 2010a-b, 2011c-2013a.
145. 1260a-1262c.
146. 960c-961.
147. 1657a-b. Dieu de l'initiation au secret des espaces souterrains où s'opère une partie du mystère de la résurrection, Sokaris est proche d'Osiris et il jouera un rôle important dans la symbolique des tombes

royales du Nouvel Empire. Dès les *Textes des Pyramides*, sa fonction est mise en valeur : Sokaris prend soin de Pharaon (2042a), il le purifie (990c), il s'identifie au roi devenu esprit lumineux (1013b-c). Pharaon est élevé dans la barque de Sokaris en son nom de Sokaris (chap. 645) et il s'identifie à Sokaris qui préside à la barque Rectitude (Maât) (1429c).

48

Le temps et l'espace

L'éternité (lumineuse) a été amenée au pharaon, Pharaon 1
est le fils du corps du principe créateur (Atoum) pour l'éter-
nité (des cycles). Le nom du père du roi, dont il a connais- 2
sance, est « l'éternel, maître de l'année », et *son temps de vie* 3
est l'éternité (lumineuse), sa limite l'éternité (des cycles). La 4
protection céleste dont il bénéficie est éternelle. 5

Si l'être de Pharaon est ancré dans l'éternité, les *Textes des*
Pyramides évoquent le découpage du temps : *Son année*
identifie Pharaon, son temps se souvient de lui. Grâce à l'in- 6
tervention et à la parole du roi, l'année est heureuse et les
affaires de l'année sont en paix, et c'est cette dernière, incar- 7
née dans l'étoile Sothis, qui le nourrit. 8

Pharaon se montre digne des « saisons d'Horus et de la
contrée de lumière », et le jour comme la nuit entrent dans 9
son champ de connaissance. Conçu et mis au monde dans la
nuit, le roi l'a éclairée. *Pharaon sort le jour et la nuit* et, dans 10, 11, 12
le jour, il prend la forme véritable d'un esprit de lumière pour 13
amener l'harmonie éternelle (Maât) qui se trouve au mieux
avec lui. Au jour correspondent la largeur, l'expansion, l'am- 14
plitude *(aou)* ; à la nuit, la plénitude et l'apaisement *(hotep)*. 15

Quand aux heures qui rythment le jour et la nuit, Pharaon
en a la maîtrise. À « ceux qui sont sur les heures », il ordonne
de lui créer un chemin. 16

L'espace est organisé selon quatre points cardinaux habités

par des puissances divines qui honorent Pharaon et prennent
17 soin de lui :

Les Occidentaux qui sont sur terre appartiennent au
pharaon,
Les Orientaux qui sont sur terre appartiennent au
pharaon,
Les Méridionaux qui sont sur terre appartiennent au
pharaon,
Les Septentrionaux qui sont sur terre appartiennent au
18 *pharaon.*

Le roi appelle les quatre dieux correspondant aux quatre
points cardinaux ; ils se tiennent sur leurs quatre bâtons et
donnent son nom à la lumière divine (Râ), puis l'élèvent vers
19 Horus de la contrée de lumière. Aux dieux de l'ouest, de l'est,
du sud et du nord, il est demandé de mettre en place les quatre
flotteurs en roseaux purs du ciel pour que Pharaon monte au
20 ciel.

Le taureau de Râ possède quatre cornes : une à l'ouest, une
à l'est, une au sud, une au nord. Pharaon lui demande de bais-
21 ser celle de l'ouest pour qu'il puisse passer.

Le rôle symbolique de l'orient et de l'occident est plus parti-
culièrement souligné :

Pharaon est lié à l'orient du ciel où il fut conçu et où il est
22 *né,*
23 *Il monte du côté oriental du ciel,*
24 *Il monte sur ce côté oriental du ciel où les dieux sont nés.*

25 Le pharaon va vers ce côté ; « les deux grands et importants
compagnons qui sont à l'orient du ciel » l'élèvent et le placent
26 à cet endroit.

Pharaon brille sur le côté oriental du ciel comme la
27 *lumière divine* (Râ), il est la grande étoile au cœur de
28 l'Orient.

Nout, la mère du roi, l'a mis au monde dans l'Occident, et
le roi y descend en tant que possesseur de « vénérabilité
29 *(imakh)* ».

Le Bel Occident, la déesse de la mort heureuse et souriante,
vient à la rencontre du roi et voit venir celui qu'elle a mis au

monde, car elle est la vie cosmique au-delà de toute mort ;
elle lui permet de passer en paix, car elle s'unit à lui. 30
« Occidental pur », Pharaon s'assoit sur le trône du « Pre- 31
mier des Occidentaux », à savoir Osiris, le maître de la résur- 32
rection.

Pharaon apparaît avec Râ dans l'Orient,
Il se couche avec Râ dans l'Occident. 33
Pharaon se repose en vie dans l'Occident,
Il brille à nouveau à l'Orient. 34

NOTES DU CHAPITRE 48

1. 307a.
2. 213b. Nous traduisons *neheh* par « éternité lumineuse », « éternité de l'instant » (en raison de la graphie du terme où figure un soleil) et *djet* par « éternité des cycles », temps infini qui se déroule rituellement. Pour l'étude de ces termes, voir J. Leclant, « Espace et temps, ordre et chaos dans l'Égypte pharaonique », *Revue de Synthèse* 55-56, 1969, p. 217-257 ; J. Assmann, *Zeit und Ewigkeit im alten Ägypten*, Wiesbaden, 1975.
3. 449a. 1780c : *La qualité de premier-né est attribuée à Pharaon jusqu'à la dimension de l'éternité.*
4. 412a. 412c : *Pharaon est à la frontière de la contrée de lumière pour l'éternité (djet) et l'éternité (neheh).*
5. 4d : Les dieux demandent à Nout : *protège Pharaon éternellement.*
6. 1524b-d.
7. 1195a, c.
8. 965a-c : *C'est Sothis, ta fille aînée qui prépare ton alimentation annuelle, en son nom d'Année et qui guide ce pharaon quand il vient vers toi* (Orisis). Selon 883d, *l'année t'a mis un bandeau en compagnie d'Osiris.* Selon 705b, *les années sont inversées pour Pharaon.*
9. 1693b.
10. 132a, 714a.
11. 515a. *Djeser*, « sacraliser, séparer », semble signifier ici « illuminer, éclairer ». Le principe créateur, père du pharaon, se trouve dans les ténèbres où son fils allume une lampe pour lui (chap. 362).
12. 1761c-d.
13. 318c.
14. 323c.
15. 708b.
16. 269a. Selon 515a, *Pharaon a éclairé (djeser) le ciel, il a éloigné les étoiles qui marquent les heures.*
17. 321a.
18. 164d-166a. 166c ajoute : *ceux qui sont dans le ciel inférieur (nounet) appartiennent au pharaon*, comme s'il s'agissait d'un cinquième point cardinal.
19. 348a-c.
20. 464a-b. En ce qui concerne les identifications des dieux des points cardinaux, les *Textes des Pyramides* donnent deux listes :

Seth = le sud
Osiris = le nord
Thot = l'ouest
Doun-ânouy = l'est (chap. 217).
Chou = le côté oriental du pharaon
Tefnout = le côté occidental du pharaon
Nou = le côté méridional du pharaon
Nounet (le ciel inférieur) = le côté septentrional du pharaon (1961a-b).

21. 470a-c.
22. 1960a-b.
23. 883a.
24. 928a.
25. 341a-b. Chap. 359.
26. 2200c.
27. 888a, 1465d-e.
28. 1038.
29. 1703a-b.
30. 282b-c.
31. 471a.
32. 1996b, 1942a.
33. 1835b.
34. 306a-b. Il ne faut pas voyager sur les chemins d'eau de l'Occident, car l'on n'en revient pas, mais sur les chemins d'eau de l'Orient, parmi les Suivants de la lumière (2175a-d).

49

Les paysages aquatiques de l'au-delà

« En charge du Nil », autrement dit responsable de la crue 1
fertilisatrice du fleuve terrestre, Pharaon est identifié à Hâpy, 2
le dynamisme divin de cette crue : *le repas abondant du pha-*
raon est plus abondant que Hâpy, Pharaon est inondé d'of- 3
frandes divines, il est inondé parmi les dieux. C'est dans la 4
générosité du Nil céleste que naît la prospérité terrestre : *Pha-*
raon se déplace sur l'eau de la lumière divine (Râ) et de
l'Horus de la contrée de lumière, les eaux de la vie qui sont 5
dans le ciel viennent, les eaux de la vie qui sont dans la terre
viennent. Et c'est l'air lumineux (Chou) qui amène les eaux, 6
élevées par des sources divines où le dieu Terre (Geb) purifie
ses membres. Les « eaux pures » qui embrassent les pieds du 7
roi existent grâce au Principe (Atoum) et ont été créées par
le phallus de Chou et le vagin de Tefnout, le couple primordial. 8
Pharaon reçoit l'eau pure sortant de la source mythique du
Nil, la caverne d'Éléphantine, capitale de la première province 9
du Sud, la tête du double pays.

Dans l'eau du Nil, il y a des « êtres lumineux » *(akhou)*, des
forces cachées qui diffusent de l'énergie, et il leur est
demandé de vénérer Pharaon. Le roi n'a rien à craindre de 10
l'eau de l'autre monde ; s'il y descendait, Osiris le soulèverait,
les deux Ennéades l'épauleraient et Râ lui donnerait la main
pour le mener à l'endroit où se trouve Dieu. 11

« Grand supérieur des grands canaux » réunis pour lui, Pha- 12, 13
raon est lui-même un canal ; régulateur des voies « aquati- 14

ques » par lesquelles circule l'énergie céleste, il en est à la fois
un des éléments et la synthèse. C'est sur le bord du « canal
sinueux » qu'est tombé l'œil d'Horus ; sur l'aile de Thot, le roi
se rend à cet endroit pour le faire sien. Le passeur du canal
sinueux annonce sa venue à la lumière divine (Râ) et lui
15 amène le bac pour le traverser vers l'orient du ciel.

Pharaon utilise plusieurs modes de déplacement, conditions
de la vie en éternité, dans les étendues aquatiques célestes. Il
16 nage, se sert du « grand flotteur en roseaux » rempli de
17 lumière et des flotteurs en roseaux mis en place par la barque
du jour et la barque de la nuit ; comme aux dieux, ils lui per-
18 mettent d'aller vers la contrée de lumière et la lumière divine.
Il est demandé aux dieux de l'Occident, de l'Orient, du Midi
et du Septentrion de mettre en place les quatre flotteurs en
roseaux du ciel pour permettre l'ascension de Pharaon et sa
traversée du « ciel frais » où il apparaîtra comme un grand
19 dieu.

Des bacs sont mis à la disposition du roi, particulièrement
« le bac de l'œil d'Horus » ; le roi ordonne au passeur de le lui
amener, et ce dernier ne peut ni refuser ni demander au
voyageur le prix du passage dans « le grand bac » qui peut
d'ailleurs être un bateau volant dans les cieux, puisqu'il porte
20 le nom de « Il s'envole et il se pose ».

À sa mère, Pharaon demande de l'emmener en barque vers
21 son lieu de résidence, de le haler avec un câble solide. *Il*
22 *occupe son siège dans la barque du dieu* et *son repas est*
23 *comme celui de la barque du dieu.* Assis à la proue de la
24 barque des deux Ennéades, le roi manie la rame qui doit se
souvenir de lui et à laquelle il est ordonné : *Toi qui es dans*
le poing du passeur du champ des roseaux, amène le bac à
25 *Pharaon, et traverse-le. Pharaon est* lui-même *la grande*
26 *rame-gouvernail* et il rame dans la barque de la lumière divine
comme dans celle de l'Ennéade où il donne des ordres aux
27 dieux.

Le roi dort dans la barque de la nuit, s'éveille dans celle du
28 jour, point à l'aube avec la barque du jour et descend avec
29, 30 celle de la nuit. Ces deux barques sont les yeux d'Osiris, et la
barque de la nuit contient le serpent de l'éternité, celle du jour

l'uraeus dressé. Pharaon prend le chargement de la barque de 31
la nuit, la barque du jour est sa mère qui le fait naître chaque 32
matin. 33

En tant que fils du Principe (Atoum), Pharaon ne peut pas
être « sans barque », et le bac est préparé pour lui. Horus ne 34
laisse pas le roi sans barque, *Thot n'est pas sans barque*, *Pha-* 35
raon n'est pas sans barque, et il peut d'ailleurs traverser grâce 36
aux « perches » d'Horus et aux ailes de Thot. 37

Le sans-barque est un être démuni de tout, qui ne peut même pas acquitter le modeste prix de la traversée d'une rive à l'autre ; s'il est un juste et s'il respecte Maât, il sera néanmoins traversé vers l'un des paradis, le champ des roseaux. 38

NOTES DU CHAPITRE 49

1. 155b-c. Dans ce chapitre, nous ne donnerons qu'un aperçu des thèmes développés dans les *Textes des Pyramides*, puis dans les *Textes des Sarcophages*. Pour de plus amples informations, cf. C. Jacq, *Le voyage dans l'autre monde*, p. 37 sq. (l'obtention de la barque et l'entrevue avec le passeur), p. 63 sq. (les bacs), p. 120 sq. (la navigation et les barques), et C. Jacq, *Les paysages de l'autre monde*.
2. 2047c.
3. 564a.
4. 1158b-c.
5. 1049a.
6. 2063a.
7. 1039a.
8. 2065a-b.
9. 864b.
10. 155c.
11. 1044a-c.
12. 203a.
13. 1728a.
14. 1094b.
15. Chap. 359.
16. 1188e.
17. « Le grand flotteur (*sekhen our*) en roseaux » permet au Pharaon de poindre (209c). En tant qu'Ouvreur des chemins, le grand flotteur est rempli d'énergie lumineuse (*akh*) et il monte de la contrée de lumière (455a-b). Pour le sens de « grand embrasseur », voir O. Perdu, *BIFAO*, 82, 1982, p. 319-324.
18. Voir par ex. chap. 473, 691A, 481 et 337a-D.
19. 464a-465c.
20. 1429e, 946b, 334b.
21. 303c-d.
22. 1764c-1765a.
23. 563c. Nout a pris tout dieu possesseur d'une barque et l'a installé dans le ciel étoilé (785a-b).
24. 1573a-c.
25. Chap. 616, 1743a-b.
26. 917b, 1093a.
27. 710c, 1687a, 889b-c, 906a sq., 2122b-c, 2125b, 992b-c, 274b, 1171a. Sous la forme d'un scarabée, Pharaon se pose sur le siège vide qui est dans la barque de Râ (366c), il y rame et la fait naviguer (367b, 368c), il y juge les dieux (2045a-b). Il trouve un trône vide dans la cale de la barque d'or de Râ (602a-c).
28. 1479a.
29. 210c, a.
30. 1981c-1982a.
31. 335b-c.
32. 1172a.
33. 1194a.
34. 1742c-d.
35. 1030a.
36. 1429d-e.
37. 1176a-b.
38. 1188a-b.

50

La terre céleste

La terre est un dieu, Geb, auquel les *Textes des Pyramides*
accordent une place considérable. C'est à lui que le Principe 1
(Atoum) a donné son héritage, et c'est en lui que s'unissent
l'Ennéade et « les deux jumeaux » créateurs. Premier-né et fils 2
de l'air lumineux (Chou), Geb se purifie dans les eaux célestes
qu'il lui amène et il est lui-même un *être de lumière (akh)* 3
dont le cœur est grand. Qualifié de « grand dieu, unique », 4, 5
Geb a pouvoir sur tous les dieux, est plus puissant qu'eux et
les fait vivre ; il préside à l'Ennéade et la gouverne. Lui qui a 6, 7
« la bouche habile », il est le prince des dieux et leur puis-
sance vitale. Les yeux sont issus de sa tête comme « grande 8
de magie » de Haute-Égypte (la couronne blanche) et « grande
de magie » de Basse-Égypte (la couronne rouge), et il apparaît 9
comme souverain des Deux Terres qui règne sur les divinités
et leurs puissances vitales. 10

Geb est *le maître de la terre jusqu'à sa limite* et, lors de la 11
résurrection, il protège cette terre, gouverne les êtres de
lumière, donne la main au pharaon et lui ouvre la bouche. Ce 12, 13
dernier, qui est destiné au ciel, refuse d'entrer dans le domaine
terrestre de Geb, donc de rester prisonnier de la sépulture. 14
Mais le chapitre 373 démontre que Geb est aussi la Terre
céleste, car *Pharaon va au ciel, vers son père le dieu Terre*
(Geb), qui réside bien dans l'espace céleste où son fils le
rejoint. Geb lui donne alors l'uraeus qui est au front d'Horus, 15
et c'est lui qui le fait venir au ciel. 16

17 *Geb fait s'envoler Pharaon parmi ses frères les dieux, vers*
18 *le ciel pour qu'il prenne l'œil d'Horus pour lui*, et il sert lui-
même de mode de déplacement : *Pharaon s'envole et se pose*
19 *sur les plumes de son père Geb.* Cette phrase nous rappelle
que Geb s'incarne dans un canard sauvage, un oiseau migra-
teur qui voyage entre les mondes et sert à écrire le nom du
dieu. Est-il symbole plus parlant pour indiquer que cette Terre
20 divinisée est céleste ?

21 Père de Pharaon, *Geb a agi pour lui conformément à la*
22, 23 *manière dont on doit agir pour lui* et il parle en sa faveur.
Le chapitre 640 est une invocation à Geb dont Osiris le roi est
le fils, qualité qui fait vivre Pharaon et l'empêche de mourir.
Si Pharaon vit, Geb vit ; si Pharaon est en bon état (oudja),
Geb l'est. Geb est précis *(sopd)*, fort *(ouash)*, possède une
capacité de manifestation *(ba)*, la puissance *(sekhem)*, il
chasse le mal d'Osiris, le protège pour qu'il vive et que son
nom ne périsse pas. Il fait vivre le roi et le maintient en bonne
24 santé ; le dieu doit le rendre complet (*item*, synonyme
25 d'Atoum). *Geb est paisible (hotep) pour toi, il t'aime, il te*
protège. Il t'a donné ta tête, il a fait que Thot te rassemble,
26 *de sorte que ce qui pesait sur toi disparaisse.*

27, 28 Geb élève l'œil d'Horus, donne ses yeux au pharaon et fait
en sorte qu'Horus les lui donne pour qu'il soit heureux *(hotep)*
29 avec ses yeux ; c'est d'ailleurs Geb qui amène Horus pour qu'il
30 identifie le pharaon, et c'est encore lui qui déclenche l'action
31 d'Horus en faveur du roi.

Geb est joyeux de rencontrer le roi, il pose ses mains sur
lui, l'embrasse fraternellement, s'occupe affectueusement de
lui et il le place à la tête des êtres de lumière, les étoiles
32 impérissables. Après avoir parlé avec Atoum, Geb amène au
pharaon les dieux qui sont au ciel, réunit les dieux qui sont
sur terre, lui amène les Âmes de Pé en totalité, rassemble pour
lui les Âmes de Nekhen, et lui donne les champs des roseaux
33 et les buttes d'Horus et de Seth.

C'est Geb qui ordonne que les offrandes soient présentées
34 au roi lors des fêtes rituelles ; Atoum et lui donnent au pha-
35 raon une pyramide et un temple. Le dieu Terre guide juste-
36, 37 ment *(mâa)* le roi et transforme Osiris en être de lumière.

Pharaon, qui n'a pas d'égal, est l'héritier de Geb ; il a reçu 38
son héritage et celui d'Atoum. Après avoir entendu le roi, la 39
Règle divine *(Mâaty)* ordonne que « les trônes de Geb » lui
reviennent. C'est parce qu'il a vu la nature *(qed)* de Pharaon 40
que le dieu l'installe sur son trône, tout en amenant vers le 41
pharaon ses deux sœurs, Isis et Nephtys, et en posant sa san-
dale sur l'ennemi du roi. *Le siège du pharaon avec Geb est* 42
rendu large, Pharaon règne comme Geb, prince des dieux. 43, 44
C'est pour Geb que Pharaon gouverne les dieux, et il s'identi- 45
fie à lui : *Pharaon est apparu comme Geb qui est à la tête de*
l'Ennéade, Pharaon est à la tête des dieux, comme Geb est à 46
la tête de son Ennéade. Pharaon est Geb, bouche habile, 47
prince des dieux, qu'Atoum a placé à la tête de l'Ennéade.
Les dieux se réjouissent en raison de ce qu'il dit. 48

Qu'en est-il de la terre, *ta* (autre mot masculin) qui n'a pas
le caractère divin de Geb ? *Pharaon n'est pas destiné à la*
terre, Pharaon est destiné au ciel ; *la terre est l'abomination* 49
du pharaon quand il est destiné au ciel. Le roi est sauvé 50
de celui qui lui posait des obstacles sur la terre, et *ceux qui* 51
appartiennent à la terre ne saisissent pas sa main. Si Pha- 52
raon descend dans la terre, Geb le soulèvera, les deux
Ennéades l'épauleront, Râ lui donnera sa main pour le
mener au lieu où se trouve Dieu. 53

Quand Pharaon monte au ciel, la terre tremble ; si une place 54
n'est pas accordée au roi dans l'espace céleste, la terre ne
parle plus et des catastrophes se produisent. Lorsque la Terre 55
divine (Geb) parle au roi, la bouche de la terre est ouverte et
parle à son tour, en écoutant ce que disent les dieux : alors
s'ouvrent les portes de la Terre divine, et Pharaon monte au
ciel. 56

La terre n'est pas vide de Pharaon, éternellement et n'a 57
aucune intention hostile envers lui ; c'est même elle qui lui 58
ouvre les yeux. Et il est dit au roi : *Tiens-toi debout sur elle,* 59
cette terre issue du Principe (Atoum), ce crachat issu de la
Mutation (Khepri) ; viens à l'existence sur elle, sois haut sur
elle ; que ton père te voie, que la Lumière divine (Râ) te voie. 60
La terre, elle est haute sous les pieds de Pharaon ; la terre est 61
élevée sous la déesse Ciel par tes bras, Tefnout. 62

« L'île de la terre » se trouve entre les cuisses de la déesse
63 Ciel et, comme Râ, Pharaon siège sur terre éternellement,
64 mais entre deux étoiles, Orion et Sothis. *Maître de la terre*
65, 66 *jusqu'à sa limite*, il est aussi son guide ; n'est-ce pas lui qui
67, 68 l'a engendrée et qui porte le nom de « terre sacrée » ? L'un des
devoirs du roi est ainsi formulé : *Étends ta protection sur*
69 *ceux qui se trouvent sur terre, et ils célébreront tes fêtes.*

Comment se présente cette terre de l'au-delà, ce paysage où
se déplace le pharaon ? Il s'identifie à « la butte primordiale de
70 terre qui est au milieu de la grande verte » ; dans les buttes
d'Horus et de Seth vivent les dieux qui sont allés à leurs puis-
71, 72 sances vitales *(kaou)*. Geb les donne au roi en totalité, Pha-
73 raon gouverne les buttes d'Horus, de Seth et d'Osiris, il
74 s'installe sur les buttes d'Horus, parcourt celles de Seth, tra-
75 verse les buttes de ce dieu et celles du Nord.

Les deux montagnes se séparent lors de la naissance de la
76 divinité et de Pharaon, et ce dernier *dure dans le ciel comme*
77 *une montagne*. Quant au désert divinisé, il prend la main de
78 Pharaon sur le site de « la chapelle divine » que Dieu a créé.

Dans cet univers, la liberté de mouvement est totale, puis-
79 qu'il n'existe ni frontière ni borne pour Pharaon ; personne ne
80 peut s'opposer à lui ni lui barrer la route. Au chemin divinisé
(metchen), Pharaon demande de porter un témoignage favo-
81 rable à son sujet, et *il va sur le chemin sur lequel vont les*
82, 83, 84 *dieux*, *les beaux chemins du ciel* sur lesquels Horus le guide,
alors que la déesse Ciel le guide sur ceux de la contrée de
85 lumière.

Sur cette terre céleste poussent de nombreux arbres ; Pha-
raon se trouve parmi eux et vit de ce dont vivent les forces
86, 87 divines qui les habitent. *Le roi vit de l'arbre aux fruits doux*,
88 *il est Horus qui sort de l'acacia*, *il va vers le haut sycomore*
89 *oriental du ciel sur lequel s'assoient les dieux*, empoigne les
deux sycomores et leur ordonne de le traverser et de le dépo-
90 ser sur ce côté oriental.

91 Pharaon fait croître les plantes, *il est verdoyant comme un*
92, 93 *roseau vivant*, s'identifie au papyrus (*ouadj*, le vigoureux),
est une fleur issue de la puissance vitale (ka), *une fleur issue*
94, 95 *de la cité divine*, *une fleur qui sort de terre* ; *il est apparu en*

gloire comme Nefertoum (l'accomplissement du Principe),
comme le lotus qui est au nez de Râ et il se purifie au sommet 96
du lotus. 97

Dans le lac des roseaux, Râ, Chou et Pharaon se purifient ; 98
ce lieu d'eau et de lumière est proche des paradis célestes qui
se présentent sous forme de « champs » *(sekhet)* que traverse
Pharaon. Au passeur, il ordonne de le franchir rapidement 99
vers le champ qu'ont créé les dieux et où ils célèbrent une
fête ; sous la forme du crocodile, c'est le roi qui fait verdir les 100
champs de la contrée de lumière. Il est conduit vers « le 101
champ du trône parfait du Dieu grand », car là est accompli
ce qui doit être accompli parmi les vénérables *(imakhou)*. 102

Deux paradis sont mis en valeur : « le champ des roseaux
(iarou) » et « le champ des offrandes ». Le passeur nommé
« son visage est derrière lui » traverse Pharaon vers le champ
des roseaux, et Sothis le guide sur les routes parfaites qui 103
sillonnent le ciel et le champ des roseaux. Le roi peut voguer 104
vers ce paradis en maniant lui-même la rame. C'est Geb qui 105
donne au roi « les champs des roseaux » où Pharaon chemine 106
et déambule. L'endroit est isolé ; y pousse un roseau divin et 107, 108, 109
s'y trouve un bassin que Tefnout a creusé pour le roi. Pharaon 110
s'y purifie, comme Râ et Horus ; *étoile du matin qui est au* 111
cœur du champ des roseaux, il y occupe son trône. 112, 113

Les deux Ennéades emmènent au champ de l'offrande le
pharaon possesseur de vénérabilité *(imakh)*, les dieux de la 114
contrée de lumière, Sothis et l'étoile du matin prennent sa
main et l'y installent, tandis que Chou et Tefnout le placent à 115
la tête de ce paradis. Le champ des offrandes n'est pas 116
complètement calme ; il peut s'y trouver des opposants dont
Pharaon coupe la tête avec son harpon lumineux. Ce lieu 117
parle, le roi dialogue avec lui, le salue et salue les végétaux
qui sont en lui. Et le champ des offrandes dit : « Plaisante est
la pureté qui est en moi. » Il est rempli d'eau ; au milieu, une 118, 119
grande île sur laquelle se posent des hirondelles, à savoir les
étoiles impérissables qui donnent la vie au pharaon, lequel est 120
étoile du matin au cœur de ce champ. Au nord, « la chaussée 121
de la joie ». 122

Cet endroit a été fondé par le fil à plomb des deux

123, 124 Ennéades, c'est-à-dire Pharaon lui-même qui y circule et s'y
125, 126 établit parmi les étoiles impérissables, les Suivants d'Osiris.
Tefnout confirme au roi qu'il y possède bien une parcelle de
127 terrain.

Avec sa puissance vitale *(ka)*, Pharaon descend dans le
champ des offrandes pour y trouver une abondance inépuisa-
128 ble ; de fait, ce paradis comprend des étendues fertiles qui
129 procurent des nourritures solides et des bassins pour boire.
*La tente de Pharaon est tressée avec des roseaux, son abon-
dance est dans le champ de l'offrande, ses offrandes alimen-
taires se trouvent parmi vous, les dieux, l'eau du roi est du*
130 *vin comme celui de Râ.*

C'est l'Égypte entière, avec ses provinces, ses villes et ses
buttes qui est transposée au ciel, et c'est le principe lui-même,
131 Atoum, qui les assemble pour Osiris.

132 Pharaon bâtit une cité céleste, *remonte le courant vers la
Terre primordiale et voyage jusqu'à Abydos en tant qu'être*
133, 134 *de lumière.* Il se rend aux « villes » saintes de Dep et de Pé
135 où il trouve l'œil d'Horus.

La ville la plus fréquemment évoquée est celle d'Héliopolis,
Iounou, « le pilier », où furent conçus les *Textes des Pyra-
mides*. La mère de Pharaon, son père et le pharaon lui-même
136 sont des Héliopolitains. Le roi *s'assoit sur son trône de métal*
137 *céleste comme le Grand qui réside à Héliopolis*, car *Pharaon
est l'Un de cette grande corporation (l'Ennéade), né aupara-*
138, 139 *vant dans Héliopolis.* Il s'unit aux dieux dans cette ville où
140 se trouve l'œil sain et vivant d'Horus ; le pharaon l'y découvre,
et il lui est dit : *Horus, prends pour toi ton œil qui te connaît*
141 *(sia) dans le temple du prince sis à Héliopolis.* Le roi préside
142 aux grands temples de la ville et il voit Atoum apparaître sous
la forme de la pierre primordiale (le *benben*) dans le temple
143, 144 du phénix. Le souverain est venu vers Osiris, dans Héliopolis,
ce qui montre que le dieu de la résurrection et des espaces
souterrains possédait un sanctuaire dans la cité solaire par
excellence.

145 Grande puissance dans le tribunal d'Héliopolis, Pharaon a
146 accès à la grande caverne de la cité ouverte à Horus et,
comme lui, « il vit la vie et ne meurt pas la mort ».

NOTES DU CHAPITRE 50

1. Le chapitre 592 est un véritable traité sur Geb, et de nombreux passages explicitent sa nature et son action.
2. 1617a-b.
3. 1039b.
4. 1618a.
5. 1616c.
6. 1624a, 1619b, 1623c.
7. 1834c, 1919c, 1619a, 1621b.
8. 1619a, 1623a. Horus sert Geb et l'aime (1625), Seth est né pour lui (144c).
9. 1624b-c.
10. 1626.
11. 1621a.
12. 1163a-b.
13. 1395a.
14. 308b.
15. 139b-c.
16. Geb fait venir Pharaon au ciel (1494c), lui donne la main quand il monte au ciel vers sa mère, la déesse Ciel (1030d), prend la main de son frère le pharaon et le guide à travers les portes du ciel (1114c-1115b).
17. 2247b.
18. 1235c-d.
19. 1971.
20. 1142d précise que Geb a un bras vers le ciel et un bras vers la terre.
21. 1142a. Le roi est le fils aîné de Geb (1710b) ; Osiris sort de Geb (1986b). Selon 258b, Geb crée (*qema*) Pharaon et l'équipe de sa forme (1654a).
22. 477c.
23. 2169a. *Geb a dit ce qui sort de la bouche de l'Ennéade : Pharaon est un faucon quand il saisit* (162b-c).
24. 1620a-b. Voir aussi 1619c, 1622 sq.
25. 1616b. C'est sur l'ordre d'Atoum que Geb chasse le mal du roi (840b-c, 843a-b).
26. 639a-b.
27. 2078a.
28. 9b.
29. 583b-c.
30. 612a.
31. 590b.
32. 656a-c.
33. Chap. 474. 1824k : *Geb t'a donné tous les dieux d'Égypte pour qu'ils te soulèvent.*
34. 657a-d.
35. 1277a sq.
36. 2096a.
37. 1013a.
38. 483c.
39. 301a-b.
40. 317a-c.
41. 649d, 576c.
42. 577a-b.
43. 698a.
44. 895d.
45. 1143a.
46. 2103d.
47. 255b.
48. 1645a-b.
49. 890b.
50. 308b. L'air lumineux (Chou) pilonne (?) la terre sous les pieds du pharaon (1022d).
51. 1484d.
52. 1022a-b.
53. 1045b-c.
54. 549a, 581b ; et la terre demeure derrière (?) (1416b).
55. 277a-c (chap. 254).
56. 1343a, 1712a, 1713a. *Terre, écoute ce qu'a dit Geb qui rend Osiris lumineux en tant que Dieu. La terre parle, la porte d'Aker est ouverte, les portes du dieu Terre (Geb) sont ouvertes* (1013a, 1014a-b, 795a, 796 sq.). Selon le chapitre 560 (1394a-1395b), la terre est creusée par une houe, l'offrande est présentée, le roi descend en terre, Geb ouvre sa bouche pour son fils Osiris,

ce qui est derrière lui est destiné à sa puissance vitale *(ka)*, ce qui est devant lui à sa capacité de capture. 285a-b : *Tu creuses dans la terre jusqu'à ton épaisseur, jusqu'à ton milieu* (285a-b) ; 817a : *la terre est fendue, l'offrande est présentée devant toi.*

57. 363c. 325a : *Pharaon parcourt la terre (Aker) à grandes enjambées.*
58. 2110a.
59. 1722c. 555a : *Le visage d'Horus est ouvert par Aker, le visage d'Aker est ouvert par Horus.*
60. 199a-c.
61. 990b.
62. 1405a.
63. 1188d, f.
64. 2126d, h.
65. 1872b.
66. 952d.
67. 1834a.
68. 581c.
69. 1942b-c.
70. 1022a. Pharaon descend dans « la grande verte », une étendue d'eau qui courbe sa tête et baisse son bras (1213a-b).
71. 948b-c.
72. 943b-c.
73. 218d-f.
74. 770b.
75. 2011b.
76. 2064a, b.
77. 1559c.
78. 1139a-b.
79. 1142c. Pharaon doit cependant veiller sur sa frontière qui est sur terre (221b-c).
80. 1237b. Pharaon ouvre son chemin avec « les os » de Chou (les nuages ?) (208a).
81. 952a.
82. 817b.
83. 2062c.
84. 1010a.
85. 2088b. C'est la vache « Traverseuse du ciel » qui rend « les routes parfaites » pour Pharaon (1153a) ; Sothis guide le roi sur « ces routes parfaites qui sont dans le ciel » (822b).
86. Voir chap. 403 : l'arbre *âab*, le sycomore, l'*ima*, le *matchet* qui pose ses mains sur Pharaon (1440e), le zizyphus qui est son serviteur (1019a, 1723c, 808a-b).
87. 718c.
88. 463a.
89. 916b.
90. 1433b. Le sycomore enclot Dieu, les dieux du ciel inférieur se tiennent sous lui (1485a).
91. 513c-514a.
92. 567c ; chap. 352.
93. 1875a-b : *le papyrus (ouadj) est issu d'Ouadjet, il est sorti en tant que Pharaon.*
94. 544a-b.
95. 264b (la fleur *seshesh*), probablement un lotus.
96. 266a.
97. 1164d.
98. Chap. 564, 1241a-e.
99. 1983e-1986b.
100. 1187a-c.
101. 509a.
102. 1191a-b.
103. 1091a, 1092a.
104. 822c.
105. 374b, 873d, 749c.
106. 943a.
107. 1984b, 1985a, 936b.
108. 1205c.
109. 487c.
110. 289a.
111. Chap. 563, 918a, 920b, 275a-d, chap. 567, 529c, 1132a sq., chap. 479. 1164d : *Pharaon est purifié au sommet du lotus qui se trouve dans le champ des roseaux.*
112. 805a.
113. 1086c, 1987c.
114. 1203d-e.
115. 830b, 1123c.
116. 1249b.
117. 1212f.
118. 471b-d.
119. 1205d.
120. 1216a-c.
121. 1719f.
122. 1198c, 1199b.
123. 1196b-c.
124. 698c.
125. 1165b.

126. 749d-e.
127. 289b.
128. 563b.
129. 1200a-b.
130. 130a-c.
131. 1475a-d, 961, 993a-b.
132. 1596a-b, 1597c.
133. 1716a-b.
134. 624b-c.
135. 2250c. À noter que ces deux « villes » saintes peuvent se déplacer : *Pé remonte le courant vers toi, Dep descend le courant vers toi* (725d).
136. 482a-483a ; 1507b-c.
137. 1721a.
138. 1041b. Chou et Tefnout guident le roi quand il sort d'Héliopolis (2099b).
139. 1744c. « Celui qui préside à Héliopolis » semble être un serpent, Hepiou (2001c ; cf. 662c). S'y trouve aussi « la grande jeune fille (*hounet*) » qui pose ses mains sur Pharaon.
140. 2050a-b, 1249b.
141. 1614b.
142. 1288a.
143. 1652b.
144. 2097c.
145. 1319a.
146. 810c.

51

L'univers animal

L'au-delà des *Textes des Pyramides* est peuplé d'animaux
dont la plupart sont des mutations spirituelles. Pharaon est
un oiseau mis au monde par Isis dans un œuf qu'il brise pour
s'envoler, il est le fils du pélican et du vautour. 1, 2, 3

Geb fait s'envoler Pharaon parmi ses frères les dieux, ce 4
dernier se transforme en oiseau pour aller au ciel, il a des 5
ailes et des plumes et s'envole hors de portée des hommes. 6, 7
Le roi se transforme en héron, en canard, en oie et en hiron- 8, 9, 10
delle ; les hirondelles sont les étoiles impérissables qui se 11
posent sur la grande île, au milieu du champ de l'offrande, et
donnent au pharaon « le bâton de vie ». Il est aussi un milan, 12, 13
et ce sont deux milans qui amènent le bac vers lui, alors que 14
la déesse du tissage, en son nom de milan, l'élève jusqu'au
ciel. 15

L'oiseau dans lequel s'incorpore le plus volontiers Pharaon
est le faucon. « Faucon divin » est le nom du roi, *faucon issu* 16, 17
de Râ, grand faucon qui réclame l'existence, faucon issu de 18, 19
l'œil d'Horus, et il atteint le ciel et l'embrasse. *Ses ailes pous-* 20, 21
sent comme celles d'un faucon à la grande poitrine, ses
plumes sont celles du rapace, ses os ceux des faucons divins
qui résident au ciel ; Pharaon est semblable au *faucon au* 22
regard profond que l'on voit, le soir, lorsqu'il traverse le ciel. 23
Quant aux deux faucons qui se trouvent dans la barque de Râ,
ils emmènent le voyageur vers l'est et le placent parmi les
étoiles impérissables. 24

25 Le plus grand des dieux est « le taureau des taureaux », et
26 le père de Pharaon est le grand taureau sauvage. Aux taureaux
d'Atoum, il est demandé de donner au roi une formidable
27 énergie ; lors d'un acte rituel, il parvient à saisir le taureau par
28 la queue, queue qui sera d'ailleurs accrochée à la ceinture de
son pagne.

Le taureau du ciel saisit la main du pharaon et lui donne sa
29 main ; le souverain lui demande de ne pas l'ignorer : s'il le
connaît, Pharaon le connaît et si Pharaon le connaît, le tau-
30 reau du ciel le connaît. Lui-même est *le taureau du ciel qui*
31 *conquiert selon son cœur et vit de l'être de chaque dieu.* Pha-
32 raon est aussi « le taureau de lumière », « le taureau de l'En-
33 néade » qui entend la parole divine, « le taureau sauvage de la
34 prairie », « le taureau au grand visage qui sort d'Héliopolis »,
35 « celui qui façonne et ne cesse de mettre au monde ». *Il vient*
à l'existence comme le taureau endurant des taureaux sau-
36, 37 *vages*, il dure et il est établi à la tête des dieux.

En tant que « grand taureau sauvage », le roi appelle le pas-
seur, lui ordonne de lui apporter le bac et ordonne au « tau-
reau des offrandes » de baisser sa corne pour le laisser passer
38 en direction du ciel, afin de voir son père Râ. Quant au « tau-
39 reau des deux Ennéades », il ouvre la route du pharaon qui,
sous la forme de ce mammifère, traverse *vers les champs*
40 *verts, vers les places pures de la lumière divine.*

C'est sous la forme d'un taureau sauvage que Seth a tué
« un plus grand que lui (Osiris) », et le ritualiste tue le tueur
en le coupant en morceaux, lesquels sont distribués aux
41 dieux. Le taureau devient ainsi animal de sacrifice que l'on
42 consomme pour pouvoir se déplacer dans l'au-delà.

La mère du roi est la vache céleste qui l'élève vers le ciel et
43 ne le laisse pas sur terre ; Pharaon se joint à elle, la grande
44 vache sauvage qui est le ciel. Elle l'allaite et ne le laisse pas
45 sans forces. Après l'avoir conçu et mis au monde, elle le place
à l'intérieur de son aile pour lui faire traverser un lac et un
46 canal. Et c'est sous la forme d'un veau d'or que Râ naît dans
47 le ciel.

Le nom de Pharaon est « chacal », et *il apparaît en gloire*
48, 49 *sous la forme d'un chacal.* Son visage, ses bras, ses pieds et

ses mains sont ceux d'un chacal. En prenant cette forme, Pha- 50
raon voit les portes du ciel s'ouvrir devant lui, et il occupe le 51
zénith, lui, le chacal gouverneur des deux Ennéades. Identifié 52
à cet animal, Osiris ne se décompose pas. 53

Les animaux les plus redoutables ne sont pas exclus de l'au-
delà. Ainsi, le chapitre 317 est un texte superbe qui évoque la 54
nature lumineuse du crocodile. « Vert de plume », au visage
éveillé, au poitrail élevé, il vient du flot, lui, le furieux qui
monte du jarret et de la queue de la Grande qui réside dans
la lumière. Le saurien va vers ses cavernes qui se trouvent
dans la rive que recouvre le flot de la grande inondation
céleste, il va vers « la place de l'accomplissement » dont les
champs sont verdoyants et se situent dans la contrée de
lumière. Le crocodile rend verts les herbages qui poussent sur
les rives de cette région et il apporte la « verdeur brillante » à
l'œil de la Grande résidant dans le champ, puis occupe son
siège au sein du pays lumineux. 55

Les serpents occupent une place importante, et ils sont pré-
sentés de manière tantôt négative, tantôt positive. Mafdet, la
souveraine de la Maison de Vie, est une aide précieuse contre
les serpents dangereux auxquels sont consacrés de nombreux 56
chapitres, composés de formules de conjuration souvent
intraduisibles, pour les empêcher de nuire. Les reptiles reçoi- 57
vent l'ordre de s'en aller, de s'éloigner, de tomber, de ramper,
de rester cachés, de se mettre à l'envers. Il faut leur fermer la
bouche, prononcer les paroles qui les rendent inoffensifs, utili-
ser un couteau et bien les regarder afin de les immobiliser.

Mais la mère du roi est un grand serpent, et c'est un serpent 58
de feu, la couronne rouge, qui le met au monde ; il est lui- 59
même un reptile aux nombreux replis, pourvoyeur de puis-
sances vitales et un serpent nommé « taureau des dieux » qui 60
avale ses sept uraeus pour que ses sept vertèbres cervicales
viennent à l'existence. Il donne des ordres aux sept Ennéades
et aux sept arcs. 61

Si Pharaon descend dans la terre en utilisant les replis des
serpents, il n'en reste pas moins que *le serpent est destiné au* 62
ciel, qu'il y réside et qu'il offre au roi une forme de sagesse. Le 63, 64
serpent céleste *(qebehout)* est la fille d'Anubis ; il rencontre le

souverain et manie quatre jarres pour rafraîchir le cœur du
Dieu grand le jour de l'éveil et celui du roi pour la vie. De
65 plus, le reptile le purifie et l'encense.

Pharaon voit « le grand serpent » qui se place derrière lui
66, 67 pour le protéger ; il en existe un autre *qui fait vivre son front*,
68 se place devant lui et le guide. *Il y a deux serpents au front*
du pharaon qui l'élèvent et le conduisent vers sa mère, la
69 déesse Ciel ; l'uraeus, cobra femelle, émet un souffle de feu
70 qui détruit les ennemis du roi. Serpent issu de Dieu et de la
71 lumière divine, « l'uraeus vivant » est la mère du roi qui l'aime
72 et l'allaite.

Pharaon a vu le serpent (djet) dans la barque du soir et
73 *l'uraeus dans la barque du matin*, lui qui est l'*uraeus sorti*
74 *de l'œil de Râ*. Fait essentiel, les serpents uraeus sont des
75 yeux et, plus précisément, les pupilles de l'œil d'Horus ; outre
ce regard de feu, le roi possède aussi une force surnaturelle
76 car *il est l'uraeus qui sort de Seth. Pharaon apparaît en*
77 *gloire en tant qu'uraeus qui est au front de Seth*, *il est*
78 *l'uraeus de Seth qui se meut de manière incessante*.

Le monde des insectes est, lui aussi, bien présent dans les
Textes des Pyramides, puisque Pharaon peut atteindre le ciel
79 sous la forme d'une sauterelle. Fils du scarabée divin, syno-
80 nyme de métamorphoses ininterrompues, Osiris ressuscité est
81 *vivant comme un scarabée vivant*. Pharaon s'envole et se
pose « au sommet du scarabée », à l'avant de la barque qui
82 vogue dans l'énergie primordiale ; transformé en scarabée, le
83 roi se pose sur le siège vide, dans la barque de Râ.

Et la déesse Ciel, Nout, apparaît en gloire comme une abeil-
le ; dans cette incarnation, elle a la maîtrise des dieux et de
84 leurs puissances vitales.

NOTES DU CHAPITRE 51

1. Chap. 669.
2. 511d.
3. *Le vautour femelle est grosse du pharaon pendant la nuit* (568a, 569a). Le vautour est la tête de Pharaon (1303a).
4. 2247b.
5. Chap. 521.
6. 1948b-c.
7. 463d, 890a.
8. 891b, c ; 2042c.
9. 913b, 1484a, 366a-b, 461a.
10. 463b, 2043a.
11. 1770a.
12. 1216a-c.
13. 463c, 1484c.
14. 1254a.
15. 741c.
16. Par ex. 1484, 461b, 2179a. Le signe du faucon sur le pavois détermine dieux mâles et femelles, par ex. Isis (2089a).
17. 1783c, 2034c. Le roi s'envole comme un faucon divin (2042c, 2043a-b).
18. 2206d.
19. 1777a.
20. 1843. Le roi est un faucon qui pousse des cris perçants et tourne autour de l'œil d'Horus qui est dans la *douat* (1959a).
21. 1845b, 891c.
22. 1048c, 748b, 546b, 1235a, 137b.
23. 1048d.
24. 1758b-1760a.
25. 548a ; 1302a-c : *Sa tête est dans la main d'Horus, sa queue est dans la main d'Isis, les doigts d'Atoum sont sur ses cornes.*
26. 809c.
27. 701a-c.
28. 543a-b, 547a-b.
29. 1717b, 803a.
30. 332a.
31. 397a.
32. 889d.
33. 717a, 1238c.
34. Voir aussi 716e. 1145c : *Pharaon est le grand taureau sauvage qui sort en tant que prééminent aux Occidentaux.* La vertèbre de Pharaon est celle du taureau sauvage (1308c), et le roi a sur la tête les cornes de deux taureaux sauvages. Il est aussi un bélier noir (252a-b).
35. 468a-d.
36. 1477c, 481b-c.
37. 998b.
38. 913c-915a ; 925c, 1432b.
39. 2248d-2249a.
40. 1359a-b.
41. Chap. 580. 1977b : *Horus tue celui qui a tué Osiris, en tant que taureau sauvage.*
42. 1550a-b.
43. 1566a-b.
44. 388c.
45. 2003a-b.
46. 1370a-c. La vache Sekhat-Hor, « celle qui se souvient d'Horus », allaite Pharaon (1375b). La vache « Traverseuse du ciel » *trace les routes parfaites de Pharaon et le guide vers le grand trône* (1153a-b).
47. 1029b.
48. 1907d-e, 1913b, 2103c.
49. 2098a. *Reçois ton visage de chacal* (2026b) ; voir aussi 1298b, 1564a, 1995a, 1235a, 2262a (comme Oupouaout), 2108a (comme Osiris). *Ô Pharaon dont la forme est mystérieuse comme celle d'Anubis, prends ton visage de chacal* (896a-b).
50. 769b, 1380c-d. 865b : sa partie antérieure est celle d'un chacal.
51. 727a-c. Voir aussi 1927b-c (pour Oupiou).
52. 1719d.
53. 1257a-c. Les chacals sont des êtres

de lumière donnés au pharaon (1294a, 2011d).

54. 507a-510d (dans la pyramide d'Ounas).
55. Apparaissant comme Sobek fils de Neit, le crocodile mange avec sa bouche, urine et copule avec son phallus, car il est la semence (*metout*). Il arrache les femelles à leurs mâles pour les emmener à l'endroit de son désir.
56. 677d, 672b, 685c-d.
57. Chap. 226-244, 275-299, 375-399. Voir C. Leitz, *Orientalia* 65, 1996, p. 381-427.
58. 2204a.
59. 198b.
60. 1146b.
61. 511a-c.
62. 1056a. 2289a : *Pharaon gît dans ton repli, Pharaon est assis dans ton cercle.*
63. 244a, 976c.
64. 664c.
65. 1180b-1181b. 2103a-b : *Ta sœur, le serpent céleste, t'a purifié sur le grand escalier dans la prairie. Sa partie arrière est le serpent céleste* (cf. aussi 2128b), *elle rafraîchit pour toi ton cœur dans ton corps, dans la demeure de ton père Anubis* (1995a-b). *La partie médiane du pharaon est le serpent céleste* (1564a, 1749a).
66. 697b-e.
67. 2277b.
68. 396c.
69. 902b-d ; 396b.
70. 302a-b ; 321c. Pharaon charge aussi les uraeus de veiller sur les étoffes (265d).
71. 1091c.
72. 1108c.
73. 335b-c.
74. 2206e ; il est aussi « l'uraeus issu du faucon » (1843).
75. 1287b ; chap. 746, 748.
76. 2047d.
77. 979c.
78. 1459b.
79. 891d, 1772b.
80. 1210a.
81. 1623c, 2107c. *Le scarabée est vivant* (697a, 561a, 570).
82. 2206f.
83. 366a-c.
84. 824a, 781a.

52

La condition humaine

En ce qui concerne les parents de Pharaon, les *Textes des Pyramides* lèvent toute ambiguïté : *tu n'as pas de père parmi*
les humains, tu n'as pas de mère parmi les humains. 1

Pharaon est né dans l'énergie primordiale,

(Alors que) le ciel n'était pas (encore) venu à l'existence,

(alors que) la terre n'était pas (encore) venue à l'existence,

(alors que) ce qui fut rendu stable n'était pas (encore) venu à l'existence,

(alors que) la perturbation n'était pas (encore) venue à l'existence,

(alors que) cette peur issue de l'œil d'Horus n'était pas
(encore) venue à l'existence. 2

Quand les deux montagnes se séparent, Dieu vient à l'exis-
tence, et Pharaon aussi ; il a été mis au monde comme 3
Horus, comme celui de la contrée de lumière. 4

Le père de Pharaon est l'Éternel, le Principe (Atoum), le 5, 6
dieu Terre, le dieu Lune, le grand taureau sauvage ; sa mère 7, 8, 9
est *la déesse Ciel qui le met au monde, vivant, chaque jour,*
comme la lumière divine et lui donne naissance avec Osiris, 10, 11
le ciel et la matrice stellaire, Tefnout, Isis, Sekhmet, Seshem- 12, 13, 14
tet, Hetepet (la matrice céleste), la vache céleste, la grande 15, 16, 17
vache sauvage qui est aussi la couronne blanche, la couronne 18
rouge, les vautours, le grand serpent à la coiffe blanche, aux 19, 20
ailes ouvertes et aux seins pendants, l'uraeus vivant, la barque 21, 22
du jour qui le fait naître à l'aube. Et ce roi, dont père et mère 23

sont divins, ne vient pas au monde comme un être humain,
puisqu'*il a été conçu dans le nez et qu'il est né dans les*
24 *narines.*
25 Pharaon est le Frère divin ; *notre frère vient vers nous*,
26 disent les deux Ennéades, et tous les frères du roi sont des
27, 28 dieux : l'Ancien, Geb, Soped et Celui qui est préposé à ses
29, 30 yeux, le dieu Lune. *Pharaon monte au ciel parmi ses frères*
31, 32 *les dieux* qui se montrent fraternels avec lui et se réjouissent
33 de le rencontrer. *Il est une étoile vivante à la tête de ses frères*
34. 35 *les dieux*, *son frère est Orion*, *sa sœur Sothis*, et *il siège entre*
36 *eux sur terre pour toujours.*

Quant à la descendance de Pharaon, il s'agit de l'étoile du
37 matin. En raison de son ascendance divine, il est perpétuelle-
ment *jeune (renep) au moment juste*, *et il rajeunit au*
38 *moment juste*. Les dieux sont heureux de voir le pharaon
39, 40 rajeuni, lui qui porte le nom d'« eau jeune ».

Nulle trace de condition humaine au sens strict dans la per-
sonne symbolique de Pharaon, par conséquent, lui qui est *plus*
41 *stable que les humains* dont le nom, *remetch*, rappelle qu'ils
sont nés des larmes de Dieu. *Pharaon s'envole loin des*
42, 43 *hommes*, *il ne meurt pas sur terre parmi les hommes*, *il est*
44 *éloigné de l'abomination que représentent les humains*, *Pha-*
raon ne meurt pas à cause des hommes, *ils ne peuvent for-*
45 *muler le mal contre lui.*

Si le roi était empêché d'aller à la place où se trouve Râ,
les hommes seraient tenus à l'écart du roi ; si le roi ne pouvait
descendre dans la barque de Râ, les hommes seraient tenus à
46 l'écart de la mort et de la nourriture. Pharaon sauve les êtres
47 célestes du mal que les hommes ont accompli ; si les portes
du ciel sont ouvertes pour lui, elles demeurent fermées pour
48 les hommes qui n'ont pas de nom, c'est-à-dire dépourvus
d'identité spirituelle.

49 Aux hommes, il est demandé d'être silencieux et d'écouter ;
parmi eux, Pharaon place ses Annales, le souvenir écrit de ses
50 actes. Il leur est souhaité : *Puissent les hommes obtenir leur*
sépulture, *des milliers de pains*, *des milliers de bières prove-*
51 *nant de l'autel du premier des Occidentaux* ; *leur visage est*
52 *éclairé quand les offrandes divines descendent.*

L'attitude des hommes peut se révéler positive lorsqu'ils se
tiennent sur terre, à côté du pharaon, et s'adressent à Râ pour
lui demander de donner sa main au roi et de l'emmener au
ciel. Aux hommes et aux dieux, Pharaon demande de placer 53
leurs mains en dessous de lui et de le soulever vers le ciel ; au 54
« grand flot », il demande d'*apaiser les hommes et les dieux.* 55

Comme on le voit, la condition humaine, d'après les *Textes des Pyramides*, ne saurait être heureuse qu'en s'incorporant au sacré et aux rites qui lui permettent de dépasser sa nocivité naturelle et de s'intégrer à une harmonie d'origine céleste.

Si l'Égypte n'a pas connu un système de castes, les *Textes des Pyramides* mentionnent cependant trois catégories d'êtres qui ne sont nullement des classes sociales mais correspondent plutôt à des états de conscience.

Les *henmemet* semblent être une confrérie d'êtres de
lumière qui viennent vers le roi courbés et l'interrogent : « Qui
a fait cela pour toi ? » Il répond que c'est sa mère, la grande
vache céleste, qui l'a élevé vers le ciel. Ces êtres protègent le
roi, *portent témoignage à son propos* et lui sont donnés, 56, 57, 58
guidés par « le grand flot ». Si Pharaon écoute les paroles 59
qu'ils prononcent, il élève pourtant la main au-dessus d'eux 60
en signe d'autorité, les prend dans son poing, leur donne des 61, 62
ordres et les guide. 63, 64

Les *rekhyt* (« les connaissants ») ont pour chefs le dieu
Nefertoum (Celui qui accomplit le Principe) et Horus (le pha- 65
raon lui-même), mais ils sont beaucoup moins proches du 66
pharaon que les *henmemet*. Ils doivent même se cacher en
présence du roi qui les apaise en prenant un repas en leur 67
compagnie, alors que le fils du roi doit intervenir sèchement 68
pour briser leur éventuelle animosité. Les *rekhyt* sont d'ail- 69
leurs repoussés par les portes du ciel, car leur type de 70
connaissance *(rekh)*, que l'on pourrait qualifier de scientifique, n'est pas suffisante pour les franchir.

Enfin, les *pât*, dont Horus est le maître, sont « les membres 71
de Pharaon », autrement dit les agents d'exécution de sa pen- 72
sée et les êtres qui la mettent en œuvre.

NOTES DU CHAPITRE 52

1. 2203b, 809b, 659c-d, 2002a-b, 728b-c.
2. 1040a-d.
3. 2064a-b.
4. 928b, 934b.
5. 449a.
6. 207c, 2057.
7. 1142a, 1180a-b.
8. 1104a.
9. 809c.
10. 1835a.
11. 2057, 1428e ; chap. 1, 2052b.
12. 820c-e ; *le ciel (pet) te donne naissance en tant qu'Orion* (2116b).
13. 2053a.
14. 1375a ; chap. 669 : Pharaon est cet oiseau mis au monde par Isis, et il brise son œuf pour s'envoler.
15. 2206.
16. 1210a.
17. 1566a.
18. 1370a, 2003a, 729a ; 910a-b, 2242b-c.
19. 911a-c.
20. 1118b-d.
21. 2204a.
22. 1108c.
23. 1194a.
24. 2288d.
25. 1100c.
26. 1696c.
27. 774a-b.
28. 1114c.
29. 1863b, 1864b.
30. 1001b. 1023b : *Il (Chou) sépare le roi de son frère (ânti), il l'unit avec mon frère (âfti)*. 256b : *Celui qui est debout est debout derrière toi, ton frère est debout derrière toi.*
31. 546c, 550c.
32. 577c.
33. 977a-b.
34. 904c.
35. Voir aussi 929b, 935c, 1123b, 1707a.
36. 2126f-h.
37. 929b, 935c, 1001b, 1104b, 1707a.
38. 883b ; cf. aussi 2180b, 2068b.
39. 715c. 206a : *Équipe-toi comme Horus, étant jeune.*
40. *Horus le jeune te reconnaît, tu es jeune en ce nom d'eau jeune qui est tien* (767a, 589).
41. 1423b.
42. 463d, 890a, 1484a. *Les dieux s'envolent, les hommes se cachent* (459a).
43. 604f.
44. 2082c. 1930e-1931a : *Méfie-toi de ces humains de cette demeure du Ba qui sont redoutables et hostiles, en leurs noms de femmes dangereuses.*
45. 2253c-e. Les hommes ne peuvent pas prétendre que l'œil d'Horus est mort à cause de Pharaon (1450b-c).
46. 1438c ; 1439c, 1440a. Si les passeurs porteurs de tresses tardaient à procurer le bac au pharaon, ce dernier révélerait leur nom aux hommes (1223b). Pharaon, qui « mange les hommes » (400a), doit se nourrir seul, sans donner son repas aux hommes qui sont à côté de lui (1941a-b).
47. 1603c.
48. 604c-d.
49. 1746a.
50. 1160a.
51. 474b-c.
52. 1554b.
53. 1496a-1498c.
54. 1101a-b.
55. 559c.
56. 1565b-1567b ; voir aussi 2187a, 2147a.
57. 336a.
58. 2235a.
59. 559b, 565b.
60. 1168c.
61. 1126a.
62. 1288c.

63. 1993b.
64. 1686c.
65. 483b.
66. 643e.
67. 516e.
68. 1058a.
69. 1837c.
70. *Sont ouvertes pour Pharaon les portes du ciel liquide qui repoussent les rekhyt* (2246c) ; ils sont tenus à l'écart et repoussés des portes du ciel (655b, 1726b, 1934e).
71. 737f, 895d, 1258a, 1804b.
72. 371a.

53

Le corps symbolique et ses fonctions

*Dieu, ton corps est celui de Pharaon ; dieux, votre corps
est celui de Pharaon* : la puissance de ces phrases souligne 1
l'importance que les *Textes des Pyramides* attachent à l'incar-
nation du divin. C'est le verbe du roi qui la provoque, puisque
Pharaon appelle Dieu sur son corps, un corps dont il se vêt 2
comme d'un habit et sur lequel il exerce une maîtrise, comme
Dieu. Ce corps-là s'appelle *djet*, synonyme du mot « éternité », 3
et s'écrit avec le grand cobra dressé. Le corps *(hâou)* appar-
tient à Dieu, la chair *(iouf)* est née pour vivre ; quant au corps 4
de Pharaon *(khet, iouf)*, c'est ce qui est rajeuni, mais il y a 5
une forme corporelle qui est destinée à la terre. 6

C'est dans le corps d'éternité *(djet)* de Pharaon qu'Isis et
Nephtys placent l'organe essentiel de la vie, le cœur qui est 7
aussi la conscience. La déesse Ciel fait également ce don car, 8
lors de la montée au ciel, il doit y avoir changement de cœur ;
l'organe mortel, en effet, ne suffirait pas. 9

Le cœur de Pharaon est dans son corps, à sa place, il le 10
possède ; il ne lui sera ni arraché ni ôté, et le roi en a la maî- 11, 12
trise. Dans le cœur, il y a l'amour, et *Pharaon est celui qui* 13, 14
unit les cœurs. Le sien est élevé, grand et altier, mais égale- 15, 16
ment doux ; *Pharaon est large de cœur en tant que celui qui* 17
*préside à la matrice stellaire (douat), les dieux sont larges
de cœur à propos du pharaon, puisqu'ils le voient rajeuni*. 18

Ce sont les yeux d'Horus qui « dilatent le cœur », lequel ne 19
doit pas être « fatigué *(ouredj)* » ; pour l'éviter, le *serpent* 20

céleste rafraîchit le cœur du pharaon dans son corps, le jour
21 *de l'éveil, pour la vie.*

Pharaon appartient au cœur de celui dont les sièges sont
22, 23 *cachés, Horus a placé le roi dans le cœur des dieux* et *il*
24 *apporte au roi les cœurs des dieux*, et le cœur de Pharaon vit
25 grâce aux énergies subtiles *(redjou)* d'Osiris et des cœurs des
26 dieux.

Lorsqu'il se transforme en lumière, le pharaon, « fils du
cœur de l'air lumineux (Chou) », est « un éprouveur, un lan-
27 ceur de cœur » qu'il anime de sa puissance lumineuse.

Le roi empêche que les malfaisants ne détruisent *la place*
du cœur parmi les vivants qui sont sur cette terre, pour tou-
28 *jours et à jamais*, et ce lieu privilégié n'est autre que la pyra-
mide où survit le cœur de Pharaon.

La tête doit être redonnée au pharaon et fermement ajustée
29, 30 à ses os ; ce sont les deux Ennéades qui la soulèvent, et le roi
31 en a la maîtrise, alors que *son visage est illuminé par les*
32, 33 *dieux* et que la vue et l'ouïe lui sont données pour qu'il existe.
34 Les oreilles sont ouvertes afin que Pharaon entende ce que
35, 36 disent les dieux et connaisse la plénitude ; quant au rôle de
l'œil, il est particulièrement souligné. Ouverts par le dieu
37 Terre et sortis de la déesse Ciel, les yeux sont ceux du Grand
38 et donnent au roi la plénitude. Dans l'œil de Pharaon, il y a
39, 40 de la lumière, et l'œil connaît intuitivement *(sia)* le pharaon.

Le refuge du pharaon est son œil,
La protection du pharaon est son œil,
La force victorieuse du pharaon est son œil,
41 *La puissance du pharaon est son œil.*

Voir est essentiel : il est souhaité au pharaon de voir avec
42 ses yeux complets, lesquels doivent être en parfaite santé, de
43 même que leur eau, leur sang et leurs vaisseaux. *C'est heureux*
de voir, c'est heureux pour ceux qui voient, c'est la plénitude
44 *de contempler, disent les dieux.*

45 Ce que voit Pharaon, c'est l'énergie primordiale, l'action et
46 la perfection des étoiles, les dieux dont aucun ne voit au-des-
47, 48, 49 sus de lui, la naissance de ces dieux qui voient le ressuscité
et sont purifiés en le voyant monter chaque jour de la contrée
50, 51 de lumière. *Le roi voit son père, il voit Râ*, et le pharaon

Horus demande à voir Osiris sous la forme dans laquelle il
s'est manifesté ; les yeux d'Osiris sont la barque de la nuit et 52
la barque du jour. 53

Ceux que voit Pharaon sont des grands, mais celui qu'il 54
regarde, s'il est un être dangereux de l'au-delà, ne vit pas. 55

Deux dieux sont plus particulièrement en rapport avec
l'œil : Râ et Horus. C'est Râ, la lumière divine, qui affermit
pour Pharaon ses yeux divins ; *Pharaon est cet œil de Râ qui* 56
passe la nuit, est conçu et mis au monde chaque jour, et *il* 57
s'élève vers le ciel comme l'œil de Râ. Le roi est aussi l'uraeus 58
sorti de cet œil, sa puissance et son pouvoir victorieux sont 59
ceux de l'œil solaire. 60

L'œil le plus fréquemment cité est celui d'Horus auquel de
nombreux passages sont consacrés. Le dieu faucon a pris pos-
session de son œil et l'a donné au pharaon qui le prend pour 61
lui, alors qu'il est complet *(oudjat)*, et le fait sien ; grâce à lui, 62
il voit. *Horus t'a donné son œil fort (roudj), il te l'a donné* 63
pour que tu sois fort et que ton ennemi te craigne. Pharaon 64
est cet œil d'Horus, plus puissant que les humains, plus fort
que les dieux ; *il est sur le trône d'Horus l'ancien, et son œil* 65
est sa force victorieuse. 66

Le roi occupe une position prééminente quand il possède
l'œil d'Horus parce que ce dernier est « la grande de magie », 67
la couronne (blanche ou rouge) qui donne la force. Si Horus 68
ouvre l'œil qu'il a donné au roi pour qu'il voie, ce dernier fait 69
en sorte qu'Horus voie avec ses deux yeux complets, lesquels 70
dilatent le cœur et permettent de respirer. 71, 72

Horus a complètement rempli le pharaon de son œil en ce
nom d'offrande divine qui est sien ; identifié à l'œil d'Horus, 73, 74
Pharaon est, comme lui, sain et complet *(oudja)*. 75

L'œil vient vers le roi et lui parle ; grâce à lui, Pharaon 76
entend la parole des dieux, vision et ouïe étant ainsi associées. 77
Le souverain « se meut de son mouvement » en tant qu'œil
d'Horus et *il le suit jusqu'au ciel, jusqu'au ciel étoilé.* Il faut, 78, 79
en effet, partir à la recherche de cet œil : *Pharaon est celui*
qui empêche les dieux de se lasser lors de la quête de l'œil
d'Horus ; il le cherche dans Pé, le trouve dans Héliopolis, il 80
le prend de la tête de Seth à l'endroit où ils ont combattu. 81

Selon un autre passage, Pharaon est à la recherche de l'œil
82 d'Horus endommagé ; il le trouve à Pé, après l'avoir cherché
83 dans Héliopolis. Il le trouve, et celui-ci est posé sur sa tête
84 pour agir à l'avant du front, avec l'agressivité d'un crocodile ;
et l'œil peut également se trouver dans la matrice stellaire
85 (*douat*). L'œil ne doit ni souffrir, ni disparaître, ni être séparé
86 du roi après qu'il a été repêché et sauvé de Seth.

*Pharaon l'a restauré avec ses mains, restauré, construit et
fondé, pour qu'il fasse pour lui tout ce qu'il a formulé en tout
87 lieu où il ira* : cet œil construit peut être le bac qu'utilise le
88 voyageur de l'au-delà.

89 Thot donne au pharaon l'œil d'Horus, *l'eau dans laquelle
90 Thot a vu* ; et cet œil équivaut à l'eau fraîche qui « rafraîchit »
91 le cœur du roi et lui permet de ressusciter. En utilisant l'eau
92, 93 qui est dans l'œil, Pharaon est purifié.

94, 95, 96 L'œil d'Horus peut être noir, blanc, vert, bleu ou rouge, et
chaque offrande peut s'appeler « œil d'Horus ». Ainsi, ce dernier est l'encens qui divinise le souverain, le parfum dont il
s'équipe pour se protéger de toute influence nocive et demeu-
97 rer pur et intact. L'œil est aussi le vêtement rituel de Pharaon
98 provenant de la cité du tissage, les sandales qui permettent à
99 ses pieds de voir leur chemin et d'aller au ciel, et même un
100 collier d'or.

« Œil d'Horus » est le nom de toutes les nourritures solides et liquides (chapitres 39-57) et de tous les aliments, eau, pain, viande rôtie, oignons, pièces de bœuf et autres viandes, oie, canard, pigeon, gâteaux, bière forte, lait, boissons diverses, vins, fruits, céréales, légumes frais.

*Pharaon élève vers l'œil d'Horus toutes les eaux qui sont
et seront en lui, tous les arbres qui sont et seront en lui, le
pain et la bière qui sont et seront en lui, les offrandes qui
101 sont et seront en lui, tout ce qui sera en lui.* La force résidant
102 dans l'offrande, le roi devient robuste en mangeant l'œil
103 d'Horus.

Selon le chapitre 359, cet œil a bondi, après être tombé sur le côté du canal sinueux, afin d'être protégé de Seth. Thot l'a vu, l'œil est tombé sur son aile, et il l'a transporté. L'œil d'Horus appartient à Horus, il ne sera pas donné à la fureur de

Seth. Pharaon le sauve de la bouche de ce dieu, mais l'œil 104, 105
d'Horus peut néanmoins être placé sur l'aile de son frère Seth. 106

Il est d'ailleurs fait mention d'un œil de Seth qu'Horus lui arrache pour le donner au roi qui, grâce à lui, acquiert puissance et capacité de manifestation à la tête des êtres de lumière. 107

Autre partie importante de la tête, le nez : *Pharaon a été conçu dans le nez, il est né dans les narines.* Il est lui-même 108
le nez du Grand pouvoir et appelle Dieu sur son nez. Le roi 109, 110
acquiert le souffle de vie, et il respire avec joie le souffle et le vent du nord en abondance. 111

C'est le dieu Terre, Geb, qui nettoie la bouche du pharaon ; 112
pure est la langue qui se trouve dans la bouche du roi. 113

L'épine dorsale de Pharaon est « le verrou de Dieu », ses 114
énergies subtiles proviennent d'Osiris, son sang de Râ, sa 115, 116
sueur d'Isis. 117

La main (*â*, mot masculin) associée au bras est une partie du corps fréquemment citée, car elle est synonyme d'action divine : *Dieu est né sur les mains (grâce à l'action) de l'air lumineux (Chou), du feu créateur (Tefnout) et de Pharaon* ; 118
ce dernier, comme la lumière divine, *s'appuie sur les bras (l'action) de l'air lumineux.* Aux hommes et aux dieux, le roi 119
demande de placer leurs mains sous lui et de le soulever vers le ciel ; les mains de la lumière divine soulèvent (*djeser*) la 120
déesse Ciel, les mains de Pharaon élèvent la déesse Ciel. 121, 122
Grâce à sa main, le roi se dresse, il agrippe la sandale de la déesse Ciel ; à l'énergie primordiale, il est demandé d'élever 123
la main de Pharaon vers le ciel, pour qu'il supporte la terre qui lui a été donnée, et l'action royale est ainsi définie en deux 124
phrases extraordinaires :

Cette main droite qui est mienne, elle soutient le ciel avec puissance ;

Cette main gauche qui est mienne, elle porte la terre avec joie. 125

L'imposition des mains est un acte primordial : le principe (Atoum) pose les mains sur l'air lumineux (Chou) et le feu créateur (Tefnout) qu'il vient de façonner, ainsi que sur Pharaon et sa pyramide. Lorsque le roi arrive au ciel, Râ, la 126

127 lumière divine, lui impose les mains, de même que les deux
128, 129, 130 Ennéades, les dieux du ciel et de la terre, la déesse Ciel, le
131, 132 dieu Terre et Horus, « en vie et en puissance ». Pharaon peut,
133 lui aussi, pratiquer l'imposition des mains sur les dieux.

134 C'est pour la vie que les dieux tiennent la main du roi, lequel
affermit la main d'Osiris sur la vie et l'élève, portant le
135 *sceptre « puissance ».* Ressuscité, Osiris encercle tous les
136 dieux « à l'intérieur de ses bras ».

137 Pharaon ne met pas la main sur ce que les dieux détestent,
et ceux qui appartiennent à la terre ne saisissent pas la main
138 du roi pour l'empêcher d'aller au ciel.

Plusieurs divinités donnent leur main au pharaon afin de
nourrir son action ; ainsi Râ, la lumière divine, le mène-t-il à
139 l'endroit où se trouve Dieu et Tefnout lui prend-elle la main
140 pour l'installer à la tête des deux Ennéades et des dieux. La
main du roi se trouve dans celle de la lumière divine, *elle est*
141 *saisie vers le ciel, parmi les Suivants de Râ.*

L'énergie primordiale prend la main du pharaon pour l'em-
142, 143 mener au ciel, et la déesse Ciel lui donne les siennes ; le dieu
Terre (Geb) prend la main du roi, son frère, quand il l'emmène
144 au ciel, lors des rites de résurrection, et Horus donne sa main
145 au roi, lui aussi pour le faire monter au ciel.

Tout dieu qui prendra la main de Pharaon vers le ciel,
Il ira vers le temple d'Horus qui se trouve dans le ciel frais,
146 *Son ka sera juste de voix auprès de Geb.*

Quand Orion, Sothis, l'étoile du matin et les dieux de la
contrée de lumière prennent la main du pharaon, c'est pour
l'emmener vers l'un des paradis célestes, « le champ de l'of-
147 frande ».

Les dieux qui règnent sur les espaces souterrains de la
résurrection ne sont pas en reste : Anubis, Sokaris et Serket
148 prennent, eux aussi, la main du roi qui, en signe d'autorité,
étend sa main jusqu'à la limite des êtres de lumière qui la
prennent pour (la donner au) premier des Occidentaux (Osi-
149 *ris)*, maître de la vie éternelle.

150 Purifiées par « Celui qui prépare son trône », lavées au ciel
151 par Sothis, les mains du pharaon *sont lavées dans l'eau*
152 *fraîche que lui a donnée son père Osiris.* Aussi, quand il

arrive au ciel, on constate qu'aucun mal n'est « tombé sur sa
main » et qu'elle contient une force surnaturelle, la magie. 153, 154
Maître du temple, le roi peut poser la main sur les biens sacrés
qui lui appartiennent et sur l'autel où il fait offrande. 155, 156

Dans le corps de Pharaon, dans son ventre, il y a la magie
des dieux et leur capacité de manifestation ; c'est pourquoi, 157
grâce à eux, il est en bonne santé. 158

« Embrassés » par les eaux pures provenant d'Atoum, de
Chou et de Tefnout, les pieds du roi sont ceux d'un chacal, et 159, 160
ses plantes de pied sont consolidées pour pouvoir voyager. 161
« Grand de plante de pied » et « large d'enjambées », le pha- 162
raon possède un « pied grand (*our*) et important (*âa*) » ; aussi
les portes du ciel s'ouvrent-elles pour lui. Ni les dieux de la
terre ni les étoiles ne peuvent s'emparer de lui. À « l'intérieur 163
de son enjambée », *il traverse le ciel et parcourt la Basse et*
la Haute-Égypte ; il peut courir, bondir jusqu'au ciel, son pas 164, 165, 16
n'est entravé ni au ciel ni sur terre, et il va en tout lieu où il
désire aller. Comme rien ne s'oppose au pas de Pharaon, il 167
n'est soumis ni à la putréfaction, ni à la mort. 168

Tout ce corps de fonctions cosmiques et divines est bâti en
vue d'un but précis : le voyage dans l'autre monde, le déplace-
ment incessant de l'être ressuscité. *Protégé et vivant, Pha-*
raon circule chaque jour ; c'est Horus qui lui a donné la 169
liberté de mouvement, et la mobilité du roi est semblable à 170
celle du dieu. C'est elle qui lui donne la lumière, la grandeur, 171
la force, la capacité de manifestation et la maîtrise. 172

Pharaon est celui qui va et vient, il va et vient avec la 173
lumière divine. 174

Ô vous, ces deux compagnons qui traversez le ciel,
Vous, Lumière divine (Râ) et Connaissance (Thot),
Emmenez Pharaon avec vous,
Qu'il mange ce que vous mangez,
Qu'il boive ce que vous buvez,
Qu'il vive de ce dont vous vivez,
Qu'il prenne place là où vous prenez place,
Qu'il soit fort de la manière dont vous êtes forts,
Qu'il navigue en utilisant les moyens que vous utilisez pour naviguer.

Pharaon fait le tour du ciel comme la lumière divine,
175 *Il traverse le ciel comme la Connaissance.*
176 *Son mode de déplacement est comparable à celui de Dieu.*

NOTES DU CHAPITRE 53

1. 1406c.
2. 484c.
3. *Tu as pouvoir sur ton corps comme Dieu* (2096b) ; *puisses-tu avoir pouvoir sur ton corps, vêts ton corps* (1300c) ; *puisses-tu avoir pouvoir sur ton corps, tu n'as pas d'entrave* (211a).
4. 2244b, 2245b.
5. 548b.
6. 474a.
7. Chap. 4 et 5 ; 1885, 1786b. Chap. 595 : *Je t'apporte ton cœur, je le place pour toi dans ton corps comme Horus a apporté le cœur de sa mère Isis, comme Isis a apporté le cœur de son fils Horus.*
8. 2178b : *Nout, elle te donne ton cœur.* 268b : *C'est Pharaon qui dit ce qui se trouve dans le cœur de la Grande (le ciel) lors de la fête des étoffes rouges.*
9. 1162a-b.
10. 1891-1892a.
11. 1869a. Il en va de même pour Osiris (364a-b).
12. 748d ; voir aussi 311d.
13. En 145b-c, il est affirmé que Râ-Atoum ne réclame pas le cœur du roi et qu'il n'en a pas la maîtrise.
14. 1442d.
15. 267a-c. Pour la réconciliation des dieux, on utilise l'expression *tout ib* (488a, 489d).
16. 618a, 585d, 268d (*âa* et *senek*).
17. 2024a.
18. 715b-c. *Le fils du pharaon élargit son cœur, rend doux pour son cœur* (1836b). « Épanouir le cœur », « le mettre en santé » signifie aussi l'« informer » (1444c, par ex.). Le cœur du plus grand des dieux (Râ) est heureux (548b).
19. Chap. 571, 40+10.
20. 2118a.
21. 1995b, 1180d, 1181a, 22b, 23a.
22. 1943c.
23. 648a.
24. 634a-b. 590b : les cœurs des suivants de Seth. C'est Anubis qui « reconnaît, compte (*ip*) » les cœurs (1523c).
25. 2114a.
26. 409c. *Pharaon vit des cœurs des messagers des êtres de lumière* (1907b). C'est Seth qui mange les cœurs (2128a), mais le cœur de ses suivants est arraché (1286b) et compté (1287a).
27. 324a-b. Lorsque le roi se trouve dans l'océan d'énergie (le *noun*), *les cœurs (ibou) sont traversés par la crainte, les cœurs (hatyou) par la frayeur respectueuse* (1039c).
28. 414a-b.
29. 9b. Cf. chap. 12-19, 286c. 1934d : *Pharaon, prends ta tête, tes dents, tes cheveux.*
30. 819b.
31. 274a.
32. 613d.
33. 259a-b.
34. 788c, 1727a.
35. 1738c.
36. 1943a.
37. 1727a, 1722c, 823a. À « l'œil de la Grande (le ciel) », le pharaon-Sobek apporte « la verdeur brillante » (509b).
38. 9c-d, 583b. Les deux yeux sortis de la tête de Geb deviennent les « deux grandes de magie », les deux couronnes (1624b-c). *L'œil est sorti de ta tête comme la grande de magie de Haute-Égypte* (1832b) ; Horus a ouvert les yeux du pharaon avec l'herminette du temple, à savoir « la grande de magie » (2221a). Pour les yeux équivalant aux uraeus, 1287b.
39. 513a.

40. 1614b.
41. 320a-b.
42. 2249b. 259a : *Vois (maa), Pharaon ; observe (peter), Pharaon.* Le roi n'est pas aveugle dans les ténèbres (499b). Le dieu qui est « préposé aux deux yeux » le protège (771a).
43. 451a-c.
44. 2243a, 1943a, 476a, 1980a ; même déclaration de la part d'Isis et de Nephtys (1742a, 939a-c). 992a : *Comme c'est haut de voir.*
45. 1062a.
46. 909a.
47. 1479b.
48. 1961b.
49. 304b.
50. 266b.
51. 915a, 495a, 1568a, 199c.
52. 1128a-1130a. 251b : Pharaon voit au-dessus d'Osiris (il le voit sous terre du haut du ciel) et il se tient loin de lui (251b). Osiris voit ce que son fils a fait pour lui (1976a).
53. 1981c-1982. Pharaon voit le serpent dans la barque de la nuit (335b).
54. 1950e.
55. 682d.
56. 2036c.
57. 698d.
58. 1231b. *Élève l'œil de Râ, ce nom qui est tien, qu'ont créé les dieux pour Horus de la douat* (1734a-b) ; *Pharaon est cet œil de Râ qui est tien et qui se trouve au front d'Hathor, et qui inverse les années en faveur du pharaon* (705a).
59. 2206e.
60. 290a-b. 124a-b : *Un repas pour moi, toi qui es dans l'œil de Râ ; un repas pour moi, oiseleur qui est dans l'œil de Dieu.*
61. 1240c, 216c ; 2287a.
62. 2033 (le chap. 680 en entier), 2285b ; Horus noue l'œil (1239b). 609c : Horus équipe le Pharaon de son œil et le lui attache. Pharaon prend l'œil d'Horus pour Geb (1235d) et Atoum (1237e). Selon 977c-d, Horus s'est réjoui de rencontrer son œil quand il lui fut donné en présence de son père Geb.
63. 1805b-1806a ; chap. 639.
64. 614c-d.
65. 1147b-c.
66. 301b-c. 2246d : *Pharaon est venu porteur du grand et puissant œil d'Horus.* 2087a-b : *Geb a élevé l'œil d'Horus rempli de puissance vitale qui est sur les mains de ses grandes puissances vitales et sur ses nombreuses puissances vitales.*
67. 1241b. Grâce à l'œil d'Horus, Pharaon prend possession de la très grande couronne (*oureret*) qui est à la tête des dieux (634d).
68. 1795a, 900b, 1234b.
69. 614b.
70. 1240a ; voir aussi 2088a.
71. 57J = 40+10.
72. 2276c.
73. 114, 614d, 1858b : ou : *avec son œil complet* (21c, 614d). *Pharaon est Horus encerclé avec la protection de son œil* (195e).
74. 976c.
75. 21a.
76. 758a. Voir aussi 1243b. L'œil d'Horus vient éternellement avec le roi (1243c).
77. 1231c-d.
78. 976d.
79. 2090c.
80. L'œil se trouve dans Héliopolis, il est sain et il vit (2050a-b).
81. 1242a-c.
82. 600c.
83. 2250b-c.
84. 2090b.
85. 1959a.
86. Sur tous ces thèmes, chap. 108 à 199, 201-202, etc.
87. 1588a, 1589-1590a.
88. 1227c, 1429e, 946b.
89. 830b.
90. 43 = Nt 307-8. L'œil d'Horus rayonne sur l'aile de Thot (976a).
91. 22a-b.
92. 47 = Nt 313.
93. 308e. Selon 1233a, le roi se purifie avec la purification qu'Horus a accomplie pour son œil. L'œil d'Ho-

rus rend Pharaon pur (20b), écarte les écoulements (*redjou*) (20c), protège du flot du bras de Seth (20d).
94. 33a.
95. Chap. 605.
96. 253c-d. Il est recommandé de se protéger contre l'œil d'Horus rouge dont la puissance est dangereuse et la capacité de manifestation si puissante que personne ne peut le repousser (253c-d).
97. Chap. 741, 687, 757 ; 19a-b, 20a-d. 1241a : le parfum de l'œil d'Horus est sur le corps du roi et se répand sur lui (18c-d, chap. 26-29, 1754).
98. 1755a-c, 737c ; chap. 597 (1642) : *Pharaon, viens et vêts pour toi l'œil d'Horus sain qui est dans la cité du tissage.*
99. Chap. 106 (69-71a).
100. 2272.
101. 1590a.
102. 113a ; 249b, 614c, 782b.
103. 192b, 60a. 1450b, cependant, indique que le roi n'avale pas l'œil d'Horus et que les hommes ne peuvent pas affirmer qu'il est mort à cause de lui (1450b).
104. 1407b.
105. 2250d ; 1839a. L'œil d'Horus a été réclamé à Seth, et le ritualiste l'a placé dans la main du roi (chap. 97-99, 65a-66a).
106. 1742a.
107. 578d-579a. 591b-c : *Horus a pris son œil à Seth, et il te l'a donné, cet œil qui est sien et doux. Qu'il te revienne, qu'il te soit compté et qu'il t'appartienne* (591b-c).
108. 2288d.
109. 265a.
110. 484c.
111. 1158a-c.
112. 1627b. La bouche d'un être de lumère doit être équipée (930a, c, f etc.)
113. 2154c. C'est heureux (*hotep*) pour Pharaon et pour Horus qui est sur sa langue.
114. 2128b.
115. 1944c ; 766a, c. Ces *redjou* sont liés à l'inondation.
116. 1263c.
117. 1263c.
118. 1443b.
119. 1425a.
120. 1101a-b.
121. 1471b.
122. 1454a.
123. 539b.
124. 1517a.
125. 1156c-d.
126. 1653a-c.
127. 1170a.
128. 1093a-b.
129. 1474a.
130. 1049b, 2171a.
131. 1001c.
132. 1036a.
133. 1451c.
134. 1514a.
135. 967d.
136. 1632c.
137. 2082d.
138. 1022a-b.
139. 1044c, 1045c ; voir aussi 1496b, 1497b, 1498b, 1347a, 990c, 1471c, 819b.
140. 990b, 1405b.
141. 275e, 856e. La main d'Osiris ressuscité est prise par les Âmes d'Héliopolis et par Râ (1261b-c). Il est précisé que Râ a des mains (1405b), symbole que le pharaon Akhénaton reprendra en faisant figurer des rayons sortant du disque solaire et se terminant par des mains.
142. 604e.
143. 275e, 1578a, 2107a, 1422b. 2034a-b : *Grand ciel, donne ta main au pharaon ; grande déesse Ciel, donne ta main au pharaon.* 1717b : *le taureau du ciel saisit la main du pharaon.*
144. 1300b, 1114c-1115a, 1030d, 1163a.
145. 1036a, 1243a, 2238d. *Osiris donne sa main à Horus pour qu'il soit debout* (1627a-b). « La mère des dieux », symbolisée par une sorte de grenier, donne sa main au roi et prend la main du roi pour l'emmener au ciel comme elle a emmené Osiris au ciel (1419a-c).

146. 1237a.
147. 1561a-b, 1123b-c, 880a-b. La main du pharaon est prise par l'échelle dorée, vers le champ de l'offrande (1253d). Le passeur prend la main du pharaon (1250b) pour l'aider à traverser.
148. 2178b, 1356a, 1427c.
149. 1999d. Autres exemples de Pharaon tendant la main pour manifester son autorité : 1740c, 1126a.
150. 264b.
151. 1428b.
152. 1748a.
153. 1021c.
154. 2029c.
155. 1881b.
156. 1938c.
157. 1318c, 411b, 413a. Sans doute aussi leur lumière (413a).
158. 824b. Les dieux « frappent » la maladie (255c). Les maladies du pharaon sont repoussées (308d) grâce aux deux milans femelles d'Osiris (308e) et la souffrance qu'a provoquée Seth est écartée de l'œil d'Horus (1594b).
159. 2065a.
160. 1380c.
161. 2016b.
162. 917b.
163. 658c-e.
164. 854d-e.
165. 1167a.
166. 980c.
167. Chap. 365 (622d, 625c-d) ; 311d.
168. 722c-d.
169. 1831b.
170. 1048a.
171. 768a-b. 1920d : *Ce mouvement (shemet) qui est tien, Pharaon, est celui dont Horus a parlé à son père Osiris.*
172. 1291a-c. Cf. aussi 1730a-b : *ce voyage qui est tien, mon père le pharaon, est comme le voyage d'Horus vers son père Osiris* (et il lui donne les mêmes qualités).
173. 1193b, 310c.
174. 310d.
175. 128b-130d.
176. 1990b.

54

Nourritures célestes

Les nourritures que consomme le ressuscité sont célestes
et protégées par les étoiles impérissables ; aussi contiennent- 1
elles du *ka*, de l'énergie vitale. *Pharaon se nourrit de la nour-* 2
riture des dieux et, selon les extraordinaires chapitres 273 et 3
274, il « mange » les puissances divines. Lorsqu'il apparaît en 4
gloire dans le ciel, lui « qui vit de ses pères et se nourrit de
ses mères », le cosmos et la terre tremblent. Maître de sagesse
dont le pouvoir réside dans la contrée de lumière, plus puis-
sant que le Principe qui l'a engendré, le roi vit de l'être de
chaque dieu, mange les hommes et vit des dieux. Il mange leur
magie et avale les êtres de lumière ; les grands sont destinés à
son repas du matin, les moyens à celui du soir, les petits à sa
collation nocturne. Pharaon s'empare des cœurs des dieux,
mange les couronnes rouge et verte, se nourrit des poumons
des sages, vit de leurs cœurs et de leur magie. Il avale l'intui-
tion créatrice de chaque dieu.

À sa mère céleste, le roi demande de l'allaiter ; grâce à son
lait blanc, brillant et doux, il ne connaîtra ni la faim ni la
soif. Plusieurs déesses allaitent le pharaon : « la grande vache 5
sauvage », pour qu'il ne soit pas sans forces, la vache nommée 6
« celle qui se souvient d'Horus », les deux vaches noires qui 7
sont les nourrices des Âmes d'Héliopolis, la déesse Ciel, Isis 8, 9
et Nephtys, et même Serket, la déesse scorpion. 10, 11

La nourriture annuelle du pharaon est préparée au bon
moment, il consomme le Verbe lors du repas du matin et 12

13 l'abondance lors du repas du soir. Au ciel, cinq repas sont
préparés pour lui, et trois sur terre ; ce sont les barques du
14 jour et de la nuit qui les lui apportent.

Le roi prend part à un formidable banquet composé de mil-
15 liers de nourritures, donc inépuisables, mange de la viande
16, 17 avec les dieux et peut faire lui-même des gâteaux.

18 Ce que Pharaon mange, c'est l'œil. L'œil d'Horus est placé
dans la bouche du pharaon, et toutes sortes de nourritures lui
19 sont alors offertes.

L'abondance (bâh) a posé ses mains sur Pharaon, le visage
de la terre est ouvert pour lui, la déesse des marais lui est
20 favorable et il possède la cage de l'oiseleur ; aussi, comme les
21 dieux, dispose-t-il de l'abondance qui écarte famine, faim et
22 soif. *Faim*, dit-il, *ne viens pas vers moi, va vers l'océan*
23 *d'énergie, va-t'en dans le flot*. Le pain d'Horus la supprime,
Chou empêche la soif, Tefnout la faim, les quatre fils d'Horus
24 la faim et la soif.

Deux nourritures de base sont particulièrement mises en
25 valeur, l'eau et le pain. *L'eau du pharaon est celle des dieux*,
il la reçoit du « canal de la nourrice » qui est au ciel et *la boit*
26 *dans le bol de l'être de lumière dont la bouche est équipée.*
27 C'est son frère, l'Ancien, qui la lui apporte, et *le roi est rajeuni*
28 *en son nom d'eau fraîche* qu'il reçoit lors de la résurrection.
Comme celle de Râ, l'eau de Pharaon peut néanmoins être
29 changée en vin.

30 *Le pain des dieux est le pain de Pharaon, pain divin qui*
31 *se trouve dans la salle large, pain parfait préparé dans (la*
32 *« ville » sainte de) Pé.* Ce pain *(t)* équivaut à la Terre *(ta)*
primordiale, c'est-à-dire le site d'Abydos, lieu de la célébration
33 des mystères de la résurrection, au terme de laquelle le ritua-
liste dit au roi : *prends ce pain qui est tien, je te le donne, je*
34 *suis ton fils, ton héritier.* Et ce pain-là est vraiment céleste
puisque, d'après le surprenant chapitre 312 qui consiste en
35 cette seule phrase, *le pain vole.*

Le repas traditionnel des anciens Égyptiens portait le nom
de « pain-bière » ; or Pharaon dispose du pain de l'éternité des
36 cycles *(djet)* et de la bière de l'éternité lumineuse *(neheh)*, et

ils lui donnent la puissance, l'acuité et la capacité de manifestation. 37

Si, dans les paradis de l'au-delà, l'herbage pousse en abondance pour les êtres de lumière, Pharaon n'en cultive pas 38
moins le blé, l'orge et l'épeautre, moissonne et coupe les épis à la faucille pour disposer d'une nourriture fraîche en tant qu'Horus, fils du principe (Atoum). 39

NOTES DU CHAPITRE 54

1. 1220c-d.
2. 2289c.
3. 1717c, 803b.
4. 393a-403b et 403c-413c.
5. 381a-382b.
6. 2003c.
7. 1375b.
8. 531c.
9. 1344a-b.
10. Chap. 661, 371c, 1354a, chap. 41-42.
11. 1427c-d. Sur l'allaitement, voir aussi chap. 308.
12. 2148b.
13. 1876a-b.
14. 717b-c. Selon le chap. 501, il y a trois repas, un au ciel, deux sur terre.
15. Chap. 223.
16. 736b-c.
17. 2290a.
18. 192b.
19. Chap. 39 à 57. L'étrange chap. 294 nous informe que Pharaon sort de sa jarre (*djenit*) après y avoir passé la nuit et apparaît en gloire au matin. Les chap. 493-496 parlent de l'abondance, des provisions, du grain, du pain, de l'eau, du flot nourricier, des repas, des nourritures et du champ des offrandes qui nourrit le roi.
20. 555b et chap. 341.
21. 1722a, 1877b.
22. 1876c.
23. 551a-b.
24. 551d-552d ; voir aussi 339.
25. 970a.
26. 937e-f.
27. 774a, 788a.
28. 25c, 1003c. Horus est « l'eau jeune » (767a). Horus utilise l'eau fraîche pour purifier Pharaon (841b). Il reçoit cette eau fraîche (788a), elle est donnée au pharaon lors de la résurrection (2010a). Il reçoit son eau fraîche, il a la fraîcheur auprès d'Horus, en son nom de « celui qui sort de l'eau fraîche » (765a-b). *Ton eau et ton eau fraîche sont l'abondance qui sort de toi* (868b). Voir aussi chap. 32 (22a-23a) et 33 (24a-b).
29. 130c. L'*Evangile* s'est souvenu de cette symbolique. Pharaon, Osiris-Orion, est « maître du vin » lors de la fête *ouag* (820a) au cours de laquelle on célèbre la mémoire des défunts.
30. 970a.
31. 866a.
32. 260.
33. 1946b. L'Ennéade a ordonné que Pharaon soit assis devant son « grand pain » (1947d-e) ; il dispose du « grand pain » et du vin (1723b).
34. 1047b.
35. 501.
36. 1177a-b.
37. 859a-c.
38. 1722a.
39. 874a-b, 1748b.

55

Métiers de l'au-delà

Si l'au-delà des *Textes des Pyramides* est un espace où l'es-
prit lumineux voyage et se métamorphose sans cesse, c'est
aussi un lieu où l'on travaille, où l'on construit, où l'on exerce
des métiers et des fonctions indissociables de la vie en éter-
nité. Au plus haut niveau spirituel, « le travail (*kat*) d'Horus »
et « l'œuvre (*kat*) de Pharaon », c'est Osiris, à savoir l'être
ressuscité ; mais Pharaon est aussi la synthèse de toutes les 1
activités artisanales, lui qui est un potier et qui a ouvert le
vase matriciel lors de la naissance de la déesse Ciel. 2

Les dieux et la grande Ennéade d'Héliopolis bâtissent et
consolident l'œuvre majeure et essentielle du pharaon, à
savoir la pyramide. Le Principe (Atoum) pose ses mains sur 3
cette œuvre royale et la protège, de sorte qu'aucun mal ne
puisse l'atteindre ; ce sont Atoum et Geb qui donnent au roi 4
et à son *ka* une pyramide et un temple, lesquels sont enclos.
Qui « poserait un doigt » sur ces monuments, ce qui revien-
drait à altérer la demeure céleste d'Horus, serait condamné
par l'Ennéade, n'aurait plus de lieu où se tenir, sa maison n'au-
rait plus d'emplacement, il serait proscrit et s'anéantirait lui-
même. 5

Si la pyramide bénéficie d'une telle protection divine et
magique, c'est qu'elle est à la fois l'incarnation d'Osiris ressus-
cité (et il est demandé à Horus, le pharaon, de ne pas s'éloi-
gner de lui en son nom de « pyramide ») et « la place du 6

cœur » qui ne doit pas être détruite parmi les vivants qui sont
7 sur terre.

En tant que maître d'œuvre, *Pharaon bâtit la cité de Dieu*
8, 9 *conformément à son devoir*, et cette cité le purifie. *Maître du*
10 *temple, il fonde sa demeure et l'équipe* ; ainsi, *sa demeure*
11 *céleste ne périra pas*. La « salle large » de ce temple céleste
est plus pure que le ciel frais ; sur la porte, deux taureaux qui
se font face et, comme verrou, deux yeux destinés à écarter
12 le mal. *Le temple de Pharaon se trouve parmi les possesseurs*
13 *de noms*, et *c'est Horus qui conduit le ka du roi de son corps*
14 *vers le grand temple où des porches sont créés pour lui*. Pha-
15 raon est lié aux deux obélisques de Râ présents sur terre, aux
16 deux sphinx de Râ qui sont au ciel, il reçoit la table d'offrande
17 qu'apporte Thot et consacre l'autel, « la bouche des dieux ».

Un escalier (litt. : la surface pour les pieds) est installé
vers le ciel pour que Pharaon y monte, qu'il vive parmi les
étoiles impérissables et puisse juger les deux grands dieux,
18 Horus et Seth, afin de les apaiser.

Le potier divin, Khnoum, a également fabriqué une échelle
19 qui permet au roi de grimper au ciel en son nom de « montée
20, 21 au ciel ». Râ fabrique aussi pour le roi une échelle de lumière,
les dieux qui sont dans le ciel et sur terre, les Âmes de Pé et
de Nekhen font de leurs bras des supports pour que Pharaon
22 monte au ciel en « ce nom d'échelle qui est le sien ». Qu'il
s'agisse d'échelle en bois ou de corde, ce sont les dieux qui
23 fabriquent cordages et échelons ; à la fois « échelle de Dieu »,
« échelle d'Horus », « échelle de Seth », elle comporte, sur son
24 côté gauche, l'aile de Thot. Ce sont les Âmes de Pé et de
25 Nekhen qui la dressent et la dorent.

Le chapitre 305 dévoile « le rituel de l'échelle » : elle est nouée par Râ et Horus devant Osiris quand il va vers son être de lumière. L'un est d'un côté, l'autre de l'autre, le pharaon entre eux. Une question lui est posée : « Es-tu un dieu dont les places sont pures ? » Il répond : « Je sors d'une place pure. » Horus dit : « Debout, Pharaon. » Seth dit : « Assieds-
26 toi, Pharaon. » Râ dit : « Prends sa main », et ceux qui se trou-
27 vent au ciel prennent la main du roi.

Autre activité artisanale, le tissage ; d'après le chapitre 415, la déesse Tayt accomplit un authentique chef-d'œuvre en rassemblant les membres du pharaon comme l'on unit les fils pour façonner un vêtement.

Parmi les fonctions indispensables dans l'autre monde, il y
a celle de berger : *le roi est le berger dans le champ de la*
turquoise. On y rencontre aussi un passeur qui dispose d'un 28
temple que lui a construit Pharaon et d'un bac qu'a fabriqué 29
le dieu Khnoum. Le roi l'apostrophe de manière véhémente 30
en le traitant d'enfant trouvé qui ne connaît ni son père ni sa
mère, et il lui ordonne de le traverser rapidement vers le
champ, créé par les dieux, où ils boivent lors des fêtes, et vers
le champ des roseaux. Comme le roi est un juste, le passeur 31
a l'obligation de le traverser vers les champs paradisiaques et 32
de lui apporter le bac, car le roi est sans cesse en mouvement. 33
Et les passeurs porteurs de tresses ne doivent pas tarder à
apporter le bac, sinon le roi les leur arracherait. Pharaon peut 34
« éveiller en paix » ce passeur qui voit derrière lui, comme s'il
avait des yeux dans la nuque, pour qu'il annonce son nom à
Râ et lui amène le bac dans lequel il fait passer les dieux, en
paix. 35

L'au-delà étant peuplé d'édifices sacrés, des « gardiens de
porte » leur sont préposés. Avec le gardien de porte d'Horus
au portail d'Osiris, le roi se montre plus aimable qu'avec le
passeur, puisqu'il le salue avant de lui demander de dire son
nom à Horus. Au « gardien de porte du ciel frais », le prêtre 36
pur de Râ dit : « *Que Pharaon vienne, il est pur !* » ; et au 37
« gardien de porte du ciel », le roi donne l'ordre de mélanger
les points cardinaux pour perturber un être hostile.

Toutes les portes du ciel, du ciel étoilé, du ciel liquide, du
firmament et des étendues célestes doivent être ouvertes pour
que vivent Pharaon et sa puissance vitale. Avec son sceptre, 38
le roi ouvre le verrou de la porte des béliers, lui dont l'épine 39
dorsale est le verrou du dieu. 40

Le chapitre 272, en entier, est une invocation à la porte de l'océan d'énergie primordiale :

Hauteur qui n'est pas aiguisée,
Porte de l'énergie primordiale,
Pharaon vient vers toi,

Sois ouverte pour lui.

« Pharaon (demande la porte), est-il cet humble qui est là ? »

« Pharaon (est-il répondu) est à la tête des Suivants de la lumière divine,

41 *Il n'est pas à la tête des perturbateurs.*

Hauteur qui n'est pas aiguisée,

Portail du ciel,

Pharaon est l'air lumineux (Chou) qui sort du Principe (Atoum). »

Énergie primordiale, fais que cette porte soit ouverte pour Pharaon,

42 *Car il est venu, étant manifesté et divin.*

En tant qu'être de lumière vivant, Pharaon sort au jour avec
43 deux objectifs : briser la guerre, couper le désordre. Mais,
même dans l'au-delà, une certaine forme de combat contre
des forces hostiles doit être livrée ; contre elles, Pharaon peut
prendre le visage du « grand, le maître de la violence ». Il uti-
lise la flamme de son œil et il introduit le trouble parmi les
44 auteurs de mauvaises actions. Quand il monte de la matrice
stellaire (*douat*), le roi a en main une arme tranchante, et les
45 grands tremblent en le voyant ; il possède un couteau qui lui
permet de vaincre ses ennemis, couteau que lui a donné la
46 couronne de Basse-Égypte.

Le chapitre 254 est une véritable déclaration de guerre du pharaon aux puissances célestes, afin qu'une place au ciel lui soit accordée. Dans le cas contraire, se produirait un véritable cataclysme qui condamnerait la terre au silence. Le roi est prêt à « manger » quiconque se trouverait sur son passage, il annonce que les rives et les frontières s'uniront (la suppression de l'espace) et que les chemins deviendront impraticables. Les dieux entendent et accueillent le souverain qui peut se rendre au champ des offrandes ; il échappe à des singes dangereux qui coupent les têtes, alors que la sienne est bien fixée sur son cou. Il donne à boire et à manger, ceux qui le voient le respectent.

Alors, la place du roi est rendue large en divers lieux, il vit dans le champ des roseaux et celui des offrandes, il dispose

de la puissance et de la force victorieuse, se protège lui-même
de tous ceux qui lui voudraient du mal car il est plus fort
qu'eux. La véritable nature de Pharaon se révèle : il est « doux
de cœur », il est l'Un, le taureau du ciel victorieux de ses
ennemis. 47

Si la paix règne, c'est grâce à la bonne pratique de la justi-
ce ; les deux Ennéades reconnaissent Pharaon comme un
juge, et même « le juge de tous les juges » ; il « tranche les 48
paroles » comme Dieu, il écoute les paroles comme un bon
juge. Non seulement Pharaon juge les vivants, mais aussi les 49, 50
dieux, « les affaires » d'Horus et de Seth qu'il doit réconcilier, 51, 52
et il se comporte même comme juge parmi les êtres de
lumière, les étoiles impérissables. 53

Identifié à l'intuition créatrice (*sia*), Pharaon est « porteur
du livre de Dieu » et « scribe du livre divin qui formule ce qui 54
est et fait naître ce qui n'était pas encore ». Remplissant une 55
fonction de scribe des dieux et de Râ, il rédige des édits, scelle
des dépêches, envoie des messagers qui ne connaissent pas la
fatigue. 56

Au pharaon est apporté un message : celui de « la parole de
Dieu » qui l'élève. « Maître de ceux qui apportent et répandent 57
des messages », le roi remplit la fonction de « messager du 58
Dieu grand » et de « messager de Râ ». En tant que messager 59, 60
d'Horus, Pharaon ordonne à des passeurs oiseaux de lui
apporter le bac ; et les messagers du *ka*, du père du roi et de 61
Râ viennent vers lui pour l'aider à monter au ciel. 62

Ultime fonction de Pharaon, celle de « représentant, succes-
seur (*seti*) » d'Horus ; c'est pourquoi il peut prendre place sur 63
le trône d'Osiris, en tant que successeur de « celui qui est à la
tête des Occidentaux ». Et c'est pour lui, le ressuscité et le 64
voyageur de l'au-delà, qu'un successeur royal est créé. 65

NOTES DU CHAPITRE 55

1. 1622a, 1657b.
2. 1184a-b.
3. 1649c-1650a, 1660b, 1661c. Elle est le monument stable (*men*) par excellence.
4. 1653c-1656b. Horus, Osiris, Isis, Celui qui est préposé aux deux yeux, les massacreurs vénèrent la pyramide ; Seth, Kherty, Thot, ceux qui sont parmi les anciens la protègent (1624a-1265c).
5. 1277a-1279c.
6. 1657b, d.
7. 414b ; Sethe, *Kommentar* II, 175.
8. 514d, 513d.
9. 1140b.
10. 1881b, 829c, 1869b.
11. 458d. Le sarcophage est la déesse Ciel, mère du roi, qui l'embrasse pour qu'il s'élève (*iâ*) en son nom de tombe (*iâ*). 1094c : Pharaon est le coffre (*deben*) du ciel.
12. 1266a-c.
13. 1765c.
14. 373b-c. Le roi est identifié à un outil de construction : Pharaon est le fil à plomb des deux Ennéades avec lequel le champ de l'offrande a été fondé (P 407). Pour les quatre piliers en rapport avec les points cardinaux, voir chap. 217.
15. 1178a.
16. 1178b.
17. 1156a, 58b.
18. 365a, 1941d, 1749b-1750a.
19. 1585b.
20. 1431c.
21. 390a.
22. 478a-479.
23. 2079a-2080e.
24. Chap. 478 ; cf. aussi chap. 480. Pharaon utilise une échelle sur les barreaux de laquelle se trouve la fille d'Anubis, compagne de Thot (468a-c).
25. 1253a.
26. 472a-473c.
27. 543a-545c.
28. 936c. La turquoise est semée dans le ciel, de même que la « pierre verte » et la malachite (567b) ; et Pharaon fait croître le lapis-lazuli (513d).
29. 1185a.
30. 1227d, 1228b.
31. Chap. 516, 913c-915a, 925c, 1091a, 1092a.
32. Chap. 517.
33. Chap. 518.
34. Chap. 520.
35. Chap. 359 et 270. D'après le chap. 531, ce sont deux milans qui apportent le bac au pharaon.
36. 520a-b. Le gardien de porte d'Osiris exige même de Pharaon un document qui semble être la preuve qu'un prix de passage a été acquitté (voir C. Jacq, *Le voyage dans l'autre monde*, § 90).
37. 1141a-b.
38. Chap. 361, 799a, 727a-c, 1132a-1137b, 907a-b, 1004b, 2170c, 815c.
39. 2223a-b.
40. 2128b.
41. 392a-b.
42. 603a-d. Quant à la porte qui est sur terre, il faut la consolider pour l'éternité (2242d).
43. 319a.
44. 297c-298b.
45. 257b-c.
46. 197f.
47. 276a-294c.
48. 1127a-c.
49. 347b.
50. 273c.
51. 731c, 2005a, 2045b, 2046b.
52. 712a, 770d. 2127g : *Puisses-tu juger sagement Horus qui est dans sa demeure*. Voir aussi 289c-290c.
53. 1220a.

54. 267b, d.
55. 1146c.
56. Chap. 309 (490a-491d). D'après 954a-955d, le roi ordonne à un scribe de briser sa palette, de casser ses pinceaux, de détruire ses rouleaux, et il demande à Râ de le chasser de son poste pour le lui confier ; ainsi, le roi sera fortuné.
57. 333c.
58. 400b.
59. 2095a. 2000b : *Messager du Dieu grand, viens en paix vers le Dieu grand.*
60. 1440c.
61. 1254d.
62. 136b.
63. 1406b.
64. 2021a.
65. 1942b.

Au pied des pyramides à textes

Blessées, méprisées, parfois considérées comme de simples amas de blocs témoignant d'un temps révolu, les pyramides à textes de Saqqara contiennent pourtant l'un des plus remarquables trésors spirituels. Comme les sages d'Égypte eux-mêmes l'avaient prédit, les monuments, fussent-ils bâtis en pierre d'éternité, étaient condamnés à disparaître sous les coups de la barbarie, mais leur message parviendrait à survivre.

Pendant des siècles, la pierre fut le support parfait des « paroles de Dieu » ; aujourd'hui existent d'autres modes de transmission qui permettent aux hiéroglyphes de continuer à rayonner, fût-ce par le biais de l'informatique. Mais il ne faudrait pas oublier l'essentiel : le contenu des textes et la portée spirituelle des formules de connaissance.

Au pied des pyramides à textes, si humbles lorsqu'on les compare à la grande pyramide de Khéops, elle-même conçue comme un gigantesque hiéroglyphe, on se souvient qu'elles se dressaient vers le ciel tout en étant des symboles de connaissance implantés en terre. Leur seule présence donnait un sens, elles nouaient solidement le lien entre l'univers et le monde des hommes.

Ces monuments sont bien davantage que des souvenirs archéologiques d'une civilisation disparue. En eux réside une vision de la vie, de l'univers et de la connaissance qui nous apparaît comme une source vivifiante et nécessaire. Et l'on peut espérer que les générations futures auront assez de désir et d'intuition pour éclairer les zones d'ombre qui subsistent encore dans l'interprétation de ces textes et offrir, avec davantage de clarté qu'il n'en existe dans cet ouvrage de défricheur, un paysage de l'esprit aux couleurs divines.

INDEX

BIBLIOGRAPHIE SOMMAIRE

ALLEN J.P., *The Inflection of the Verb in the Pyramid Texts*, Malibu, 1984.

— The Pyramid Texts of Queens *Jpwt* and *Wdbt-n(j)*, *JARCE* 23, 1986, p. 1-25.

— Reading a Pyramid, in *Hommages Leclant*, I, Le Caire, 1994, p. 5-28.

ALLEN T.G., *Horus in the Pyramid Texts*, Chicago, 1916.

ALTENMÜLLER H., Aspekte des Sonnenlaufes in den Pyramidentexten, *Hommages Daumas*, Montpellier, 1986, p. 1-15.

— Pyramidentexten, *LdÄ* V, 1983, 14-23.

ANTHES R., Horus als Sirius in den Pyramidentexten, *ZÄS* 102, 1975, p. 1-10.

— Remarks on the Pyramid Texts and the early Egyptian Dogma, *JAOS* 74, 1954, p. 35-39.

— Die Sonnenboote in den Pyramidentexten, *ZÄS* 82, 1957, p. 77-89.

BARGUET P., Les chapitres 313-321 des Textes des Pyramides et la naissance de la lumière, *RdE* 22, 1970, p. 7-14.

BARTA W., *Die Bedeutung der Pyramidentexte für den verstorbenen König*, Munich, 1981.

BRADSHAW J., *The Imperishable Stars of the Northern Sky in the Pyramid Texts*, London (privately published), 1990.

BREASTED J.H., *Development of Religion and Thought in Ancient Egypt*, Philadelphia, Edition 1972.

CROZIER-BRELOT C., *Index des citations des Textes des Pyramides*, 5 vol., Paris, 1969-1976.

DAVIS W.M., The Ascension Myth in the Pyramid Texts, *JNES* 36, 1977, p. 161-179.

EDEL E., *Altägyptische Grammatik*, 2 vol., Rome, 1955.

EDWARDS I.E.S., Some Magical Aspects of the Pyramids, in : *La Magia in Egitto ai tempi dei faraoni*, Milan, 1985, p. 161-169.

FAULKNER R.O., *The Ancient Egyptian Pyramid Texts*, Oxford, 1969 ; *Supplementary of Hieroglyphic Texts*, Oxford, 1969.

— The King and the Star-Religion in the Pyramid Texts, *JNES* XXV, 1966, p. 153-161.

Helck W., Topographisierung von Begriffen und Gegenständen in den Pyramidentexten, in *Hommages Daumas*, Montpellier, 1986, p. 421-425.

Jacq C., *Recherches sur les paradis de l'autre monde d'après les Textes des Pyramides et les Textes des Sarcophages*, Paris, 1993.

— Les routes de l'autre monde dans les Textes des Pyramides et les Textes des Sarcophages, Colloques internationaux du CNRS, nº 595, *L'égyptologie en 1979*, tome II, 1982, p. 27-30.

— *Le voyage dans l'autre monde selon l'Égypte ancienne. Épreuves et métamorphoses du mort d'après les Textes des Pyramides et les Textes des Sarcophages*, Monaco, 1986.

Kees H., *Totenglauben und Jenseitsvorstellungen der alten Ägypter*, Berlin, 1956.

Leclant J., Le rôle du lait et de l'allaitement d'après les Textes des Pyramides, *JNES* X, 1951, p. 123-127.

— Les Textes des Pyramides, in *Textes et Langages de l'Égypte pharaonique*, II, 1972, p. 37-52.

— Les Textes de la pyramide de Pépi Ier (Saqqara). Reconstitution de la paroi est de l'antichambre, *Comptes rendus de l'Académie des Inscriptions et Belles-Lettres*, 1977, p. 269-288.

Mercer S.A.B., *The Pyramid Texts in Translation and Commentary*, 4 vol., New York, London, Toronto, 1952.

Paysas J.V., Los medios de ascensión celeste en los Textos de las Piramides, *Aegyptus Antiquus* 3, 1, 1978, p. 37-67.

Piankoff A., *The Pyramid of Unas*, Princeton, 1968.

Roeder H., Themen und Motive in den Pyramidentexten, *Lingua Aegyptia* (Göttingen) 3, 1993, p. 81-119.

Sainte Fare Garnot J., *L'hommage aux dieux sous l'Ancien Empire égyptien d'après les Textes des Pyramides*, Paris, 1953.

Sethe K., *Die altägyptischen Pyramidentexte*, 3 vol., Leipzig, 1908-1922.

— *Übersetzung und Kommentar zu den altägyptischen Pyramidentexten*, 6 vol., Glückstadt-Hamburg, 1935-1962.

Speleers L., *Traduction, Index et Vocabulaire des Textes des Pyramides égyptiennes*, Bruxelles, 1935-1936.

Tobin V.A., Divine Conflict in the Pyramid Texts, *JARCE* 30, 1993, p. 93-110.

Zandee J., *Death as an Enemy according to Ancient Egyptian Conceptions*, Leiden, 1960.

TABLE DES MATIÈRES

DU MÊME AUTEUR

Essais et articles sur l'Égypte ancienne

L'Égypte des grands pharaons (couronné par l'Académie française), Perrin.

Les Égyptiennes. Portraits de femmes de l'Égypte pharaonique, Perrin.

L'Enseignement du sage égyptien Ptahhotep. Le plus ancien livre du monde, Éditions de la Maison de Vie.

L'entrée dans le cosmos d'outre-tombe d'après les Textes des Sarcophages (chapitres 4 et 5), *N.R.P.* n° 4 (1985), p. 179-182.

Les Grands Monuments de l'Égypte ancienne, Perrin.

Index général de l'Annual Egyptological Bibliography, Bibliographie égyptologique annuelle, année 1980, Paris, 1987.

Initiation à l'égyptologie, Éditions de la Maison de Vie.

Lexique des verbes de mouvement dans les Textes des Pyramides et les Textes des Sarcophages, Paris, 1986.

Le Monde magique de l'Égypte ancienne, Éditions du Rocher.

Néfertiti et Akhenaton, le couple solaire, Perrin.

Le Nom comme support de connaissance d'après la philosophie religieuse de l'Égypte ancienne, *N.R.P.* n° 5 (1986), p. 177-186.

Le Petit Champollion illustré, Les hiéroglyphes à la portée de tous ou Comment devenir scribe amateur tout en s'amusant, Robert Laffont.

Réalité communautaire de l'artisan en Égypte ancienne, in M. Bierbrier, *Les Bâtisseurs de Pharaon*, Éditions du Rocher, p. 9-19.

Recherches sur les paradis de l'autre monde d'après les Textes des Pyramides et des Textes des Sarcophages, Paris, 1993.

Les Routes de l'autre monde dans les Textes des Pyramides et les Textes des Sarcophages, Colloques internationaux du C.N.R.S. n° 595, in *L'Égyptologie en 1979,* tome II, 1982, p. 27-30.

La Sagesse égyptienne. Une approche de la culture et de la spiritualité pharaonique, Pocket.

La Symbolique des nuages selon l'Égypte ancienne, in *Les nuages et leur symbolique,* sous la direction de J. Kelen, Albin Michel, 1995, p. 33-47.

Le Voyage dans l'autre monde selon l'Égypte ancienne. Épreuves et métamorphoses du mort d'après les Textes des Pyramides et les Textes des Sarcophages, Éditions du Rocher, 1986.

La sagesse vivante de l'Égypte ancienne, Robert Laffont, 1998.

Albums

Karnak et Louxor, Pygmalion.
Sur les pas de Champollion, l'Égypte des hiéroglyphes (épuisé).
La Vallée des Rois. Images et mystères, Perrin.
Voyage sur le Nil, Perrin.
Le Voyage aux pyramides, Perrin.

Album pour la jeunesse

Les pharaons racontés par Christian Jacq, Perrin.

Romans pour la jeunesse

Contes et légendes du temps des pyramides, Nathan.
La Fiancée du Nil, Magnard (Sainte-Affrique, 1993).

Romans

L'Affaire Toutankhamon, Grasset (prix des Maisons de la Presse, 1992) et Pocket.
Barrage sur le Nil, Robert Laffont et Pocket
Champollion l'Égyptien, Pocket.
L'Empire du pape blanc (épuisé).
Le Juge d'Égypte, Plon et Pocket.
1. *La Pyramide assassinée*
2. *La Loi du désert*
3. *La Justice du vizir.*

Maître Hiram et le roi Salomon, Pocket.
Le Moine et le Vénérable, Robert Laffont et Pocket.
Le Pharaon noir, Robert Laffont.
La Prodigieuse aventure du lama Dancing (épuisé).
Pour l'amour de Philae, Grasset et Pocket.
Ramsès, Robert Laffont.
1. *Le Fils de la Lumière*
2. *Le Temple des millions d'années*
3. *La bataille de Kadesh*
4. *La Dame d'Abou Simbel*
5. *Sous l'Acacia d'Occident*

Nouvelle

La déesse dans l'arbre, dans : *Histoires d'enfance* (Sol En Si), Robert Laffont, 1999.

Cet ouvrage a été réalisé par la
SOCIÉTÉ NOUVELLE FIRMIN-DIDOT
Mesnil-sur-l'Estrée
pour le compte des Éditions Pocket
en septembre 1999

POCKET - 12, avenue d'Italie - 75627 PARIS CEDEX 13
Tél. : 01- 44-16-05-00

Imprimé en France
Dépôt légal : mai 1999
N° d'impression : 48169